天下文化 遠見

超速進步

SEE — DO — FEEDBACK

從新手到專家
12條精通各領域的學習法則

SCOTT H. YOUNG 史考特・楊

姚怡平　譯

GET BETTER
at ANYTHING
12 MAXIMS FOR MASTERY

獻給湯瑪斯與茉莉亞

目錄

各界推薦　006

前　言　學習的原理　009

第一篇　觀察：向他人學習　031

第 一 章　解決問題的關鍵是探索　033

第 二 章　創造力來自於模仿　053

第 三 章　成功是最好的老師　073

第 四 章　經驗讓知識隱形　093

第二篇　實踐：從練習中學習　111

第 五 章　難度的甜蜜點　113

第 六 章　心智不是肌肉　131

第 七 章　多樣性優於重複　149

第 八 章　品質來自於數量　169

第 三 篇　回饋：從經驗中學習　　　　　　191

　　第 九 章　經驗不代表專業　　　　　193
　　第 十 章　練習必須貼近現實　　　　　215
　　第十一章　進步不是直線前進　　　　　235
　　第十二章　接觸能減少恐懼　　　　　　251

　　結　　語　練習締造完美　　　　　　　269
　　致　　謝　　　　　　　　　　　　　　283
　　各章注釋　　　　　　　　　　　　　　285
　　參考書目　　　　　　　　　　　　　　311

各界推薦

「充滿引人入勝的見解與實用的建議。史考特·楊筆下關於如何變得更好、提升自我的優秀指南。」—布萊德·史托伯格（Brad Stulberg），《踏實感的練習》（The Practice of Groundedness）作者

「史考特·楊將學習的科學分解成可操作的建議。對於想要精通自己技能的人來說，這是一本必讀書籍。」—尼爾·艾歐（Nir Eyal），《專注力協定》（Indistractable）作者

「學習的基礎在於觀察他人如何成功、在現實世界中測試新想法，最重要的是保持開放並接受回饋。《超速進步》是加速有效學習的精英課程。」—提亞戈·佛特（Tiago Forte），《打造第二大腦》（Building a Second Brain）作者

「高效學習困難事物的能力就像一種超能力。在這本極具智慧的書當中，史考特·楊詳細揭示了如何獲得這種能力！」—卡爾·紐波特（Cal Newport），《紐約時報》暢銷書《深度職場力》（So Good They Can't Ignore You）作者

「迄今為止關於學習的最佳書籍。可操作、有趣、富有啟發性。在學習更多之前先打開這本書，讓你變得超級高效！」—德瑞克・西佛斯（Derek Sivers），《如何度過這一生》（*How to Live*）、《隨心所欲》（*Anything You Want*）作者

前言

學習的原理

人生仰賴學習,我們耗費數十年在校園裡接受教育。我們想把工作做好,不只是因為成為優秀人士之後可以享有優勢,更是因為精熟一項技藝之後會感到自豪。就算只是娛樂活動,我們也常會因為自己能把事情做得更好而樂在其中。

雖說如此,學習卻往往神祕難解。有時學習毫不費力,比如在新家附近很快就找得到路、很快就能熟悉新工作的例行事務。但有時學習卻有如辛苦的跋涉:在圖書館坐了幾個小時苦讀,期末考成績卻沒有太大的長進;想換公司、換行業,甚至換一門專業,卻覺得自己沒有資格跳槽;開車、打字、在網球場上發球,這些事情都做了幾十年,卻樣樣都不精進。進步往往不穩定,有時甚至根本無法進步。

無論你最終的目標是達到精熟的境界,還是只想做得稍微好一點,了解學習的原理都會有所幫助。有時候進步來得如此輕鬆,有時候卻毫無進展、讓人挫折不已,這些都可以用簡單的原則來解釋。一開始,我們先來看一則令人難以置信的世界級技能的養成故事,看看為何在「俄羅斯方塊」遊戲開始流行30年後,玩家的技術突然大幅提升。

俄羅斯方塊難題

2020年2月15日,喬瑟夫・瑟利(Joseph Saelee)跟平常一樣,打開俄羅斯方塊遊戲[1]。色彩繽紛的經典方塊立刻開始以大約1秒一個的速度往下掉。在這樣的速度下,大部分的機台玩家都會冒出汗來,儘管如此,瑟利還是玩得不太專心,他跟幾位粉絲在聊天,粉絲來Twitch線上串流平台看他直播玩遊戲。到了19關,對話速度慢了下來。現在,只要三分之二秒,方塊就會掉到底部,瑟利必須瞬間旋轉方塊,把方塊放到最適合的位置。方塊還沒落地,他的目光就已經瞥向螢幕提示下一個會顯示的方塊:方塊的形狀順序變幻莫測,玩家只知道下一個方塊是什麼。

在飛快的速度下,瑟利又破了九關,接著速度又變快一倍,方塊幾乎是一閃現就已經落到螢幕下方。通過這關之後,關卡數字閃了一下,螢幕上的「29」變成「00」——遊戲設計師顯然以為大家都破不了這關。瑟利著了魔似的,他晃動手指,以每秒10次以上的速度按著控制器上的按鈕。他完美的擺放每個方塊,快速清除空間,免得新的方塊占滿螢幕。幾分鐘後,瑟利犯下第一個錯誤:有一個方塊放錯位置,遠高於其他幾行擺放整齊的方塊。眨眼之間,遊戲結束,方塊如洪水般湧來,占滿螢幕。儘管如此,瑟利還是露出微笑。失敗也許難免,但瑟利順利抵達34關[2],在這款有30年歷史的空前熱門遊戲當中,從來沒有人創下這番成就,而瑟利當時只有18歲。

瑟利玩俄羅斯方塊顯然技能高超,但更令人驚豔的是,瑟利比沉迷於這款遊戲的第一代玩家更出色。長久以來,大家都以為不可能玩到29關。方塊以超快的速度往下掉,就算只按住向左箭頭或向右箭頭,玩家也無法把方塊一路移到螢幕側邊,而是會迅速掉到螢幕的底部。在俄羅斯方塊遊戲中,水平列要填滿方塊才會消除,所以粉絲都認為,29關難到沒辦法破關,還為這關取了「死機」(killscreen)的綽號。此外,一次就玩到999,999最高分,也是早期玩家長久追求的另一個目標。但一直要等這款遊戲發行20年之後,第一筆破紀錄的滿分(max-out)才出現[3]:哈利・洪(Harry Hong)拿到了最高分。相較之下,瑟利在2020年錦標賽期間就有12次滿分。熟悉俄羅斯方塊的玩家不是只有瑟利一個人而已,在同一屆錦標賽中[4],有四十位玩家都得到最高分。一款早就過了全盛時期的遊戲,為什麼能培養出這麼多優秀的玩家[5]?

俄羅斯方塊的今與昔

俄羅斯方塊現在看起來有點過時,很容易讓人忘記這款遊戲當年上市時引發的風潮。1984年,俄羅斯電腦工程師阿列克謝・帕基特諾夫(Alexey Pajitnov)[6]發明俄羅斯方塊,之後這款遊戲在蘇聯晚期透過磁碟片往外流傳開來。帕基特諾夫就跟之後很多的上班族一樣，沉迷於自己創造的遊戲而無心工作。帕基特諾夫的友人兼心理學家弗拉基米爾・保希爾科（Vladimir Pokhilko）因此認為這款遊戲非常吸引人，可以用來研究人們上癮的機制。但最後，保希爾科發現他的研究人員完全無心工作，因此他不得不毀掉所有的遊戲拷貝。軟體代理商羅伯特・史坦（Robert Stein）在匈牙利出差期間偶然發現這款遊戲，於是一場爭奪西方經銷權的大戰就此開打。最後，任天堂贏得勝利，任天堂娛樂系統（Nintendo Entertainment System，簡稱ＮＥＳ，台灣玩家俗稱「美版紅白機」）打造俄羅斯方塊這款經典遊戲，銷售高達數百萬套，還創造出一個世代的鐵粉。

對大多數玩家來說，俄羅斯方塊只是個打發時間的遊戲，但有些玩家卻沉迷不已。早期紀錄保持人班・穆倫（Ben Mullen）會把他玩遊戲的詳細數據保留下來，設法找出隱藏的規律，藉此提升自己的表現。他說：「我發現，其實喝一點咖啡，半小時後，俄羅斯方塊會玩得最好。[7]」哈利・洪玩這款遊戲玩得太久，不得不在拇指和手把之間墊著襯衫，免得起水泡。有些玩家則是玩到開始產生幻覺[8]，看見方塊落下，這種現象後來被稱為「俄羅斯方塊效應」。雖然這些玩家超級死忠，卻沒有一個人的表現接近現代玩家（比如瑟利）那種毫不費力就可以取得的高超表現。

揭開謎底

要了解熟練度為何發生如此大的變化，只要觀察玩家如何宣傳他們的成績就可以略知一二。早期，官方紀錄是由雙銀河（Twin Galaxies）電玩遊戲紀錄資料庫負責管理，玩家會提交自己的分數，並附上某種憑證，成績獲得認可之後，裁判會把分數張貼在網站上的排行榜。不過，這個過程很麻煩。玩家可能無法提供足夠的證據來證明自己創下高分，導致無法提交分數。喬納斯·紐鮑爾（Jonas Neubauer）和索爾·阿克朗（Thor Aackerlund）的命運就是如此，兩人聲稱自己在哈利·洪之前就拿下滿分，卻無法證明。然而多年來大家別無選擇。想被視為最厲害的玩家，就不得不透過雙銀河資料庫。

　　YouTube出現之後，情況開始改變。玩家可以自由上傳影片，直接分享他們創下的世界紀錄而無需透過第三者。這不僅使玩家更容易提交自己的高分紀錄，也出現一個沒人想過的重要影響：如果你上傳一支創下世界紀錄級表現的影片，大家就會看到你是如何辦到的。在那之前，雙銀河資料庫只會公布最高分，但不會公布用來驗證最高分的證據。現在玩家不只可以讚嘆俄羅斯方塊頂尖玩家的技能，還可以親眼看到頂尖玩家如何成功。

　　早期的YouTube雖然提供更大的透明度，但是這類紀錄的非正規性質卻也會誘惑玩家作弊。俄羅斯方塊這類舊款遊戲可以在模擬器上執行，模擬器是能讓你在個人電腦上面玩主機遊戲的一種軟體。玩家使用這種專門軟體可以減慢遊戲速度，還可以玩到一半隨時倒轉回去修正錯誤。雖然只要仔細檢視就能發現造假的跡象，但正直的玩家開始採用一些方式來認證自己的遊戲表現。不僅錄下螢幕畫面，拍攝玩家的手部動作這種作法也開始流行。網路直播更進一步提高紀錄的真實性：可以即時觀看頂尖玩家如何玩遊戲，這讓玩家幾乎沒辦法作弊。

只要觀察手部動作，創新的按鍵方式就會被廣為模仿。有一種方法叫做高速連點（hypertapping），玩家的拇指以每秒10次以上的速度連續點擊方向鍵，如果想突破29關的鐵壁，這個技巧就是關鍵。早期的頂尖玩家阿克朗發明了這項技巧[9]，但由於很少有玩家能目睹並仿效他的作法，所以有將近20年的時間無人使用這項技法。網路直播也會刺激人們發表評論，優秀的玩家在與觀眾互動的過程中，即時分享他們遊戲時的思考過程。討論是雙向進行的，頂尖玩家會分享策略，觀眾也會立刻仔細查看有沒有潛在的錯誤。早期的遊戲大師也許會極度渴求一套能讓他們保持優勢的祕技，但現代的競爭對手被迫要徹底透明，每一次按鍵動作都會在全世界的面前展露無疑。

線上論壇大幅擴展了潛在玩家的學習網路。1990年代，提升技巧的辦法只局限在朋友圈。如果你剛好認識一位厲害的俄羅斯方塊玩家，那麼你也許會學到幾項祕技。但如果你不認識厲害的玩家，那麼就算你有多年的遊戲經驗，也可能看不到遊戲裡一些比較微妙的細節。

哈利‧洪在2010年的紀錄片[10]中提到，他喜歡採用的策略是在右側疊方塊，在螢幕左側留一條縫隙。然而，現在認為這種策略沒有其他方法好。遊戲的演算法裡有一個特點，使得重要的長條方塊更容易旋轉並移到另一邊。另一位早期的頂尖玩家達娜‧威考克斯（Dana Wilcox）甚至不曉得方塊可以雙向旋轉──順時鐘旋轉和逆時鐘旋轉。這樣的知識落差[11]讓威考克斯沒辦法進行幾種複雜的操作，例如「T轉」（T spin），也就是玩家在最後一刻旋轉T方塊，卡進一個原本無法抵達的位置。今日的新手玩家可以輕鬆找出最佳策略，但還是需要大量練習，才能達到精熟的境界。

現在的俄羅斯方塊玩家技術較好，其實是環境使然。影片平台會將最佳玩法的詳細示範廣泛傳播出去，線上論壇會把非正式的對談變成永久的知識庫，網路直播時，技巧日益純熟的觀眾幾乎會即時的提出回饋，促使玩家更積極練習。雖然瑟利等玩家確實表現卓越，但歸根究柢，俄羅斯方塊的故事重點不在於任何一個人身上，重點在於遊戲本身，以及遊戲的玩法如何加快了進步的速度。

超速進步的三大要素

從俄羅斯方塊的故事來看，進步不只仰賴天賦或毅力，還有三大要素會影響我們學習以及掌握知識的程度：

1. **觀察**：我們的所知大部分來自於他人，如果能輕鬆向他人學習，通常就能快速進步。
2. **實踐**：精熟需要練習，但不是隨便什麼練習都能達到精熟的境界。我們的大腦是一台追求省力的機器，這是天大的優勢，但也可能是一個詛咒。
3. **回饋**：進步需要反覆調整。不只要看老師的紅筆提出的意見，更要根據與現實世界互動的經驗反覆修正，持續改進。

當我們能從其他人的示範中學習、大量練習,並獲得可靠的意見回饋,就會快速進步。但只要有一項要素受到限制,就往往無法進步。

我們經常發現自己處於鼓勵學習或妨礙學習這兩種極端狀況之間,但其實障礙與機會並存,我們可以找出哪些環境、導師、練習法、計畫適合我們付出心力,藉此加速進步。不過要確切知道自己在尋找什麼,往往就是問題所在。

▎觀察:範例的力量

透過他人,我們可以學得最好。我們從彼此身上學習的能力遠比我們獨自解決問題的能力要好。一旦俄羅斯方塊的高階技法廣為流傳後,遊戲的表現也就隨之提升。哈佛人類學家喬瑟夫・韓瑞屈(Joseph Henrich)寫道:「人類成功的祕訣[12]不在於我們天生的智力,也不在於任何特殊的心理能力。」他認為,正是因為我們能夠很容易從他人的創新中學習,人類才能成為一種能力獨特的物種。

有時候,聰明的動物解決問題的能力比人類更出色。研究人員已經證實,烏鴉會用鉤子和金屬線取出窄瓶裡的食物;但是如果把同一個任務修改後交給5歲小孩[13],想出解決辦法的孩竟然不到十分之一。雖然我們解決問題的能力只比某些動物近親稍強,但我們的模仿能力卻無與倫比。在某次實驗中,研究人員把兩歲半的幼兒拿來跟黑猩猩和紅毛猩猩進行比較,做了一系列的認知測試。我們自以為優越，但研究人員卻發現，在空間、數量、因果推理的題目上，幼兒和猩猩的表現差不多，猩猩甚至在某些任務上勝過幼兒。只有社會學習是明顯的例外[14]，幼兒在看過示範之後，就能輕鬆的解決問題，但幾乎沒有任何一隻猩猩能做到這一點。在原始的問題解決能力方面，小孩也許贏不了烏鴉與猩猩，但小孩經常學習閱讀、寫作、講話、算數、畫畫、唱歌、使用電視遙控器，其他動物甚至不會做這些事。「有樣學樣」這句老生常談用來講述不動腦筋的學習方式，但用在人類身上卻正好相反，模仿是人類創造力的基礎。

然而，向他人學習也有缺點，如果接觸不到可供我們學習的對象，我們就很難取得進展。早期俄羅斯方塊的死忠玩家基本上都是孤立的，他們一個人玩遊戲，頂多跟幾個好朋友一起玩。最佳玩法的技巧傳播不出去，所以每位玩家不得不發展自己的一套玩法。電玩遊戲天才阿克朗獨自做到頗有成就的地步，這是很罕見的現象，大多數的情況是，人類的潛力無法完全發揮。上傳影片、網路直播、線上論壇等全新的科技，使得最佳玩法向外傳播的速度大幅加快。就算俄羅斯方塊不再是世界上最熱門的遊戲，但今日這個世代的玩家相互交流的程度卻遠勝過以往。

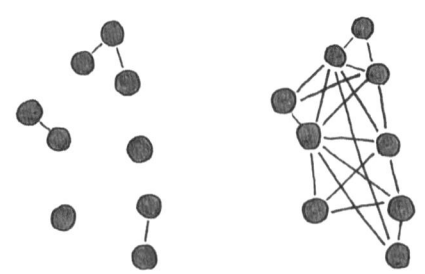

圖 1
玩家更常互相交流,代表創新有更多機會向外擴散。相較於左側各自獨立的網路成員,右側的成員有更多機會向同儕學習。

用來效法的範例品質也非常重要。煉金術轉換成科學上的化學就是個好例子。早年的煉金術士認為賤金屬有可能變成黃金,這個想法也許不正確,但煉金術士確實擁有一些可靠的化學知識。很多煉金術士努力發展物質理論[15],甚至還有煉金術士進行對照實驗,但由於他們不想讓經驗不足的新手得知深奧的技巧,所以故意把研究結果寫得含糊其詞。歷史學家暨化學家勞倫斯‧普林西比(Lawrence Principe)寫道:「煉金術的原始資料[16]充斥著有意的遮掩、古怪的用語、晦澀的想法、怪異的圖像,混亂糾結得令人生畏。煉金術士不想讓別人輕易了解他們在做什麼。」

煉金術士使用代號(Decknamen)來隱匿某些物質的名稱。他們把作法隱藏在奇怪的暗喻當中,後人必須解密才能了解真正的意思。為了迷惑毫無經驗的讀者,煉金術士會省略、調換步驟,或是加上不必要的步驟。這種方式確實產生預期的作用，讓知識僅限於少數特權人士，但也讓可靠的知識無法累積。想當煉金術士就不得不重複進行前輩的實驗幾十次，實驗失敗不一定代表作法不正確，有可能只是沒有正確解密。就連牛頓（Isaac Newton）這樣出色的思想家，也花了大半輩子在追逐某則化學傳說，沒意識到那是個死胡同。相較之下，羅伯特・波以耳（Robert Boyle）的空氣幫浦實驗[17]（這些實驗後來成為波以耳定律，仍舊在今日的化學課上傳授）記錄得一絲不苟，有幾十張圖表呈現他的實驗裝置和他取得的測量值。不是只有煉金術的文獻裡才會出現令人費解的說明文字以及省略步驟這種情況，當教材設計不良，迫使我們必須付出更多心力才能理解概念或掌握某個步驟時，學習往往會變得很辛苦。

知識並非平均分布。儘管網路時代看似讓知識普及，但世界上大多數的知識都沒有被寫下來並讓大家自由獲取。相反的，這些知識被鎖在專家的腦袋裡，而很多專家難以把腦袋裡的知識清楚的闡述出來。

很多知識甚至並非完全存在某個人的腦袋裡，而是具體呈現在群體的實務作法上。1980年的某部紀錄片裡，經濟學者米爾頓・傅利曼（Milton Friedman）仿效萊納・里德（Leonard Read）早年寫的一篇文章，舉了一個木頭鉛筆的例子。「這世上沒有一個人[18]能夠獨自製作這枝筆，這句話會讓人感到訝異嗎？一點也不。」傅利曼接著解釋，砍倒木頭要使用鋸子，鋸子要用金屬製作，金屬要從鐵礦提煉。橡膠、漆、膠水、石墨，這些全都需要透過極其複雜的供應鏈才能製造出來。製作一枝鉛筆這樣簡單的東西，過程中運用的知識並非掌握在任何一個人手中,而是由為了共同目標而合作的群體所擁有。隨著科學和科技進一步發展,個人想取得突破會愈來愈困難,必須由分散在各地的群體把所有知識匯集起來才能解決難題。人工智慧的新進展會加速這股趨勢,因為書籍的知識愈來愈容易取得,但還是有一些知識沒有被寫下來或明確解釋,仍然局限在專家組成的小圈子當中。在邁向精熟之路上,進入擁有知識的環境,往往比學習本身更具挑戰性。

實踐:練習的必要性

向他人學習只不過是第一步。想要精通一項技能不只是觀察,還需要練習。想要學會一項技能,練習發揮了幾個重要的功能。首先,反覆練習可以減少執行任務時的心理負擔。研究人員透過功能性磁振造影（Functional Magnetic Resonance Imaging,簡稱 fMRI）,觀察俄羅斯方塊玩家在累積遊戲經驗時的腦部活動[19]。與用腦愈多、表現愈好的直覺相反,玩家玩得愈久,腦神經的活動反而會隨之減少,而這種現象大致證明了以下觀點:透過反覆練習,玩家使用腦神經系統的效率會提高。如果你開車開了很多年,可能就會注意到類似的情況,以前需要全神貫注的費力任務,現在卻能不假思索完成,就算思緒漫遊到其他地方,但手腳卻能持續做著開車的動作。自動處理簡單的小任務是完成許多複雜任務的重要關鍵,這也是為什麼我們不能只靠觀察別人的作法就能達到專家水準的原因。

之所以要練習還有另一項原因,那就是記憶提取的重要性。觀察別人操作通常是了解如何操作這項技能的必要方式。但如果練習時答案總是隨手可得，我們可能就不會印象深刻。如果你年紀夠大，還記得手機出現前的年代，那麼你經常撥打的幾十組電話號碼也許就會記在心裡。但如今，儘管每次按下撥號鍵都會看到電話號碼，還是有可能連一個電話號碼都記不住，只記得自己的電話號碼。過去與現在的差別在於，現在的聯絡資料都是直接儲存在手機裡，但過去每打一通電話，你就必須從記憶裡頭提取號碼。提取號碼比複習電話號碼更能加強你的記憶力[20]。

最後，儘管我們是了不起的模仿者，但是技能當中有許多地方是無法模仿的。網球發球時手臂的動作，或是揮動筆刷時手腕的輕拂，這些當然都可以觀察得到，但每個人的肌肉組織都獨一無二，在實際操作時，這些觀察只能大致參考。像辨別X光片的影像或預測高爾夫球滾下果嶺的路徑，這類知覺技能只能透過實際的操作來學習，就算老師很有耐心，也很難透過語言傳授。要達到精熟的境界，實際操作那些無法透過書籍傳授的技能，非常重要。

學習時必須採取行動，這會對學習造成阻礙，因為主動練習比被動觀看影片還要費力，所以人們比較喜歡被動接收資訊，而不是主動採取行動。環境也可能會影響練習。沒有飛機，就很難成為一名優秀的飛行員；沒有攝影機，電影製作人也很難做好工作。最後，在學習複雜技能時，要如何在「向他人學習」和「自己親自做」之間找到平衡，也可能會很棘手。支援太少，學習會變成令人挫折的試誤過程；但支援太多，也會造成傷害，比如看見某種模式，就會妨礙我們透過思考辨識出那種模式的能力。我們不一定能做出正確的選擇。研究人員發現，能力差的學生受惠於結構化的環境，因為他們能學習記憶裡尚未擁有的解題模式；能力好的學生則受惠於非結構化的環境，因為這讓他們能獲得更多真實的練習，並且迫使他們在腦海中翻找自己已經擁有的知識。然而，學生往往偏好[21]對自己效果較差的學習方式！之所以會有這種反常的現象是因為學習十分費力，而我們總是試圖節省精力。能力差的學生覺得結構化的學習方式要求很嚴格，所以他們選擇靈活的學習方式，避免符合嚴格的標準要求；相較之下，能力好的學生認為按照指示來操作比較不費力，所以更喜歡遵循固定的模式，不喜歡自行推導出正確答案。對學習來說，適當調整難度非常重要，但我們不一定總是能正確做好。

回饋：根據經驗進行調整

反覆練習是不夠的，沒有得到意見回饋，往往就無法進步。早在1931年，心理學家愛德華・桑代克（Edward Thorndike）就做過一項實驗，他請受試者練習畫出一定長度的線條。儘管受試者已經練習了3000次[22]（這項實驗想必很有意思吧），但受試者卻沒有任何進步。心理學家安德斯・艾瑞克森（Anders Ericsson）身為這個領域的權威，發展出刻意練習的概念[23]，用來解釋音樂、西洋棋、體育、醫藥領域的精英如何能達到巔峰水準。刻意練習的概念核心就是立即的意見回饋，精英運動員和音樂家得到高品質又立即的意見回饋，他們的技能就會日益增進；少了意見回饋，他們的表現就會下滑。在系統性文獻回顧當中,研究人員發現,醫生從業的時間愈長,醫療照護品質往往會跟著下降[24]。患者的治療結果只有一部分取決於醫生的處置,而最佳的醫療處置與過時的醫療技術之間的差異往往很難分辨,只有透過精心控制的實驗才能看得出來。這種不穩定的意見回饋代表醫生很難投入艾瑞克森提出的那種刻意練習。但如果要維持精熟程度,刻意練習正是核心所在。

我們可以打造更好的意見回饋制度,藉此加快進步的速度。越戰期間,美國海軍和空軍每擊落兩架敵機,就會損失一架戰鬥機。為了改善這個狀況,美國海軍創立海軍戰鬥機武器學校(Navy Fighter Weapons School),也就是著名的Top Gun計畫。這項計畫包含模擬出擊,學員要跟頂尖的飛官進行對戰訓練。每次模擬出擊後,學員的表現就會被深入檢討,每一個決策都會在事後報告裡進行討論。結果是,空軍擊落敵機的成功率還是2比1,但海軍的成功率因為這項計畫而大幅成長為12比1,改善了6倍[25]。艾瑞克森還描述了某次以歐洲某家銀行的外匯交易員為對象的研究[26],他們在模擬競爭以及事後回饋的幫助下也獲得了類似的改進。只要在你的改進行動當中納入更多令人信服且資訊豐富的意見回饋,你就能進步、不再停滯。

為什麼學習依然重要

除了擔心是否能進步之外,還有一種擔憂是,學到的技能可能很快就會變得過時。撰寫本書之際,先進的電腦程式已經能夠根據要求寫詩、解釋量子力學、以任何一種藝術風格繪圖。假如這樣的科技持續進步下去，有些技能只要透過矽晶片就能毫不費力的執行，那麼人類精熟那些技能到底有什麼意義？技術變革雖然會削弱舊有的能力，但也會創造新的學習需求。蘇格拉底曾批評紙張的發明[27]，認為紙張會耗損記憶力，但紙張卻促進知識的爆炸，這種知識量，一個人窮盡一生都不可能完全記住。資訊科技導致某些工作幾乎被淘汰，卻也創造出許多以前沒有的新工作。在麻省理工學院經濟學家大衛・奧托（David Autor）與同事共同撰寫的論文當中，研究人員發現2018年的工作類型中，大約有60％在1940年並不存在[28]。雖然科技可能使成打字員和接線生的需求減少，卻也創造出大量軟體開發人員和商業分析師的需求。以過去的科技趨勢為基礎，我們可以合理的預測人工智慧的進步會提升學習需求，而不是減少學習需求。預測是一件難事，預測未來更是難上加難。＊因此，我不推測未來的世代必須熟悉哪些具體的技能與知識，只針對學習過程提出見解，並說明哪種學習方式會讓學習過程更順利，這樣的理解可能更重要。

一場好奇心的探索

長久以來，我一直對學習這件事沉迷不已。2019年，我出

＊ 作者注：改寫自一句著名的格言：It's difficult to make predictions, especially about the future. 這句話的出處有人說是諾貝爾獎得主尼爾斯・波耳（Niels Bohr），也有人說是棒球選手尤吉・貝拉（Yogi Berra）。

版《超速學習》(Ultralearning)一書，深入探討狂熱自學者的奇特世界，並參考我在學習語言、程式設計、藝術方面的一些經驗。不過，好奇心是一股奇特的動力。好奇心與飢餓或口渴不一樣，學得愈多，反而愈會激起好奇心，不會飽足。因此，儘管耗費多年時間努力學習新技能，並設法了解技能養成背後的學術研究，但我最終還是踏上新的追尋之路，試圖解決之前耗費心力但卻未能解答的問題。我閱讀幾百本書、幾百篇學術論文，終於找到令人滿意的解釋，可以用來解開我之前未解的難題。然而，與所有求知的冒險一樣，舊問題不斷衍生出新問題。本書在很多方面都是我梳理這些發現時的結果。

　　撰寫這本書時我考慮到了兩種讀者。首先，我想要站在學習者的角度寫作。如果你想要精進學習，應該怎麼做？該尋找什麼樣的範例？哪種練習最有效？哪些影響因素能讓你達到精熟境界，或一開始就停滯不前？其次是，我想要探究老師、教練、家長、組織內負責設計學習過程的人，是採取何種方式引導學生精進學習？我家兩位好奇的學習者誕生之後，我就很想知道，身為父親，我該如何引導孩子成為最好的自己。好老師十分寶貴，但技能養成背後的科學知識卻並非廣為人知。最重要的是，我是為了像我一樣的人才寫這本書，也就是想要有所精進、往前邁進，卻不太確定什麼方法最好的人。

本書內容

　　接下來的十二章會更深入鑽研以下三大主題：觀察、實踐、回饋。進步不容易,但我們可以更聰明的思考該如何學習。書中每一章的章名都是一句簡單的原則。我希望即使讀者遺忘每一章所探討的研究細節,這些經驗法則仍然可以成為重要的提醒以及實用的摘要,儘管這些摘要可能並不完美。

第一章到第四章主要闡述範例的力量:

1. **解決問題的關鍵是探索**:我們將從一道困擾數學家三百多年的數學難題開始,並介紹一個解決這道難題的開創性理論,這有助於我們了解這道難題最終如何被破解。我們會探索一般思考與創意思維之間的差異,以及我們從他人之處學到的東西會如何讓我們更有能力解決複雜的問題。

2. **創造力來自於模仿**:接著,我們會鑽研文藝復興時期的藝術訓練。模仿並非與創造力對立,而是原創的種子。我們會探討心智的瓶頸,並了解學習知識的最佳方式與產生新想法的過程有何不同。

3. **成功是最好的老師**:精湛的技能奠基於良好的基礎。缺少基本功,學習就會變得緩慢且令人沮喪。在學習過程中及早體驗到真正的成功,就能強化學習動機。

4. **經驗讓知識隱形**:最後,我們會探討知識的詛咒,也就是專業知識為何會導致人們忘記當初如何開始掌握某項技術。專家的直覺雖然強大,卻會讓人更難學習複雜技能,因為專家往往無法解釋他們如何能做到這一點。為了解決這道難題,我們會探討一系列作法,以提取專家視為理所當然的知識。

第五章到第八章著重於練習的精進之道：

5. **難度的甜蜜點**：想要進步，取決在練習時是否能找出適合的難易程度。我們將探討研究，了解難度何時有利、何時不利。我們會看看為何頂尖的作家似乎最容易陷入寫作瓶頸。我們會檢視幾種工具：從漸進式解決問題到建立練習循環，幫助你微調學習過程的難度。

6. **心智不是肌肉**：當我們練習一項技能時，會有哪些地方得到提升？儘管「心智有如肌肉」的比喻一直受到歡迎，但這個比喻卻有很大的缺陷，有一項一百多年的研究已經證明這一點。學習轉移（transfer of learning）[*]研究將幫助我們了解何時強化某一種能力會讓另一種能力的表現也獲得改善。

7. **多樣性優於重複**：接著，我們會探索爵士樂手的即興表演能力是如何養成的。樂手如何創造出複雜又不重複的表演？要回答這個問題，就要先探討以下的科學知識：多樣化的練習如何培養出更靈活的技能。

8. **品質來自於數量**：天才總是多產。在本章中，我將探討有研究指出，創造力在很大的程度上就是生產力。創作出最佳作品的人幾乎總是創造出最多作品的人。我們會探討這個現象背後的意義，讓你付出的努力足以產生影響。

---

[*] 指先前習得的知識和技能，對新知識和技能學習的影響。

第九章到第十二章主要聚焦在意見回饋：

9. **經驗不代表專業**：熟能生巧不是真理。事實上，如果沒有正確的回饋，甚至無法透過練習讓我們變得更好。本章會探討在不確定環境下該如何學習。我們會比較不同的撲克牌玩家，有些人能在運氣起伏的情況下掌握這項複雜的遊戲，有些人儘管擁有數十年的專業經驗，但卻表現平庸。我會根據這些差異提出一些建議，幫助大家應對不友善的學習環境。

10. **練習必須貼近現實**：在本章中，我們會探討史上最慘重的空難所帶來的教訓。我們在課堂學到的知識與實務上的操作之間存在著複雜的關係。想真正精熟某項技能，就必須在實際環境中練習這項技能。

11. **進步不是直線前進**：進步前通常會先經歷退步的階段。在許多領域，我們所具備的直覺與經過證明的科學理論通常相去甚遠。隨著我們持續學習，進步的關鍵通常來自於根除誤解、低效率以及錯誤。

12. **接觸能減少恐懼**：最後，我將從學習技能轉向學習技能時往往會引發的焦慮感。我們將探討接觸療法（Exposure Therapy）在克服恐懼上的驚人成效，以及我們為了應對焦慮而發展出的直觀策略為何多半會產生反效果。追求精熟一項技能不只需要聰明才智，還要有勇氣才行。

最後，在結語的部分，我會放下研究報告，轉而討論這些想法可以用什麼方式納入你的練習當中。無論你是為了考試而學習、在職場上需要學習新技能,或只是想在你有興趣的事情上有所精進,我都希望書中的建言會是個起點,你可以藉此想出一套屬於自己的精進方式。

　　首先,讓我們來探討解決問題的科學,看看一道花了三百五十多年才解開的難題。

| 第一篇 |

觀　察

向他人學習

第一章

解決問題的關鍵是探索

> 如果只憑行動仍無法把情況扭轉成期望的情況，就必須訴諸於思考。[1]
> ——心理學家卡爾・鄧克（*Karl Duncker*）

- 如何解決難題？
- 是否有一種通用的方法可以解決**各種**問題？
- 我們如何解決沒人解決過的問題？

「我確信我發現了一個絕妙的證法,可惜空白處太小,寫不下來。」法國數學家費馬(Pierre de Fermat)用這句話創造出一個謎題,讓數學家困惑了三百多年。偉大的數學家歐拉(Leonhard Euler)就被難倒了。神祕的費馬逝世將近100年後,歐拉拜託友人[2]去費馬的老家四處搜搜看,希望找到一些殘留的證明方法;數學家柯西(Augustin Cauchy)與拉梅(Gabriel Lamé)也被誤導了[3],兩人曾經一度聲稱找到證明方法,之後卻被發現兩人的邏輯有重大缺陷;德國企業家沃夫思凱爾(Paul Wolfskehl)也曾祭出10萬馬克的懸賞獎金給解題者[4]。但儘管人們竭盡全力,費馬大定理的證明方法卻依舊是一道未解之謎。

費馬的主張很容易理解,只是不容易證明。古希臘數學家畢達哥拉斯(Pythagoras)告訴我們,直角三角形斜邊長度的平方等於另外兩邊長度的平方和:$a^2 + b^2 = c^2$。只要試算看看,就可以找到一些整數合乎這個方程式。比如整數3、4、5(9 + 16 = 25),還有5、12、13(25 + 144 = 169)。其實,畢氏三元數有無窮解:之所以稱為畢氏三元數,就是因為畢達哥拉斯證明三元數的組數有無數組。不過,如果改變方程式,不用平方,改用立方呢?你能不能找到三個整數合乎這個模式?費馬說找不到。費馬認為只要指數大於2,就沒有滿足等式的正整數解。以數學語言來說,費馬認為在 $a^n + b^n = c^n$ 的方程式中,如果n大於2,就沒有正整數解。

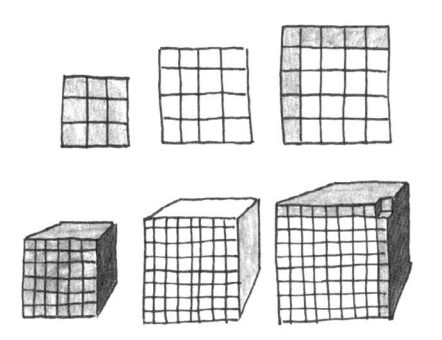

圖2
兩個平方數相加可以得到另一個平方數：例如$3^2+4^2=5^2$。
不過，兩個立方數相加卻永遠無法得出剛好的立方數。例如：
$6^3+8^3=9^3-1$。

　　安德魯・懷爾斯（Andrew Wiles）第一次聽到費馬大定理之謎時只有10歲。懷爾斯回想當年第一次碰到這道難題時的情景：「這題目看起來很簡單[5]，卻是史上所有優秀數學家都解不開的難題。從那一刻起，我就知道我永遠不會放棄破解這道難題。」之後懷爾斯入學，從劍橋大學畢業，專攻「橢圓曲線」這門數學領域。但在懷爾斯發展職涯的過程中，費馬的最後難題卻從未自他的腦海中淡出。但儘管這道難題困擾了數學家幾百年，懷爾斯仍看不出可以證明這道難題的方法。

　　1984年，情況有所轉變。數學家格爾哈德・佛列（Gerhard Frey）表示，費馬大定理與兩位日本數學家提出的知名猜想之間，有著出人意料的關聯[6]。谷山豐（Yutaka Taniyama）與志村五郎（Goro Shimura）認為，數學領域中兩個看似毫無關聯的分支，其實緊密相連。兩人認為，每一個模形式（modular form）

都有一個對應的橢圓曲線。谷山—志村猜想（Taniyama-Shimura theorem）過去一直是數學家眼中的重要工具，很多論文都是以谷山—志村猜想為真的前提之下得到結論。然而，谷山—志村猜想僅僅是個猜測。但佛列卻提出一個更驚人的想法：假如谷山—志村猜想成立，那麼費馬大定理也必定成立。橢圓曲線專家懷爾斯終於找到實現童年夢想的方法，只要證明谷山與志村的想法是正確的就行了。

懷爾斯選擇祕密研究。在累積了一些可以發表的成果後，懷爾斯決定陸續發表一系列論文，讓人以為他仍然專注於之前的研究當中。他不再參加會議，大砍授課時數，沒工作或沒有陪伴家人的時候都在專心思考證明方法。他採取冒險的策略，把自己隔絕起來，不請同事協助。他聲稱孤獨能提高他的專注力。然而，也許他是發現，如果他一個人處理問題，那麼當他發現證明方法的時候，就不必與別人爭奪榮耀。

前18個月，懷爾斯都待在圖書館裡，學習每一個與模形式和橢圓曲線有關的數學。就像闖進未知叢林的冒險家，懷爾斯需要備好工具組，以便應對任何情況。精熟基本知識之後，懷爾斯開始自行探索數學，尋找哪些模式也許能帶領他踏上證明方法之路。獨自工作兩年後，懷爾斯有了第一個突破性的發現，他找到方法，證明每個模形式的第一個元素都會連結到每一個橢圓曲線的第一個元素。現在，他只剩下無窮無盡的元素等他解決。

懷爾斯陷入僵局後，只好請同事協助，但他小心翼翼，沒有透露自己的計畫。也許這些同事會知道某些未曾發表、自己沒注意到的數學研究成果？懷爾斯之前的指導教授約翰‧科茨（John Coates）提到學生馬修斯‧弗萊契（Matheus Flach）的研究，這是以數學家維克多‧柯里維金（Victor Kolyvagin）的想法為基礎再加以擴充運用的研究。懷爾斯回想道：「這應該正好是我需要的研究[7]，可是我很清楚，我還必須進一步發展柯里維金─弗萊契的理論。」懷爾斯快要成功了，但是「這涉及許多我不熟悉的複雜技術[8]，有很多困難的代數運算，我必須學習大量新的數學知識。」這讓懷爾斯最後決定打破沉默，告訴友人兼同行數學家尼克‧卡茲（Nick Katz）自己碰到的困境，並在卡茲的幫助之下，得到可以用來完成他證明方法的關鍵指引。經過7年努力，懷爾斯終於成功，成為三百多年來唯一解開費馬難題的數學家。懷爾斯在一部闡述他重大成就的BBC紀錄片裡回憶道：「這是我職涯中最重要的一刻，我之後做的事再也無法如此意義重大[9]。」

如何解決難題

很少有難題像費馬大定理一樣棘手，而懷爾斯的故事則顯示出許多解決難題背後的思考過程。1972年，認知學者賀伯‧賽門（Herbert Simon）和艾倫‧紐威爾（Allen Newell）出版巨作《人類如何解決問題》（*Human Problem Solving*），調查人類在解決問題時的心理過程。在研究中，兩人請參與者說出自己在解決問題時內心的思考過程，之後再將參與者的表現與模型進行比較，仔細觀察人們如何處理棘手的難題。兩人的發現啟發了後續幾十年的研究，還應用在西洋棋、寫作、科學、數學、醫藥等各種領域。

賽門與紐威爾的理論核心是：解決問題就是在問題空間（problem space）裡搜尋。問題空間有如迷宮：你知道自己現在的位置、你看得出自己是不是已經抵達終點，但是在過程中，四周的圍牆會限制你移動的方式。迷宮之所以困難在於你不能直接走到終點，而是需要好好搜尋一番，才能找到那條通往出口的蜿蜒途徑。

在迷宮當中，問題空間是一個實體的空間，不過在其他許多問題當中，問題空間通常是抽象的空間。想像你正試著解開魔術方塊，起點是亂七八糟的魔術方塊，終點是每一面都只有一種顏色的魔術方塊，你可以做的事就是扭轉方塊。這裡的問題空間不是字面上的物理空間，而是不同組合構成的空間。每一次轉動，魔術方塊就會從一種狀態過渡成另一種狀態，新的狀態與之前密切相關，就像空間中相鄰的點一樣。魔術方塊的目標跟迷宮一樣，同樣都要探索抽象空間，從起點走到終點。

費馬大定理的證明也是在問題空間裡進行搜尋。對懷爾斯來說，他必須從先前已經證明的數學定理中選擇一個起點，最終目標就是證明當 n 大於 2 時，$a^n+b^n=c^n$ 無解。這件任務的困難處在於問題空間裡的每個步驟都必須根據先前的結果做出合理的推論。邏輯的約束有如迷宮的牆壁，阻擋懷爾斯想寫什麼就寫什麼。懷爾斯不得不規劃路徑，穿越蜿蜒的數學廊道，最終得到一個證實費馬正確無誤的結論。

一旦習慣看見問題空間，就會發現到處都是問題空間。科學家搜尋問題空間[10]來找出新的定律,起點是一組令人費解的資料,終點是一個用來解釋資料的理論。要解決問題,就必須搜尋可能可以解釋資料的假設空間,以及可能可以檢驗理論的實驗空間。建築師設計建築物,就是在搜尋可行設計方案的問題空間,找出哪種設計符合成本、空間、建築法規等限制條件,同時還要盡量優化建築物的功能價值與美學價值。撰寫本章的內容就是一個解決問題的過程,起點是空白的文件,最終目標是寫出一章完整的內容,闡釋我的想法。

難題的棘手之處

賽門與紐威爾在解決問題上提出的構想導出一個結論:大部分的問題都不可解。可能性太多,無法找到解法。如果沒有聰明的方法,隨便亂猜絕對行不通。魔術方塊的排列組合超過4300京(quintillion,百京,十的十八次方)[11],逐一探索各個組合,就算一個組合只花1秒鐘,總共耗費的時間也會是宇宙年齡的5000倍。然而,懷爾斯的任務是在無比廣闊的水域規劃航道。雖然我們可以編寫電腦程式,以機械化的方式解開魔術方塊,但不可能(至少在理論上)打造出能證明任何數學定理的設備。數學家必須憑藉有限的知識,探索無垠的海洋,而且不一定能安全抵達海洋的彼端。懷爾斯意識到自己有可能失敗:「也許能讓我完成證明的方法[12]會在100年後才被發明出來,所以就算我的方向正確,我還是可能活在錯誤的時空裡。」

如果大部分的問題空間都大到無法完整的搜尋,我們該如何應對？賽門的回答是「夠好就好」：與其選擇最佳解法，不如接受一個夠好的方法就行。經理人在做出緊急的商業決策前，不會逐一探討各種可能性和各種資訊，而是在有限的時間和專注力之下不斷搜尋，直到找出一個夠好的選擇。不過，接受還算滿意的選擇會有兩大缺點，第一是，選擇一個夠好的選項，就有可能永遠無法知道更好的選項。對某些特定的問題來說，這種作法可能不成問題。不過，如果我們預期自己會一再面對相同的問題，那麼傾向接受當時行得通的作法就會限制我們最終的發展。在鍵盤上用一根手指逐一尋找按鍵來打字，也許仍然能完成打字任務，但這麼做卻會讓人更難學習盲打（即不看鍵盤直接打字）。第二個缺點是，就算只想找出勉強可行的方法，也可能相當困難。懷爾斯也許會願意接受一個不完美、不簡潔的證明方法，但絕對不會在數學的嚴謹度上妥協。有點拙劣或冗長的證明方法也許可以接受，但違反邏輯的證明方法就絕對不行。

　　除了降低標準之外，還有一種方法可以降低解題的難度，那就是運用知識，引導我們往更有成果的方向搜尋。在極端的情況下，這種作法可以完全消除解決問題的過程。我不必在問題空間裡搜尋就知道5＋7等於多少，我只需要記得答案就是12。同樣的，日常生活中許多事對我們來說都不會構成問題，這是因為解決方法都儲存在記憶裡。開車、掛號或洗衣對大部分成人來說都不是問題，因為他們都知道該如何解決。不過你可能還會記得有段時間，弄清楚如何使用洗衣機是個真正的難題：洗衣精要放到哪裡？哪些衣服可以一起洗？哪些衣服要分開洗?經驗會把這些問題轉變為例行公事,讓問題變得更簡單。

在某些情況下,記憶就算無法提供答案,也能提供方法。我沒辦法直接想起128 + 47的答案,不過根據我在小學時學到的多位數加法,我就能輕鬆算出答案是175。但不是所有問題都有這麼簡單方便的算法,這讓數學家感到震驚。1900年,數學家大衛‧希爾伯特(David Hilbert)列出23道題目,希望在接下來的100年會看到這些問題獲得解決,其中一題是希望有算法可以用來釐清費馬大定理這類的方程式有沒有整數解。70年後,數學家證明[13]這樣的算法不存在!至於其他題目,是有一種方法可以保證找到解法,但是比起簡單的逐一檢驗每一種可能的解法,這種方法也好不了多少。數獨、西洋棋甚至俄羅斯方塊都被證明屬於這類問題[14]。因此,我們解決課堂問題的經驗可能會誤導我們,因為現實生活中的問題,絕大多數都沒有方法可以找出正確答案。

不過就算知道某個方法無法保證能解決問題,它仍然能減少搜索的範圍,提高解決問題的效率。捷思法(Heuristics)就是一種不提供保證、但在許多情況下可能有效的方法。遇到技術上的問題,有個簡單的捷思法就是關閉裝置再打開,這種作法不見得總是有用,但在許多狀況下確實能解決問題。懷爾斯沒有標準的教科書式算法可以應用,因為希爾伯特第10道問題的推翻,證明根本沒有這樣通用的算法。然而,經過多年的研究和數學運算練習,懷爾斯累積了許多捷思法可以用來解決問題。舉例來說,當你想證明某個特性適用於無數種情況時,歸納法就是一種相對常見的策略。你只需要證明這個特性適用於第一個情況,然後應用在下一個情況時也不會改變,這樣就行了。就像推倒一列骨牌一樣,歸納法可以證明某件事在無數情況下都正確無誤,而不必實際檢驗無數次。這種捷思法非常重要,它讓懷爾斯證明方法裡橢圓曲線的每個元素與模形式的每個元素連接了起來。

另一種常見的數學捷思法就是尋找不變量(invariant)。如果你能找到問題中不論如何修改都不會改變的東西,就能簡化解決問題的過程。思考一下殘缺西洋棋盤問題(mutilated chessboard problem)[15],在這個問題裡,棋盤左上、右下的方塊會被截掉,你是否能用骨牌完美的覆蓋整個棋盤(圖3)?

棋盤上剩下62個方塊,而每個骨牌會覆蓋掉兩個方塊,所以乍看之下,好像要經過大量測試才能知道這個問題是否有正確答案,也許要設法在31個骨牌之間試試一堆不同的組合,才能判定是否能找到方法來覆蓋棋盤。然而,如果你夠聰明,你可能會試著尋找不變量。這個問題中的不變量是,不管骨牌怎麼放置,一個骨牌就是會覆蓋掉一個白色方塊和一個黑色方塊。一旦我們意識到兩個被截去的方塊都是白色方塊,那麼無法用骨牌覆蓋棋盤的原因就很明顯了:因為這會需要骨牌同時覆蓋掉兩個黑色方塊,而我們已經證明這件事辦不到。運用正確的捷思法,就能避免漫長的求解過程。

歸納法和搜尋不變量經常運用在數學和邏輯領域,但卻不適合處理我們生活中會遇到的大多數問題。了解歸納法對於畫肖像畫或制定行銷計畫幫助不大。心理學家將歸納法與搜尋不變量的作法稱之為特定領域方法,就是因為這類方法處理的問題類別有限。這就帶出一個有趣的問題:「是否有一種捷思法或策略可以應用在**許多**不同類型的問題上?」

圖 3
是否可以用骨牌完全覆蓋被截掉兩角的棋盤?

四種弱方法

在研究解題策略時,賽門與紐威爾觀察到人們會採用幾種常見的策略來處理各種不同類型的問題。他們認為,如果無法使用特定的解決方案,人們就會使用這些常見的解題策略。賽門與紐威爾把這些策略稱為「弱方法」[16],相較之下,「強方法」是指定義明確的演算法或針對特定領域形成的捷思法,這些方法能大幅縮短解題過程。弱方法包括生成與測試法(generate-and-test)、手段目的分析法(means-ends analysis)、計畫法(planning)與爬坡法(hill-climbing)。

生成與測試法

賽門與紐威爾觀察到受試者最基本的策略就是嘗試某種作法，看看是否有效。如果忘了舊帳號的登入密碼，我可能會試試看以前用過的幾組密碼，運氣好的話，其中一個密碼會是正確的，就不必嘗試更複雜的重設密碼解決方案。同樣的，要是找不到鑰匙，我可能會隨便猜幾個可能的地方，然後試著循原路折回去找。寫文章的時候，我可能會為了克服寫作瓶頸什麼都寫，之後再回頭編輯。雖然不假思索就提出想法可能無法寫出好文章，但如果我在某個主題上有豐富的經驗，那麼從腦海裡浮現出的第一個想法可能也不差。不過生成與測試法有個明顯的缺點：問題空間變大的話，生成與測試法就會成為一場災難。唯有問題受限在某個範圍或是你對問題夠熟悉，有可能猜到合理的答案時，生成與測試法才有效。

手段目的分析法

另一種常見的解題策略是手段目的分析法，這是一種來回推理的策略，一開始要先辨別目前情況與目標的差距，接著找出具體的步驟，然後縮小差距，朝目標前進。賽門與紐威爾提出的例子是：

我想要帶兒子[17]去上幼稚園，「我有的」和「我想要的」之間的差距是什麼？有一個差距是距離。如何改變距離？我的車子。但我的車子開不了。需要什麼才能修好車？新的電池。哪裡有新的電池？汽車維修廠。我希望維修廠幫忙裝新的電池,但維修廠不知道我需要新的電池。問題在哪裡?溝通。什麼東西有助於溝通?電話⋯⋯以此類推。

手段目的分析法會交互衡量目標,觀察目前的狀態與目標狀態之間的差距,然後找出適合的方法來縮小這個差距。正如賽門與紐威爾上面的故事所述,可以用遞迴的方式來重複這些步驟。

▌計畫法

人們還會使用一種常見的方法來解決問題,那就是計畫法。所謂的計畫法,是在更簡單的問題空間裡重新表述問題,在更簡單的空間裡解決問題,然後再設法把這個方法類推到實際的問題空間。例如,寫文章時,我一開始也許會先寫大綱,大綱是簡化版的文章,只列出我想要陳述的重點,並忽略所有細節。一旦我確定已經在計畫空間裡解決問題,就能利用這份大綱,在「寫出整篇文章」這個更大的問題空間裡引導我尋求解決方案。

▌爬坡法

假設你置身於被霧氣籠罩的遼闊大地,而你想要盡可能走到最高的地方,這時有個策略可以運用,那就是朝最陡峭的方向走。爬坡法就是運用這個觀念來解決問題。一開始是採用實驗性的方法來處理問題(方法有多拙劣都沒關係),然後朝最能改善問題的方向逐步調整、前進。在某些問題上,只要往最好的改進方向前進，最後就能做到最好。編輯文章通常就是一種爬坡的過程，因為你會以最能改進整體寫作品質的方式，持續調整內容。同樣的，運用爬坡法來解開魔術方塊，就是試著在每一次轉動後，讓每一面的同一種顏色愈來愈多。雖然這種作法無法解開魔術方塊，但人們經常試著這樣做，這說明我們偏好用爬坡法解決問題。

為何弱方法經常失敗

雖然弱方法的應用範圍很廣，效果卻常常讓我們失望。當問題空間很大時，生成與測試法通常無法發揮作用；手段目的分析法會將問題分割成過多子目標，導致難以掌握問題；計畫法可能會過度簡化問題，製造出書面可行、在實務上卻行不通的解決方式；在某些情境下，情況要先惡化才會好轉，這時就不適合採用爬坡法。我們所謂的字謎，也許就是無法有效運用弱方法的問題類型，所以唯一能解決這類問題的方法就是要克制自己使用迷人的捷思法。河內塔難題是要在木樁之間移動圓盤（圖4）。這道難題的整個問題空間只有27種狀態，所以就算採用生成與測試法應該也不會有嚴重的問題。然而，通常需要一點練習才有辦法找出解答，因為要完成目標，就必須先將圓盤移離目的地（這違反爬坡法），還必須要將問題分解成許多較小的子目標（讓手段目的分析法變得更加複雜）。

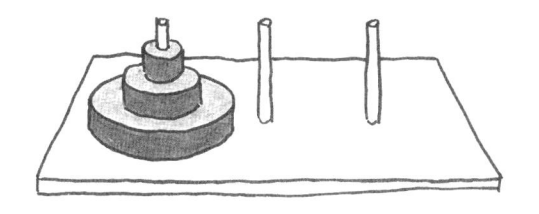

圖4
河內塔難題：目標是把所有的圓盤從左側木樁移到右側木樁。一次只能移動一個圓盤，且大圓盤不能放在小圓盤上面。

關於弱方法，還有一個更深層的問題：弱方法到底是我們天生的能力，還是後天習得的技巧？心理學家安德烈·崔柯（André Tricot）與約翰·史威勒（John Sweller）認為[18]，幾乎沒有證據證明弱方法是可以傳授的，這表示人們往往是基於直覺在運用手段目的分析法或爬坡法。從這個觀點來看，一般的解決問題能力既無法傳授，也無從練習，因此，我們無法學到更好的方法來處理問題，只能累積更多特定的技能與方法，並將這些技巧應用在不同的情況。懷爾斯之所以能夠證明費馬大定理，不是因為他運用弱方法進行大量練習，而是因為他擁有一個龐大的強方法知識庫，大幅縮小了問題空間。然而，在他修車或報稅時，同樣的知識對他來說可能幫助不大。

知識的邊界：兩種問題

上述情況顯示當我們在解決問題時，會面臨兩種截然不同的困難。第一種困難發生在當我們苦苦掙扎於某個問題，但這個問題對別人來說卻輕而易舉的時候。這是一種向他人學習的困難。專家會使用哪些強方法來輕鬆的解決問題？要是沒有這種知識，我們就不得不投入漫長又容易失敗的解題過程。如果問題沒有超出我們能力範圍太多，也許付出一些努力就能找到答案。但如果問題空間太大，我們可能永遠都找不到最佳作法。

第二種困難發生在當我們冒險進入未知領域，而這個領域的問題超出任何人能力的極限時。這就是懷爾斯在求解費馬大定理時遇到的問題；他必須找到一個答案，解開三百多年來數學家都無法破解的問題。懷爾斯最後終於穿越連費馬也完全未知的廣大問題空間，這表示早已離世的費馬本人很可能也沒有找到正確的證明方法。也許費馬跟柯西或拉梅一樣，找到一個有缺陷的證明方法；也或許費馬發現的是另一條意想不到又創意十足的路徑，以至於幾百年來最厲害的數學家都未曾涉足。不管是哪一種情況，這些知識都隨著費馬的離世而消失，因此懷爾斯在規畫他的數學探索路徑時，就不得不冒險踏進未知的領域。

多數人處理的問題難度不如懷爾斯，但由於大多數情況都是獨一無二的，因此解決問題的需求會永遠存在。你只需要輸入一、兩句話，就會寫出人類歷史上未曾表述過的事。每一篇寫下的文章、每一首創作出的歌曲、每一棟設計出的建築，都是一道與眾不同的問題，因此我們不能只是單純複製過去的解決方法。不過，儘管很多問題都是新問題，但這些問題的最佳解決方案依賴的卻往往不是新知識。要深入探索問題空間，就必須站在前人強大的基礎上。

三個實用建議

許多心理學者認為解決問題是一種普遍的能力,無法傳授也無從練習。弱方法是常見的策略,但要習得特定的專家知識與方法,才能踏上精熟之路。儘管我們無法全面改善我們解決問題的能力,我還是想要根據我們討論的理論,提出幾個實用的建議。

重點1:從正確的表達開始

尋找解決方案只是解決問題的其中一個挑戰,另一個挑戰在於找出合適的方式表述問題,以便讓自己知道要聚焦在哪個問題空間尋找解答。在紐威爾與賽門開創性的研究之前,完形心理學者(Gestalt Psychologists)*也探討如何解決問題[19],只是完形心理學者著重在受試者如何理解問題,以及這些理解如何限制或激發出具有洞見的解答。例如著名的九點連線難題,目標是在筆不能離開紙張的狀況下畫出四條直線,把九個點連起來(圖5)。

---

* 這是心理學重要流派,主張人們在感知事物時,並不僅僅關注單一的元素,而是會自動將各種元素組合成一個完整的形象或結構。

圖 5
九點連線難題：畫出四條直線，把九個點連起來，畫線時筆不可以離開紙張。

你做得到嗎？沒看過這道題目的人可以翻到第287頁查看答案[20]。解決問題的關鍵不在於如何在問題空間中尋找答案，而是如何界定問題。如果在最初界定問題的過程中誤把正確的解答排除在外，那麼就算徹底搜尋，還是會錯過正確解答。想要在混亂的現實生活當中解決問題，通常要在「搜尋問題空間」以及「尋找新方法來表述問題」之間來回切換。

在開始任何一項新工作時，要先了解對這件事有經驗的人如何思考這些問題。他們如何界定問題空間？解決問題的主要方式是什麼？雖然知道如何思考問題不保證能想出答案，但這卻是重要的第一步。

重點2：找出可能有解的問題

意識到有許多問題無法解決之後，就應該立刻這麼做：沒辦法解決的問題就不要處理。可惜的是，確定問題是否可以解決，本身就是一個無法解決的挑戰。解決辦法也許可能近在咫尺，也可能努力100年也得不到回報。儘管無法確切知道哪些問題不可能解決，但還是能夠憑藉經驗，做出更好的猜測。當格爾哈德・佛列把費馬大定理與谷山—志村猜想連接起來之後，懷爾斯才開始研究費馬大定理，因為這兩者的聯繫讓懷爾斯覺得解答問題的時機已經成熟。創業家、科學家、發明家都在猜測未來的科技會進步到什麼樣的程度，儘管他們都無法確定為了找出解決方案，需要在未知的領域裡摸索多久。

要找出有可能解決的問題，最好的方法就是跟在這個領域最前線積極探索的人合作。在公司、研究實驗室，或是與做出新貢獻的群體一起合作，你可以了解問題空間中哪些地方已經成熟到可以探索，哪些地方不太可能立即產生成果。

重點3：一步步探索問題空間

為了解釋自己如何處理數學問題，懷爾斯打了一個很有啟發性的比方：

> 進入黑暗的大樓最能用來描繪我進行數學研究的經歷[21]。你進入第一個房間，很黑，是徹底的黑暗，跟蹌前進還撞到家具。漸漸的，你逐漸摸清每一件家具的位置。最後，大概六個月後，終於找到電燈開關。你打開電燈，突然房間全都亮起來，你可以確切看清楚自己所在的位置。

正如我們在下一章將詳細討論的，當我們沒有學習對象、不得不在陌生的問題空間裡尋找出路時，這時先探索環境而不是先解決問題會有幫助。面對陌生的數學領域，懷爾斯不僅會學習別人發現的數學工具，還會花費大量時間運用這些數學工具，直到這些工具成為他知識儲藏室裡熟用的能力。

想要探索問題空間，可以透過多方嘗試並觀察已經發生的事情來進行，而不是刻意去完成特定的目標。這階段的目標不是完成特定的事情，而是要關注探索過程中出現的新模式，這些新模式可能會帶來新的強方法。如果畫家不創作適合銷售的作品，反而嘗試不同的技巧來「看看會發生什麼情況」，最終可能會創作出糟糕的作品，但偶爾也可能會在無意間找到某種技巧，創造出獨特的作品。

從解決問題到學習如何解決問題

賽門與紐威爾早期的研究主要聚焦在人們如何解決困難的問題。他們認為必須先了解我們如何解決問題，然後才能理解我們如何學習解決問題。賽門與紐威爾的推論是，只有懂得一個人是以何種方式執行技能，才可能釐清他是以何種方式學會發揮這項技能。*在下一章，我們會從人們如何解決問題，轉而探討人們如何學習解決問題。我們會發現心理上的一個特性，如何成為學習解決問題過程中的一大限制。

---

* 作者注：這種強調學習前表現的觀點受到連結式模型（connectionist model）的挑戰。連結式模型強調，即使我們執行的任務過於複雜而無法完全掌握或解釋，我們也可以用相對簡單的機制來理解學習。

第二章

創造力來自於模仿

規則不會束縛天才,但會束縛毫無天賦之人[1]。
—— 英國畫家喬書亞・雷諾茲（*Joshua Reynolds*）

- 你能在不學習如何解決問題的情況下解決問題嗎？
- 有多少創意來自於借用他人的想法？
- 模仿是否會導致對事情的了解流於表面？

2017年11月，達文西（Leonardo da Vinci）的畫作《救世主》（Salvator Mundi）打破紀錄，以4億5000萬美元的價格售出，是2015年畢卡索（Pablo Picasso）畫作《阿爾及爾的女人》（Woman of Algiers）1億8000萬美元的兩倍多[2]。達文西的畫作賣出天價並不令人意外，這位藝術家一生留下的畫作不多，現存作品都是舉世公認的傑作，包括每天吸引大批民眾前往羅浮宮欣賞的《蒙娜麗莎》（Mona Lisa），或是神祕費解的《最後的晚餐》（The Last Supper）。不是只有達文西一人受到尊崇，波提且利（Botticelli）、拉斐爾（Raphael）、提香（Titian）、卡拉瓦喬（Caravaggio）、米開朗基羅（Michelangelo）都是當之無愧的繪畫大師。雖然我們往往迷戀他們的天賦，但是我反而想談一談他們的訓練歷程。

文藝復興時期的藝術訓練遵循學徒制模式，新手在12歲、13歲時就會投入大師工作坊的門下。十五世紀初，義大利畫家虔尼諾‧虔尼尼（Cennino Cennini）曾這麼描述：

要知道，用於學習的時間不應少於以下的情況[3]：一開始先當學徒，學習一年，在小型的畫板上練習作畫；接著，在某位大師的工作坊裡學習，學習我們這行相關的技巧……這大約需要六年。接著，為了獲得作畫的經驗，學習使用媒染劑，在布料塗上金箔，練習在牆上作畫，這也需要六年。隨時都在畫，假日和工作日也不停止練習。透過這樣大量的練習，你的天賦就會發展成真正的能力。

學徒按部就班學習各種創作主題與媒介，逐漸熟悉這門工藝的各種技能。首先是臨摹大師畫作[4]，新手可以藉此研究大師如何把光線和形狀化為畫板上的筆觸。接下來是觀察雕像的石膏模型來作畫。要將立體的物品化為平面的圖像，可說多了一層難度，但可以避免真人模特兒可能會在作畫過程中移動的困擾。等到學徒看著模特兒來作畫時，他們已經熟練基本技巧，可以將注意力放在模特兒的姿態或表情等細微之處。學徒使用的創作媒介也有類似的進程，一開始是炭筆素描，接著是用黑色和白色的色階來繪製灰階畫作，最後是全彩的油畫或蛋彩畫（tempera paints）。

臨摹大師畫作成為藝術教學的基礎。達文西也提到學習的正確順序：「學習繪畫的順序是[5]：首先，臨摹大師畫作的素描技巧，」接著，「練習之後，在老師的指導下，下一步是練習用優美的風格繪製立體雕像。」花費大量時間臨摹的想法似乎與現代的藝術訓練觀念恰好相反。現在認為藝術家理應充滿獨創性，反覆練習會扼殺創意精神。然而，儘管文藝復興時期的訓練具有模仿性質，但在這類方法盛行的時期，藝術家往往還是能創作出令人嘆為觀止的原創性作品。不過儘管文藝復興時期的訓練法顯然很成功，但如今這種方法已經過時。要了解原因，就要先簡短的回顧藝術教學的演進史。

藝術教育簡史

西方的藝術教育始於希臘。古希臘人頌揚的是藝術，不是藝術家。以前，視覺藝術是工匠階級的工作，地位勉強高過支撐貴族社會的奴隸。詩歌與哲學是貴族學習的學問[6]，但繪畫不是，這種想法一直延續到中世紀，當時的藝術創作都受到行會制度的掌控。直到文藝復興時期，達文西、米開朗基羅等畫家出現，個人藝術家的地位才開始提高，超越工匠階級。這個轉變是拜文藝復興時期的畫家暨藝術史家喬爾喬・瓦薩里（Giorgio Vasari）所賜。瓦薩里的巨著《藝苑名人傳》（*Lives of the Most Excellent Painters, Sculptors and Architects*）把藝術家的形象塑造成知識分子，與學者、哲學家同等重要。為此，瓦薩里說服當時著名的銀行家科西莫・德・梅迪奇（Cosimo de' Medici）於1561年在佛羅倫斯成立第一所藝術學院。

然而，藝術家的地位提升[7]，卻為藝術創作帶來矛盾。藝術教育史學家亞瑟・艾夫蘭（Arthur Efland）寫道：「當藝術家提升到天才的地位，新的教育問題就出現了，該怎麼指導這些天才呢？把潛在的天才當成卑微的學徒訓練是否恰當？」這種狀況在浪漫主義運動期間更加緊張。哲學家盧梭（Jean-Jacques Rousseau）提議的藝術訓練法是：「所以我會謹慎小心[8]，不要讓他接觸繪畫大師，因為大師只會叫他臨摹作品，複製現有的繪畫作品來作畫。大自然應當是他唯一的老師，現實世界的物品是他唯一的模特兒。」十九世紀，維也納藝術教育家暨創造性自我表達運動（Creative self-expression movement)的擁護者佛朗茲・齊澤克（Franz Cižek）進一步發揚這種想法。艾夫蘭寫道：「有人將齊澤克與盧梭相提並論[9]，因為他堅持避開成人的所有影響，但在某些方面，齊澤克更極端。盧梭承認有時還是需要成人的指導，但齊澤克的課堂根本不採用一般的教學法。」這種工藝與創造力之間的矛盾，在達文西的時代幾乎不存在，但今天卻始終存在。藝術家暨教育家茱麗葉・阿里斯蒂德斯（Juliette Aristides）寫道：「在我們的藝術環境當中[10]，歷史教育和藝術訓練通常被認為與天賦相對立，新興藝術家常被期望應該直接從蒼穹之中汲取知識，而不是從歷史經驗或訓練中得到知識。然而，當個人的直覺被置於教育之上時，藝術家可能會陷入永恆的青春期狀態，熱忱勝過於表現。」

耐心的從範例中學習，然後再創作原創作品，可說是正統藝術教育的核心。然而，不只有學習藝術要從練習範例開始。說來有些意外，認知心理學家發現，在某些情況下，研究範例比自己解決同樣的問題更能帶來有用的技能。

不學習解決方法就能解決問題？

偉大的心理學家史金納（B. F. Skinner）曾寫道：「科學方法論者沒有認識到的一個基本原則是[11]，當你碰到有趣的事情時，要放下一切去研究它。」1980年代初期，當心理學家史威勒的實驗得到一些奇怪的結果時，他心中可能就浮現這樣的格言。史威勒回憶道：「（我們的）實驗主題是解決問題[12]，研究的對象是大學生。題目要求學生把我們提供的數字轉換成目標數字，而且只能做兩個動作，乘以3，或是減去29。」例如要從15變成16，就必須先將15乘以3，得到45，然後減去29，得到16。史威勒解釋：「每道題目都只有一個解法，而且必須以特定的次數反覆乘以3及減去29才能得到解答。我的學生們覺得這些題目相對容易解決，幾乎不會失敗，但他們的解法有點奇怪。雖然所有解法都必須遵循特定的模式，在乘以3與減去29之間交替進行……但是很少有學生發現其中的規則。不管解題者如何成功解題，他們在解題時並沒有真正察覺到解題的規則。」

學生解決問題，卻沒有學到解題的方法，怎麼會這樣？史威勒的實驗發生在上一章討論過、賽門和紐威爾發表關於問題解決的論文不久之後。史威勒隨即以兩人的研究為基礎，進行調查，發現可能的罪魁禍首就是手段目的分析法。手段目的分析法是賽門與紐威爾進行的許多研究中發現的其中一種弱方法，這是指在你目前所在的位置，以及你想達成的目標之間來回找出差距，並且尋找方法來彌平差距。這種策略有效，但需要你同時記住題目的各種面向，這種心理負擔可能會耗費龐大的認知資源，讓你沒有精力歸納解決問題的步驟，並將這些步驟應用到類似的問題上。史威勒深思道：「學生在課堂上被要求解題時，可能也會遇到類似的狀況。也許我們應該教學生[13]如何解題，而不是讓他們自己解決問題？」

史威勒因此發想出以下的實驗：如果能用某種方式抑制手段目的分析法，學生就能保有更多的認知資源，從自己的行動中學習。史威勒與同事展開一系列的實驗[14]驗證這個想法，其中包括一個使用三角學難題的實驗。這些與角度和線段長度有關的難題通常包含幾個未知數，對初學者來說很費腦力。要找出未知數，必須大量運用手段目的分析法。史威勒把學生分成兩組，一組拿到標準題目，要找出缺失的角度；另一組拿到同一道難題，但會建議學生盡量找出最多的未知數。由於第二組學生沒有明確的最終目標（即找出缺失的角度），學生就不需要埋首於手段目的分析法，可以釋放出更多認知資源，自由探索問題空間。短暫練習之後，史威勒給學生一道新題目。學生不必試著找出圖中缺失的角度，史威勒會提供正弦（sine）與餘弦（cosine）的數值，要學生根據描述畫出一張圖，目的是為了測試學生有多了解三角學的基本規律，而不僅僅只是記住答案。兩組的實驗結果相去甚遠[15]：在沒有明確的目標條件下，10位學生當中有8位順利解出這道新的幾何學題目；而傳統解題組當中，只有3位學生順利解題。

沒有最終目標的問題減輕了運用手段目的分析法帶來的沉重認知負擔，但這麼做也有一個明顯的缺點，那就是問題空間太大，人們很容易迷失方向。為此，史威勒找到一種替代方法，那就是範例。範例就是已經有解答的題目，加上解題者求解時經歷過的所有中間步驟。史威勒再次檢驗自己的想法，這次用的是代數題。一組學生研究代數題的範例，接著開始解答一個類似的問題；另一組學生沒有範例可以參考，要自行解題。5分鐘後，無範例組有學生找不出答案的話，就會跟第一組學生一樣閱讀範例，確保無範例組的學生不會因為成功解題的數量不如範例組就表現不佳。實驗結果是，當測試的題目類似範例題時，兩組的表現差不多。但如果出現新的題目類型時[16]，75％的範例組學生能成功解題，無範例組成功解題的人數是0。這結果令人驚訝，因為無範例組的訓練時間是範例組的3倍。

沒有目標的問題與用範例解題的學習效果在實驗中反覆出現，但這些發現違反當時普遍接受的想法。史威勒描述：「在那個時候，發表論文質疑學習解題法的有效性是一個很糟糕的時間點。」在賽門與紐威爾的研究之後，解決問題的研究在心理學與人工智慧領域掀起一股新熱潮。「許多學者都加入問題解決的研究行列[17]，但範例解題的研究卻遭到批評，其實更常見的是忽視，而這樣的情況持續了20年之久。」

雖然史威勒的研究一開始可能頗具爭議，但他的研究所依據的心智特性卻並非如此。一個世紀以來，研究人員已經知道人類的大腦在同時處理資訊方面有極大的限制。我們對這項限制的理解開始於一組神奇數字。

神奇數字

哈佛心理學家喬治・米勒（George Miller）在1956年發表的知名論文開頭寫道：「我被一個整數糾纏不放[18]，這個數字有各種偽裝，有時稍微大一點，有時稍微小一點，但從來沒有變得讓人認不出來。」米勒提出各種看似不相關的實驗，用來展現一組神奇數字7加減2。例如，要求人們根據音高來辨別音調，只區分兩、三個音高時人們的表現不錯，但超過六個音高的話，人們就愈來愈容易犯錯。在辨別音量時也出現同樣的結果，受試者只能分辨大約五種不同的音量。而且，這組神奇的數字不僅僅出現在分辨聲音的時候，當受試者被要求分辨水的鹹度、目測看到的正方形面積或是顏色的變化時，也都會出現這組神奇數字。神奇數字不只出現在知覺判別（perceptual discrimination）時，記憶實驗也顯示，如果受試者必須記住超過七個項目，不管記憶的東西是數字、號碼還是單字，表現都會下滑。米勒認為這組神奇數字不只是實驗上的巧合，而是顯示人類大腦可同時記憶的事物數量有基本的限制。思考有瓶頸，而米勒提出證據，證明這個瓶頸有多大。*

米勒的觀察促使許多學者提出與人類大腦如何處理訊息有關的理論。1968年，心理學家理查‧阿特金森（Richard Atkinson）與理查‧謝弗林（Richard Shiffrin）提出一種被稱為記憶模型的理論[19]。根據這個模型，人類會同步處理感官資訊，包括來自眼睛的視覺、耳朵的聽覺、身體的感覺，但這些資訊必須擠過思考的瓶頸，才能在我們的思緒當中變得活躍。短期記憶的存取也會連接到長期記憶。長期記憶是我們畢生知識與經驗的儲藏室，只有當我們主動回想起裡面的內容時，這些休眠的知識與經驗才會被喚醒。之後，心理學家艾倫‧巴德利（Alan Baddeley）與葛拉漢‧希契（Graham Hitch）提出工作記憶理論，強調短期記憶不只暫時存取訊息，還具有操控、轉化訊息的能力。所有的思考都發生在這個短暫的認知窗口當中，大部分的外在感官訊息以及過去經驗的深層記憶都會被過濾掉。

如果思考如此受限，我們怎麼還有可能正常運作？米勒在

---

* 作者注：雖然米勒把神奇數字定為7，但是他可能誇大了這個能力。當代心理學者仔細量測，認為神奇數字比較接近4才對。出處：Cowan,《The Magical Number 4》

最初的論文當中說明，有一種方法可以鬆綁我們的思維限制。米勒的實驗觀察到，思維限制不在於我們能處理多少資訊，而是在於「項目」的數量。例如，想像自己試著要記住ＮＵＦＨＳＢＬＡＩ這幾個字母，大部分人很難一次就記住全部的字母，但只要把這幾個字母重新組合成FBI、USA、NHL，大部分人都不會覺得Federal Bureau of Investigation（聯邦調查局）、United States of America（美國）和National Hockey League（美國國家冰球聯盟）太難記。雖然兩種表示法都有相同的字母，但是後者把字母重新組合成幾個有意義的詞組，這些詞組與過去的經驗結合在一起，你就可以輕鬆的記住這9個字母，這是米勒神奇數字的上限。我們把日益複雜的資訊組合成有意義的資訊模組來應對有限的工作記憶。因為一個模組只占工作記憶中一個位置，所以即使是面對相同的問題與解決方法，專家的工作記憶需求與新手所承受的壓力也完全不同。

1995年，艾瑞克森與華特・金契（Walter Kintsch）提出[20]另一種方法來應對大腦思維的限制。過往的經驗可以讓我們在處理短期任務時，更有效率的利用長期記憶。在阿特金森與謝弗林提出的模型當中，長期記憶是接近無限的儲藏室，存放人生中每一段記憶。長期記憶與工作記憶的限制不同，長期記憶是一個龐大的儲藏室。然而，長期記憶大部分都是靜止的。我們的記憶中可能在某處有答案可以回答某個問題，但要是無法在適當的時間回想起來，這個記憶就彷彿不存在一般。金契與艾瑞克森認為，對於日常任務，我們會學習創作出提取線索（retrieval cues），這些線索幫助我們在大腦的工作記憶限制之外，追蹤更多資訊。金契用故事理解為例來說明這個概念。受試者閱讀一篇[21]有關蒸汽引擎發展的故事，文章中每隔一行就插入干擾句。在傳統的記憶實驗中，受試者會被要求記住無意義的字眼或數字，添加干擾句會迅速讓人忘掉試圖記住的訊息。這就是為什麼在打電話之前，你必須一直對自己複述電話號碼才能記住它，因為任何干擾都可以輕易的抹除在記憶中還沒分組處理的訊息。然而，閱讀故事的受試者在受到些微干擾的狀況下卻仍然能繼續閱讀，這表示受試者已經把故事裡的某些部分轉換成更長久的記憶，並且製作提取線索，讓他們即使受到干擾還是能繼續閱讀。

米勒的模組理論，以及金契和艾瑞克森提出的理論，都有個重要的局限：只有大量練習才有可能鬆綁我們的思維限制。為了使用模組的概念，我們必須先將資訊組合起來，畢竟我們不是天生就知道FBI、USA的縮寫，非美國人可能根本不知道NHL是什麼意思。無法有效的分組，讓新手在工作記憶裡同時要處理的事項比專家還要多。同樣的，熟練的讀者有方法可以掌握故事內容，但新手卻沒有這些技巧。跟史威勒研究中的受試者一樣，新手在工作記憶中受到的限制比專家更多。

在心智瓶頸下學習

史威勒展開第一次實驗後的40年間，各種研究人員針對工作記憶對學習造成的其他影響進行大量研究。這些研究結果匯聚成認知負荷理論（cognitive load theory），認為改善工作記憶空間是教育者與學習者都應該關注的核心議題。

認知負荷理論的一個重點就是[22]區分內在認知負荷與外在認知負荷。內在認知負荷指的是學習時必須付出的心力。為了從工作案例中獲益，學生需要研究個案，而這樣的心理投入無可避免會消耗一定程度的心智頻寬（mental bandwidth）[*]。相較之下，外在認知負荷是指與學習沒有直接關聯的心理努力。手段目的分析法需要同時兼顧目標與達成目標的方法，是適合用來解決問題的捷思法，但這個方法在學習上可能沒那麼有用，因為它會為工作記憶帶來額外的負擔，消耗掉原本可以用來識別解決問題所需基本模式的心理資源。

不是所有的外在認知負荷都與解決問題有關。注意力分散效應（Split attention effect）是指教材對學習者造成額外負擔，學習者為了理解問題，必須在多個資訊之間轉換注意力。請看圖6兩張圖，並且思考一下。左圖的資訊沒有直接放在相關的位置上，必須參考英文字母來找到正確的解剖部位，這種心理上的多工作業，對於學習圖中的內容來說並非必要，因此成為一種額外的外在認知負荷。相較之下，右圖直接把名稱放在圖中所在的位置，因此不會產生注意力分散效應，造成額外的認知負荷。

---

[*] 意指我們在特定時刻用來處理訊息、思考和執行任務的有限認知資源與心理能量。

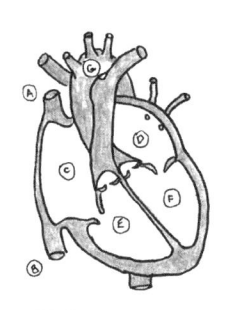

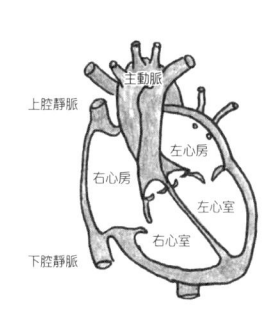

圖 6
左邊的心臟解剖圖，名稱沒有放在圖中的相關位置。根據注意力分散效應，解讀左圖時需要更多的認知工作，可能會導致學習更加困難。

冗餘效應（Redundancy effect）是指重複的資訊造成的意外干擾。透過一幅同時以圖像和文字提供相同資訊的圖示學習，效果往往不如只提供圖像或文字的圖示。多餘的資訊（例如把投影片上寫的事情大聲念出來）會對工作記憶造成額外的負擔，因為聽眾必須過濾掉不相關的重複項目，造成分心。史威勒表示：「大部分人認為為學習者提供額外的資訊不但無害也許還會帶來好處。但冗餘的資訊絕非無害[23]，提供不必要的資訊或許就是教學失敗的一大主因。」

儘管認知負荷理論的起源來自於代數、幾何學等領域，但近幾年來這方面的研究已經擴展到不那麼抽象的領域。根據眼動追蹤軟體的研究顯示[24]，當學生能觀察並追隨專家的眼部動作、看到專家的注意力集中在哪裡時，就能學到更多東西。我們似乎天生就會跟隨別人的目光，別人的目光會引導我們該注意哪裡。當我們面對複雜的場景、不確定什麼事物很重要時，觀察別人的目光能進一步降低我們的認知負荷。這個效應或許也可以用來解釋文藝復興時期工作坊在藝術創作上的成功：觀察大師工作，不僅能學到大師的技巧，還能學到大師的藝術眼光。

自行探索會帶來更深刻的理解？

批評者常常會指責範例教學會讓理解變得不夠深刻。瑞士心理學家尚・皮亞傑（Jean Piaget）的名言是：「每當大人過早教導[25]孩子一些他們本來可以自己發現的東西，就會讓孩子遠離創意，進而無法獲得通徹的了解。」這種看法認為，由別人指導解決問題獲得的經驗，必然沒有自行解題獲得的經驗深刻。我們可以觀察學生如何把學到的方法應用在不熟悉的情境和問題類型，藉此檢驗這個想法。如果範例學習只是「為考試而教學」，那麼我們應該會察覺到：面對不同的考試時，對技能掌握不夠深刻的學生成績就會變差。

為了探究這個問題，心理學家大衛・克拉爾（David Klahr）與米蓮娜・尼岡（Milena Nigam）觀察學生如何學習進行科學實驗[26]。這項實驗的主要目的是了解一件事情是否會影響另一件事。例如你可能想要知道坡道的斜度會不會影響球滾下斜坡的速度，最好的方法就是比較斜度不同的兩個坡道，同時確保這兩個坡道的表面材質、球的種類……都相同。克拉爾與尼岡想知道，收到明確指示和範例（如一次只調整一個變數）的學生，是否會比透過實驗自己順利想出策略的學生，更無法將學到的策略應用在新的情境。他們把112位三年級與四年級的學生分成兩組：一組會得到策略指導，並看到策略範例的應用；另一組則沒有獲得任何指示，但有機會透過實驗自行找出原則。獲得指導的那一組即時表現得更好：在測試階段，77％的學生在四次條件獨立的實驗中至少順利完成三次實驗；但要自行找出方法的那組學生，只有23％順利完成。這種情況並不完全出乎意料；學習別人教你的東西，顯然比自行摸索來得容易。還有一點更有意思，克拉爾與尼岡發現，無論學生的學習方式是什麼，在最初的測試中表現良好的學生，之後參加科展比賽時，在策略的應用上也有更好的表現。由此可見，不僅有更多學生透過範例學習獲得成功，這項策略也不會妨礙學生在不同情境應用所學的知識。

光憑範例不一定足夠，有研究發現，把範例分割成幾個小目標[27]，有助於解釋解決問題步驟背後的推理過程，並鼓勵學生自己解釋範例[28]，以增進對範例的理解。如果省略解題背後的步驟，就很難理解範例。很少有業餘藝術家能夠只看完成的作品就學會像文藝復興大師那樣作畫，因為觀察大師作畫的過程也很重要。此外，正如我們將在第四章看到的，專家在解釋問題時通常會省略他們解決問題時的心理過程。對於抽象或比較需要思考的主題，我們可能需要大量訓練，才可能透過觀察專家的肢體動作來理解他們在做什麼。然而，克拉爾與尼岡的實驗還有認知負荷理論學者的研究，卻都挑戰這樣的假設：觀察範例後習得的知識，會比透過直接經驗獲得的知識來得較不深刻。

何時模仿比創造更有效？

心智瓶頸理論揭示學習失敗的一個原因：複雜的學科與技能沒有被拆分成夠簡單的子項目。面對複雜的情況，新手必須仰賴手段目的分析法和其他費力的探索來解決問題。為了得到答案，通常都必須花費心力、時間來解決問題，但這會排擠原本可以用於學習、歸納，並應用於未來挑戰的認知能力。範例、無目標探索，還有大幅減少注意力分散效應與冗餘效應而編寫的教材，都可以讓學習更有效率。

這種對複雜性的關注也意味著，當解決問題或理解概念需要同時整合許多不同且不熟悉的資訊時，認知負荷理論就顯得特別重要。藝術品的創造尤其更是如此。畫作上的每一筆都必須同時考量色調、顏色飽和度、色彩的明亮程度。畫作上的每一個元素都必須考量角度、光線、大小。達文西筆記本裡詳細記載[29]有關身體各部位比例的經驗法則，還有骨骼與肌肉結構的詳細解剖研究。創作逼真的畫作需要整合的資訊遠比解決幾何學難題所需的資訊還多，所以很少有學生在沒有大量練習的情況下能做到這一點。

然而，並非所有學習都是複雜的難題。例如，比較一下學習第二外語時學習文法與詞彙的過程，學習文法可能相當耗費心力。或是英語母語者學習日文時，必須面對心理上的多工作業，將思考方式從熟悉的「主詞–動詞–受詞」（「狗咬人」），轉換成日文的「主詞–受詞–動詞」（「狗人咬」）。如果是很長的句子，這種心理上的多工作業，很容易耗盡我們所有認知能力,這就是為什麼教科書上清楚的示範與習題對我們的學習會大有幫助。相較之下,學習詞彙帶來的認知負荷相當低,只要記住單字就可以。因此,透過沉浸式對話來擴大詞彙量就可行多了。同樣的,化學涉及的概念有些複雜(例如理解量子力學的電子軌道)、有些簡單(例如熟記元素週期表上的原子量);開車有同時操控方向盤、油門、剎車這種複雜的過程,以及識別不同交通號誌這種簡單的過程。

隨著經驗的累積,複雜問題會變得簡單,認知負荷理論的影響會消失,甚至逆轉。專業知識反轉效應(Expertise reversal effect)[30]顯示,雖然對於新手來說,自行解題可能不如研究範例有效,但一旦學生變得更熟練,情況就會反轉。當解題的模式深深刻印在腦海裡,學生從練習中獲得的效益,就會比單純的觀察得到的效益還高。就像沒有人能夠不實際作畫就成為技能高超的畫家一樣,掌握技能需要親自實踐,而不只是觀察而已。還不熟悉解題模式的時候,範例產生的影響最大,這就是為什麼儘管達文西建議學習要先從臨摹開始。但隨著藝術能力發展,他強烈支持新手畫家直接向大自然學習。最後,模仿必須被原創性的觀察取代,好讓創造力蓬勃發展。

剛進入一個領域時最有效的學習策略,與隨著經驗累積之後更有效的學習策略,兩者之間的衝突也可以解釋藝術教育當中的部分矛盾。相較於額外的指導,經驗豐富的藝術家從解決問題當中獲得的好處更多,但他們可能會錯把自己創作藝術時採用的思維方式套用在初學者上,認為這是教導初學者最好的方法。心理學家保羅・柯施納(Paul Kirschner)稱之為混淆認識論[31]以及教學法的謬誤。認識論是指專家創造新想法和知識的方法,教學法則是指我們應如何教授人們掌握已知的技術。由於學習新資訊時,大腦的限制會多過於應用舊有的資訊,因此問題的難度可能會因為個人過去的經驗顯得微不足道或令人痛苦不堪。學習就是從記憶裡提取模式的過程,可以幫助我們跨越理解上的鴻溝。

認知負荷理論的應用

根據認知負荷理論,我們可以採取幾個步驟,提高新技能與新主題的學習效率。

應用 1:找出範例

當你碰到複雜的新主題時,請尋找大量包含題目與解決方法的資源。這類資源一開始可以讓你快速掌握解決問題的模式。隨著學習進展,你可以遮住答案,把這些問題當成練習。

應用 2:重新編排混亂的教材

為了避免注意力分散效應,請重新編排教材,把心智負擔降到最低。如果你遇到需要來回查看的圖表,請重新製作圖表,把名稱放在所指物件的旁邊。為了更理解公式,請重新撰寫公式,用簡單明瞭的用語說明每一個變數,並把這些用語放進內文當中。

應用 3：運用預先訓練的力量

開始學習某種複雜的技能之前,請先確認這個技能是否有任何可能會讓你感到困難的地方。如果你可以先練習這些部分,並將之牢記下來,當你實際執行這項技能時,就能空出心智能力,專注在技能的其他方面。用卡片背誦新單字無法解決口說時面臨的挑戰,例如發音、語法,但能讓你在說話時減少一件需要思考的事。同樣的,開始繪製新畫作之前,先了解如何混色、光線如何轉換為陰影、透視法的規則等,可以幫助你專注於表達自己的想法,而不會被技術問題困擾。

應用 4：逐漸增加複雜度

技能的工作記憶需求會隨著經驗的累積而逐漸減少,所以先從簡單的問題開始,然後再處理更複雜的問題,其實是很合理的作法。電玩遊戲設計師在設計教學遊戲關卡時,就巧妙的運用這一點。這些關卡具備一些遊戲的特點,讓玩家可以在沒有目標的狀況下自由探索,學習遊戲的機制,而不需透過繁瑣的說明來學習。之後再隨著玩家的進展,持續提高遊戲複雜度。

應用 5：先專注技法,再追求創意

原創性就是探索問題空間裡少有人踏足的區域。精湛的技藝與具有前瞻性的創造力之間的確有差異。然而,我們經常將這兩者視為對立的關係,其實這兩者相輔相成。熟練技巧之後,你就比較容易能看得更遠;只有當你知道哪些規則可以打破時,才有可能改變規則。

從入門到精通

　　從達文西的時代以來，許多事情都已經改變，攝影以及機械複製技術讓能精準描繪現實的技術不再那麼引人注目。前衛派不再專注於文藝復興時期的逼真表現，而是轉而探索抽象的概念。如果建議所有新藝術家都應該以幾百年前流行的風格來進行訓練，顯然非常荒謬。藝術在變化，偉大藝術家的技巧也在變化。

　　然而，就像訓練方式不能一成不變一樣，真正重要的是不能拋棄行之有效的原則。無論目標是創作出文藝復興時期那種充滿陰鬱氛圍和明暗對比的肖像、印象派輕快的寫生風景畫，還是抽象派大膽的藝術構圖，創造美麗的作品不只需要發揮原創性，還需要把腦中畫面轉化成具體表現形式的手段和方法。學習前人的方法不會妨礙我們發揮原創性，反而是學習過程中不可避免的一部分。下一章，我們會討論建立基礎的重要性，這不僅能讓我們暫時減少認知負荷，還能激勵你保持動力，在專業的領域長期表現卓越。

第三章

成功是最好的老師

學生的責任是從老師那裡學到一切,老師的責任是充分激發學生的潛力[1]。
—— 凱文・凱利(*Kevin Kelly*)《連線》雜誌第一任主編

- 早期的成功是否能激發未來的動機?
- 有沒有技能可以提升智力?
- 學習失敗是因為缺乏天賦,還是缺乏基礎知識?

海倫‧凱勒（Helen Keller）終其一生都會慶祝兩個生日[2]：一個是她誕生的那一天，另一個則是她「靈魂的生日」，也就是她敬愛的老師安‧蘇利文（Anne Sullivan）來到她位於阿拉巴馬州塔斯坎比亞住處的那一天。凱勒在19個月大時生了病[3]，當時的醫生稱之為「腦炎」（brain fever），很有可能是猩紅熱或腦膜炎。她康復了，卻完全失去聽力與視力。失聰又失明的凱勒，僅能用幾十個自創的手語來表達需求。她經常發脾氣。多年後她在自傳中寫道：「有時，我會站在兩個人中間[4]，觸碰他們的嘴唇。我無法理解，煩惱不已。我動了動嘴唇，瘋狂的做手勢，但沒有結果。這讓我很生氣，又踢又叫，直到筋疲力盡。」6歲時，凱勒幾乎每小時都要這樣大鬧一場。凱勒的母親感到極度沮喪，偶然間發現一位失聰又失明的女性蘿拉‧布利基曼（Laura Bridgman）受過教育的故事。她期望凱勒也能接受教育，於是聯絡柏金斯盲人學校（Perkins Institute for the Blind）的校長麥可‧安拿諾斯（Michael Anagnos）。安拿諾斯推薦了蘇利文。

凱勒日後寫道：「在我的記憶裡，這輩子最重要的一天[5]就是蘇利文老師來到我面前的那一天。」蘇利文一開始先拿洋娃娃給凱勒玩，讓凱勒抱住洋娃娃一會兒，然後握住凱勒的手，在凱勒的掌心寫了「d-o-l-l」。凱勒回想當時的情景：「我馬上就覺得這個手指遊戲很有意思[6]，試著模仿。最後我終於成功，正確寫出四個字母，我興奮不已，像小孩那樣開心又得意。我跑下樓找母親，我舉起手，寫出doll這四個字母。」接下來幾個星期，蘇利文向凱勒展示了幾十個新東西，以及這些東西的名稱該如何拼寫。對凱勒來說，這個活動還只是個遊戲，她還沒意識到一個手勢代表一個詞彙。在凱勒混淆mug（馬克杯）和water（水）這兩個詞彙之後，蘇利文帶凱勒去井屋，讓水流過凱勒的手。這一刻被威廉・吉布森（William Gibson）1957年創作的戲劇《奇蹟締造者》（*The Miracle Worker*）永久銘記，對凱勒來說，那一刻就是個啟示。凱勒寫道：「那個時候，我明白流過我手上那種美好又冰涼的東西，就是『w-a-t-e-r』。那個活生生的詞彙喚醒了我的靈魂。我離開井屋[7]，渴望學習。一切事物都有名稱，而每一個名稱都孕育出新的想法。」

接下來80年的人生，凱勒從哈佛大學拉德克利夫學院畢業，寫了12本書，精熟拉丁語、法語、德語，並成為熱心的政治活躍分子，為婦女參政權、和平主義、社會主義、身心障礙者權益奔走。諷刺的是，凱勒接受改變人生的教育之後，最終阻礙她的並不是失明與失聰，而是社會的態度。年輕時，凱勒曾短暫訂婚，但這椿婚事卻因為有人認為聾盲女性不適合結婚而告吹。同樣的，她畢生的遺憾並不是看不見或聽不到，而是她無法清楚的說話、表達，只能依賴懂手語的人為她翻譯。在她之後，其他聾盲者能做的事情比凱勒還要多，例如：里奧納・道迪（Leonard Dowdy）不僅結婚[8]，還工作30年才退休；哈本・格爾瑪（Haben Girma）[9]則是第一位從哈佛法學院畢業的聾盲女性。凱勒最後的建樹也許不在於她能夠走得多遠，而在於因為她的榜樣，其他人能走得更遠。

基礎技能為什麼重要

凱勒的故事顯示教育的巨大潛力。凱勒學會手語字母,就能學習詞彙、與人溝通交流。以此為基礎,她學習閱讀、寫作,並擁有積極、充滿知識的人生。要是早年沒有獲得這個機會,凱勒可能會一直處於孤立的狀態。儘管像凱勒這麼小就完全失聰、失明的案例可能相對罕見(據估計,在二十世紀僅有50人有類似的狀況[10]),但喪失重要的基礎技能、進而無法學習進階技能的狀況其實非常普遍。

想想閱讀吧,要是沒有閱讀能力,就無法取得世界上絕大多數的知識。因此,研究人員發現,先備閱讀能力(prior reading ability)*與智力的進一步發展密切相關[11]。心理學家史都華・利奇(Stuart Ritchie)和同事以7歲、9歲、10歲、12歲、16歲的雙胞胎兒童為研究對象,測量他們的閱讀能力與智商[12]。在孩童年紀還小時,閱讀能力與智商之間的關聯性不高。但研究人員發現,當雙胞胎中的其中一人在小時候有更強的閱讀能力時,這個孩子之後往往會擁有較高的智商。這項研究暗示,較強的閱讀能力能讓學習其他知識與技能變得更容易,進而提高智力。更有趣的是,研究人員發現,閱讀能力對智力帶來的好處並不限於語文智商,這表示強大的閱讀能力除了增加對書本或文字的知識,也可以提升智力的其他領域。

儘管閱讀十分重要,但是許多人仍然很難掌握閱讀能力。

---

* 先備能力指學習某項新事物之前必須事先具備的能力。

根據國際成人能力評估計畫（Program for the International Assessment of Adult Competencies，簡稱 PIAAC）的資料，2013年，大約五分之一的美國成年人缺乏分析和比較不同訊息、用自己的話重述觀點，或根據閱讀內容做出基本推論這樣的閱讀能力[13]。將近10%人是「功能性文盲（Functional illiteracy）*」。這個問題也不僅限於最低層次的閱讀能力差。根據同一份調查，讀寫能力達到最高兩個程度的人不到15%[14]，這份調查測試的項目包括：指出電子郵件與報紙文章裡，哪一句話對產品做出相同的評論，或是查看健身器材表，找出哪個特定的器材最能鍛鍊肌群。即使是成年人，很多人的高階讀寫能力也很差，許多人很少閱讀也就不足為奇了。根據蓋洛普調查，2021年，美國人的平均閱讀量比1999年減少將近三分之一[15]。儘管社群媒體和網路文章可能多少能彌補傳統閱讀的減少，但只有書籍才能讓我們深入並持續投入在某個想法或故事當中。這些統計數據表明，我們永遠不應該把閱讀能力視為理所當然。

　　為什麼學習閱讀會如此困難？有個原因是大部分書寫系統背後的字母規則十分強大，卻違反直覺。要學習字母規則，就要記住一組龐大、任意的符號：如果只計算大小寫字母，就要記住52個符號；如果符號、數字、其他字型都要列入考量，就要記住幾百個符號。接著，還必須能夠將語言的發音拆分成更小的單位，讓我們可以重新組合、操作。聲韻覺識（phonologi-

---

* 指雖然受過教育，但基本的讀、寫、算術能力仍有困難，不足以應付生活所需的人。

cal awareness）[16]是預測孩子早期閱讀能力最重要的指標之一，例如孩子是否能說出 stink 去掉 t 之後是什麼字，是否能指出 tub（浴缸）、rug（地毯）、mud（泥巴）、bean（豆子）當中哪個詞彙與其他詞彙不同。可惜的是，掌握閱讀能力並不容易。孩子無法從他們說出、理解的句子當中，輕鬆自然的區分出句子裡的個別詞彙，也很難將詞彙拆解成單獨的音素（sound）。*接著，一旦孩子識別出音素，就必須把音素與書寫符號有系統的連結起來。就算是拼寫規則非常有規律的拼音語言（例如西班牙文或義大利文），把符號與聲音連結起來也是一件困難的任務。學習英文更是痛苦，孩子被迫適應高度不規則的拼寫方式，這樣的拼寫方式會導致成千上萬種不同的聲音拼寫組合，而且大部分的組合並非完全遵循相同的規則，而是有許多例外。最後，必須大量練習上面提到的各項任務，直到可以自動完成所有工作為止。只有當識字的認知負荷降到最低，才能釋放多餘的能力來理解文本、解決問題、學習新概念。

學習閱讀十分重要，但培養讀寫能力卻又十分困難，那麼最好的閱讀教學方式是什麼？心理學家暨閱讀專家瑪莉蓮・亞當斯（Marilyn Adams）回顧已出版的文獻，寫道：「只要課

---

* 作者注：如果這種說法聽起來不合理，那只是因為你一輩子都在接觸文字，已學會「聽見」句子裡口語詞彙之間的停頓。分析口語的聲音波形，你就會明白，詞彙的分界是心理層次，不是聲音層次。音素的分界更是如此，因此兒童特別難以拆分子音群，例如 strong 裡頭的 s-t-r。字母的規則之所以看似平淡無奇，只是因為我們已經習以為常。出處：Adams, Beginning to Read, 486.

程裡納入系統性拼讀法（Systematic Phonics），那麼認字、拼寫、詞彙、閱讀理解的能力都會大幅提升[17]，而且差異非常明顯。」系統性拼讀法會明確教導並練習字母與發音的基本對應關係。相較之下，鼓勵學生根據陌生詞彙的整體組合方式、配圖或故事的上下文來猜出陌生詞彙的閱讀方法，會讓學生在學習閱讀時遇到更多困難。系統性拼讀法的一大優點是，記住基本的發音拼寫模式是一種雖不完美卻大有助益的作法，可以協助人們讀出陌生詞彙的發音。像這樣提供新讀者一套工具，讓他們理解還沒記住的詞彙，他們就能從自主閱讀經驗中學到更多知識，而不會只受限於他們看過的單字。然而，讀出單字的發音可能不是系統性拼讀法有效的主因。鼓勵新手讀者有系統的注意詞彙裡的字母組合[18]，能幫助大腦自動且毫不費力的閱讀，進而釋出資源用於閱讀經驗的其他部分。研究顯示，與不擅長閱讀的人相比，熟練的讀者特別擅長假字（pseudoword）的發音[19]。假字指的是符合英文拼寫規則的非詞（nonword）[*]，例如 **bluck** 或 **squimper**。熟練的讀者之所以擁有這項才能，並不是來自於費力的拼寫單字，而是因為記憶裡熟悉的拼寫與發音的關聯。

　　早期的成功經驗可以創造良性循環。從小就開始閱讀並且能牢牢掌握英文發音拼寫規則的人，閱讀時會比同齡的人來得

---

[*] 非詞是由字母組成的字符串，它遵循拼寫和語音規則，看起來像一個單字，但在語言中沒有任何意義。非詞通常用於閱讀研究，以測試受試者是否能將語音規則運用於不熟悉的單字。

更輕鬆。閱讀不費力,會更願意閱讀。讀得愈多,就能更進一步熟悉發音拼寫模式,包括那些沒有學過的規則。在一項研究中,康妮・朱爾(Connie Juel)與黛安・羅波–施奈德(Diane Roper-Schneider)比較接受拼讀教學的學生,在使用兩種不同主題的書籍練習之後,識別詞彙的能力有什麼差別[20]。一組學生使用的書籍當中著重的詞彙,可以利用兒童時期學到的拼讀規則來解讀;另一組學生使用的書籍則是以常用的詞彙為主。年底時,拼讀組的學生比另一組學生更擅長識別出新詞彙。更重要的是,儘管拼讀組的學生沒有學過假字的拼寫與發音之間的對應關係,但他們在參加需要讀出假字的另一項測試時,表現得更好。這表示拼讀組的學生會把之前學到的知識運用到新的模式當中。這種良性循環也許有助於解釋為什麼接受過某些拼讀教學的學生長期會有優勢:學生體驗到成功,將自己視為讀者並繼續練習,進一步強化他們的熟練度。

正如學習閱讀是其他知識的基礎,精熟英文的發音拼讀模式也是閱讀的基礎。雖然有些聰明的學生能自行理解這些拼讀模式,但許多學生做不到這一點。對做不到的學生來說,早期的閱讀經驗令人沮喪,甚至會讓他們永遠討厭閱讀。

兩個標準差

有關閱讀的研究闡明一個重要的原則:早期的學習經驗非常重要,不僅可以建立人們執行技能所需的認知基礎,還能讓人維持興趣,長期投入其中。可惜的是,在許多課堂上,一開始就遇到困難的學生會落後同儕。無法精熟先修教材，會讓他們難以跟上後續的課程，功課困難到令人沮喪，在現實生活中應用這些技能的機會也變得愈來愈少。長此以往，就不難看出這些早期經驗如何轉變成負面的自我概念：「我不會數學」、「我沒有藝術天賦」、「我語言能力不好」。我們應該要打造正面的回饋機制，讓早期的精熟經驗鼓勵人們進一步努力學習與練習。

早期的成功會帶來更優異的學習成果，要達到這種良性循環，一個方法就是一對一的指導。海倫·凱勒與老師之間的深厚情誼就是好例子。蘇利文不僅教凱勒手語字母、讀寫方法，甚至還陪凱勒上大學，盡職的記錄下講座的教學內容，幫助凱勒跟上進度。一對一指導之所以強大，是因為教師可以配合學生的需求，快速調整教材，在學生有疑惑時立刻解說，在學生需要練習自行應用知識時忍住不提供協助。在一篇著名的論文中，心理學家班傑明·布魯姆（Benjamin Bloom）探討一對一指導為學生帶來的明顯好處[21]。布魯姆認為，獲得指導的學生，課業成績比沒有獲得指導的學生高出兩個標準差。布魯姆提出「兩個標準差」問題，將其視為對教育工作者的挑戰，並依照統計慣例，以希臘字母 σ（sigma）來表示標準差。布魯姆認為，當我們知道一對一指導能顯著提升學生的課業成績時，就不能說因為學生能力不佳或學科本身太難，導致學生無法在學習上有所進步。不過，一對一指導也很昂貴，學校幾乎無法負擔。因此，兩個標準差變成一種呼籲，希望能找出優點接近一對一指導的教學法，而且這種教學法又可以應用在有幾十位兒童的課堂上。布魯姆認為自己已經找到一種方法，那就是精熟學習法。

精熟學習法把課程拆解成[22]教學、練習、回饋的循環。先教幾個單元，然後讓學生接受考試。但這不是典型的課堂考試，不是要看學生的成績表現，學生考不好也不會受罰。這裡的考試純粹是為了評估哪些學生已經精熟教材，哪些學生還沒跟上。還沒精熟教材的學生會獲得新的解說與練習，確保他們能夠在課程繼續之前先通過考試。第一次就通過考試的學生可以進行相關的學業活動。雖然精熟學習法一開始會耗費比較多時間，但支持者認為，整學期花費的總時間通常只會比傳統的教學方式稍微多一點，因為及早解決學生的困難之後，許多學生就能毫不費力的跟上後續單元的講課與作業。

精熟學習法顛覆許多我們覺得理所當然的課堂學習慣例。精熟學習法的一個重要假設是[23]，課堂上95%的學生都有能力掌握學習素材。與此相對的是曲線評分法：曲線評分法假設不論是什麼樣的學習素材，總有一些學生能掌握，有一些學生無法理解，而成績及格僅代表表現得比同儕更好。如果所教導的技能與知識只是做為一種篩選機制，用來根據學生的天賦為他們排序，那麼這種作法也許還算可行。不過如果目標是傳授學生有用的技能，那麼這種機制就會非常糟糕。曲線評分法鼓勵學生相互競爭，一個人的成長等於另一個人的損失。在這樣的課堂上，學生怎麼會有動力去幫助掙扎於課業的同學？精熟學習法的支持者認為，課堂永遠不應該採用曲線評分法。相反的，老師應該清楚了解學生能掌握的技能與知識，然後打造出每一位學生都有望成功的環境。

或是想想大部分課堂都會有的另一種假設：期初的考試成績應該要列入期末成績計算。這樣的假設並非不合理，畢竟許多老師都認為，如果完成作業或期中考不納入成績計算，許多學生根本不會努力學習。不過，期初小考納入成績計算的話，會對一開始就表現不佳的學生帶來不良影響。由於一開始就表現不佳，這些學生會認為自己在課堂上的成功機會愈來愈小。期初作業和考試不及格的學生可能會覺得，唯有期末考拿到完美的分數，才能以C+的成績通過。不過，這種想法未免可笑！除非期末考沒有真的涵蓋所有內容，否則獲得完美的分數就代表學生已經掌握所學的內容。這正是這個系統的必然邏輯：懲罰早期的學習失誤，而不是快速糾正這些錯誤。相較之下，在精熟學習法當中，考試的功能不是懲罰不懂學習內容的學生，而是找出哪些學生學習有困難，並提供支持。學生遇到困難就迅速介入，如此便能在課堂上複製一對一指導具備的某些神奇優勢。

精熟學習法的另一個主要原則是，不應該以同一種方式重複教授教材。如果學生在一開始的課程裡遇到困難，就不應該再提供相同的解釋，相反的，應該提供他們新的教材，嘗試以不同的方式來呈現資訊。如果之前的學習方式行不通，可以透過不同的範例、解說或練習，讓學生有另一條學習之路。

精熟學習法理論上聽起來很不錯，但真的有用嗎？根據系統性統合分析結果[24]，精熟學習法是較有效的教育介入（educational interventions）方式之一。從效應值來看，精熟學習法通常可以提高學生課業成績半個標準差至一個標準差。從這些分析結果來看，精熟學習法在小學、高中、大學的課堂上都有效，對能力較差的學生帶來的影響尤其重大。儘管這樣做仍然沒有達到布魯姆原本的目標，將學生的成績提升到像一對一指導那樣的效果。不過考慮到將知識傳授給龐大學生所受到的限制，精熟學習法仍然是迄今為止的研究當中，最被看好的教育介入方式。

直接教學法（Direct Instruction）是另一種相關的教學方法[25]，這種教學法可能會比精熟學習法效果更好。精熟學習法的重點是確保學生在學習過程的初期獲得成功，但沒有要求採用特定的教學策略。相較之下，直接教學法是把複雜的技能有系統的拆分成幾個部分，並嚴格的評估教學順序和方法，確保教學的有效性。最後的成品是一套非常嚴謹的課程，在範例、老師帶領的練習、回饋之間快速切換。DISTAR（Direct Instruction System for Teaching and Remediation）[26]是一種採用系統性拼讀法的閱讀學習方法，在一個大規模的實驗當中，被認為是提升閱讀能力最成功的計畫。儘管精熟學習法與直接教學法有一些技術上的差異，但兩者的目標與理念有許多共通之處。兩者都堅信所有學生無論天賦高低都能夠學習，而要做到這點，就必須密切監督由範例、練習與糾錯回饋組成的循環。

為何成功是最強大的動力

在學習上，動機扮演重要的角色。有些學生帶著渴望學習的心情來上課,有些則帶著幾乎無法掩飾的蔑視心理。我們全都曾經全神貫注在某個讓人著迷的科目上,也都曾在教室裡飽受折磨,望著時鐘上的秒針,數著一堂課還剩下多少時間。儘管動機如此重要,卻往往顯得神祕又費解,似乎無法完全以理性來理解它。

在心理學動機理論的歷史當中,有一個想法強烈否定人類動機非理性的一面。心理學家克特・盧文(Kurt Lewin)與愛德華・托曼(Edward Tolman)分別主張,動機是對未來收益的預期與計算。[27]他們認為,當我們預期努力之後可能會產生有價值的成果,這時就會產生動機。然而,考量我們的實際行為後,這樣的解釋好像有點站不住腳。為什麼明明知道重要考試不及格的後果,卻還是沒有想讀書的動機?如果動機是完全理性的,那麼我們在面對看似正確的事情時,就不會經常經歷內心的衝突,也不會因為無法逼自己去做那件事而感到掙扎。完全理性的評估好像也無法解釋我們看見的多元動機。為什麼有些學生用功讀書,有些學生卻懶散打混?以「成就動機」或「認知需求」來解釋為什麼有些人會勤奮努力並深入思考,簡直是在循環論證(Circular reasoning)*[28]。問題不在於為什麼有些人的學習動機更強,而是為什麼會這樣?

心理學家亞伯特・班度拉(Albert Bandura)協助釐清這個問題[29],他認為驅動動機的因素不只是因為我們期望自身的行

---

* 在推理論證的過程中,以有待證明的結論做為其證明所依據的理由的論證方法

動有可能帶來成果,也是因為我們相信自己有能力採取行動。自我效能(Self-efficacy)*在環境與動機之間架起一座橋梁,可以解釋為什麼兩個人在相似的生活環境下、面對相似的選擇,卻對採取哪一種行動感受到完全不同的動機。面對考試卻選擇不讀書的人,可能不是因為她認為通過考試不重要。如果她認為自己沒有能力學會考試內容,她可能就會缺乏動機去複習。

以這種方式來定義的話,自我效能感與自我認同、自尊心等相關的概念不同。自我認同是一個整體的概念,指的是你如何看待自己的整體形象。與此類似,自尊心是對自我價值的評價。一個人可以自尊心很強或擁有良好的自我認同,但在某件特定的任務上,自我效能感卻很低。我可能對自己充滿自信,也很欣賞自己的運動技能,但認為自己在數學考試上不太可能成功。同樣的,我可能覺得自己是程式設計高手,但一想到要上台簡報就不由得畏縮起來。自我效能感比個人的身分認同還要細膩許多,可能會隨著情況與任務的不同而改變。然而,正如班度拉所說,我們在特定行動上的自我效能感,可以解釋我們採取行動背後的動機。

---

* 一個人能否運用自身的能力,相信自己可以做到某些事情、達成目標的程度。

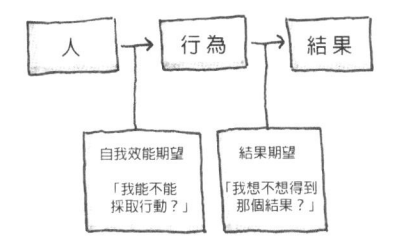

```
┌─────┐    ┌─────┐    ┌─────┐
│ 人  │───▶│行 為│───▶│結 果│
└─────┘    └─────┘    └─────┘
              │          │
              ▼          ▼
        ┌─────────┐  ┌─────────┐
        │自我效能期望│  │結果期望  │
        │「我能不能 │  │「我想不想得到│
        │採取行動？」│  │那個結果？」│
        └─────────┘  └─────────┘
```

圖 7
班度拉提出的自我效能感概念，把動機與兩種期望連接起來：我有機會能夠執行必要的行動（自我效能期望）；這項行動有機會達到期望的結果（結果期望）。

　　如果自我效能感如此重要，那麼它是如何產生的？班度拉認為有四個主要因素。四個因素當中兩個影響較小的因素是身體狀態與口頭勸導。一個高度焦慮的人可能會覺得自己沒辦法考試，原因只是手在顫抖，心跳得很快。口頭勸導指的是鼓勵，比如歡呼的群眾會讓你有力氣跨越終點線。與這兩個次要的因素相比，班度拉認為替代經驗與個人的精熟度更為重要。替代經驗指的是看到別人成功或他們如何應對眼前面對的情況。我們已經知道，向他人學習是學習技能的重要關鍵：我們可以透過指導與示範更快速的學習，消除尋找最佳技能執行方法所需要的反覆試誤過程，這比試著自己找方法解決問題快多了。班度拉認為，這種經驗也能發揮激勵作用。當我們看見他人成功，特別是當我們相信自己可以仿效對方的成功時，我們會更有動機採取同樣的行動。這就是為什麼榜樣如此重要，特別是如果我們可以在對方身上看見自己的影子時。榜樣不僅展現出解決問題的方法或正確的技巧，還能增進自我效能感，進而激發我們的動機,幫助我們實現同樣的成果。個人的精熟度指的是自己直接體驗到成功的滋味。這樣的力量尤其強大,因為替代經驗會因為我們感知到自己與榜樣之間有差距而效果打折,但沒有什麼比看見自己成功更能增強我們的信心。

班度拉總結了直接體驗到成功的滋味,在為未來學習創造有利條件方面帶來什麼樣的關鍵影響:

> 成就表現是最可靠的效能期望(efficacy expectation)來源[30],因為它來自於個人的經驗。成功的話,就會提升人們精熟技能的期望;如果反覆失敗,尤其是事情一開始就不順利的話,期望就會降低。反覆成功,建立強烈的效能期望之後,偶爾失敗造成的負面影響就有可能降低。偶爾失敗,之後靠著堅定的努力加以克服,這樣的經驗能強化內在動力和毅力,即使是最困難的阻礙都可以透過持續的努力克服。因此,失敗對個人效能產生的影響,部分取決於失敗發生的時機以及整體經驗模式。效能期望一旦確立之後,往往就能應用到其他相關的問題上。

成功是最好的老師,而不是失敗。一開始反覆失敗的結果,反而更可能讓人學到無助或逃避,而不是毅力。建立在以往成功經驗上的失敗才能真正有所助益。只有當我們相信自己在追尋的過程中,最終一定能獲得成功時,堅持克服失敗才有意義。在精熟技能的漫長過程中遭逢一些挫敗,也許會有幫助,既能改正過度自信的態度,也可以在面對困難時,強化內心的動機，但是反覆、持續的失敗幾乎無法發揮激勵作用。

正如前文所述，早期的精熟經驗會為日後的學習帶來許多好處。掌握複雜技能的基本要素，可以為進一步學習奠定認知基礎。反覆練習之後，運用技能時需要付出的總努力程度會隨之降低，大腦評估使用這項技能的好處超過所需的成本，於是就會拓展技能的使用情境，更有可能在課堂外運用這項技能。最後，在某個領域的成功經驗往往會增強自我效能感，讓我們更有動力繼續學習。接下來，讓我們一起來探討一些方法，看看如何將這些經驗應用在我們的學習，以及我們希望在他人身上培養的技能。

心得 1：從基礎開始

從閱讀教學中得到的一個心得是：許多我們覺得難以學會的技能，通常是因為我們還沒有掌握這些技能的基本知識。不幸的是，在大部分的課堂上，遺漏或跳過必要的資訊很常見，不是例外。正如我們在下一章會討論，在獲得專業知識的同時，往往也會失去闡述自身技能基本知識的能力。由於大部分老師已經熟悉他們教授的主題，因此不太會發現自己原來會假設學生上課前應該已經具備那些知識。然而，造成學習差異的原因不只是知識而已，還有流利、熟練的技能。如果沒有好好記住乘法表，就很難解決代數題目。同樣的，如果光是理解單字就占據你所有的心智頻寬，你就沒有餘力可以進行文學分析。打好正確的基礎，並大量練習，就能騰出心理資源，處理更複雜的任務。因此，在你聲稱自己不適合學習某個科目之前，你應該先問問自己,開始上課前,你是否已經完全理解學習這門科目之前所應讀過的基礎教材。

心得 2：尋求協助

布魯姆的挑戰是找到在課堂上像一對一指導一樣有效的教學方法。這是一個支持個別指導的有力論點！雖然我們無法隨時為每個科目聘請私人指導,但聘請幫手、尤其是在適當時機時這麼做,卻是很值得的花費。聘請教師、教練或私人導師,請他們審視你的練習過程會很有幫助。即便是少量的指導,通常也需要大量的練習才能完全掌握技能,所以儘管指導相對於練習的比例不高,還是能有所幫助。

可惜的是,私人指導經常被汙名化,認為這只適合學習有困難的學生。因此優秀的學生往往會蔑視聘請私人指導的想法。但這種態度無法帶來幫助。很多偉大的知識分子都有類似導師般的關係,幫助他們掌握自己領域內的知識。羅伯特·波以耳被認為是最早的化學家,在化工領域曾接受喬治·史塔基（George Starkey）的大量指導[31]。當今世上最優秀的數學家陶哲軒（Terence Tao）曾接受過保羅·艾狄胥（Paul Erdős）的教導[32]。在許多領域,師徒關係的智識傳承甚至可以追溯到學科的創立者。雖然不是每次都負擔得起私人教師,但如果狀況允許,我們應該要多加利用。

心得 3：信心來自於能力

自我效能感教給我們的一課,不是要我們激勵自己變得更有自信（例如「弄假直到成真」），也不是要我們應該給予自己過多虛假的讚美。在班度拉的研究當中，情緒激勵（arousal）與說服對塑造自我效能感的影響相對較小。相反的，我們會透過看到他人成功與親自體驗到成功來建立自信心。這表示當我們缺乏信心時，關鍵就是要從更簡單、更容易的任務開始，建立積極的成功經驗，並尋求專家協助。點火就是一個很好的比喻：要燃起火花，就要擋住風，還要有大量容易著火的材料。一旦動機提升，我們就可以增加挑戰的難度。原本可能會悶熄火花的沉重木材，卻也能是堅固的燃料，可以燃起熊熊大火。

至於複雜的技能，最好的方法就是先徹底學習與技能有關的完整知識，然後在不超出你能力太多的範圍內進行大量練習，並且在遇到困難時獲得支援與指導。專注於一系列任務，從簡單到複雜，並且在熟悉簡單的任務之後再進入更複雜的領域，這也是確保能順利完成任務的有效方式。對語言學習來說，這代表要閱讀一系列分級讀物來學習，而這些讀物大多使用你已經學過的詞彙。如果是數學，可能就是要先熟悉方程式，然後再練習應用題。奠定成功的基礎，之後就更能應付棘手的挑戰。

從成功到專業

正如前文提到的閱讀經驗，經過充分練習之後，技能會變得自動化，以至於我們無法意識到執行這些技能時運用的基本知識。對於已經很熟悉閱讀的讀者來說，閱讀時我們是根據一個字母又一個字母的組合來認出每個詞彙，這種想法令人難以置信。我們閱讀的速度太快,根本沒辦法將單字中的每個字母都看進去!然而,那正是心理學家的研究發現。根據眼動追蹤研究,專業讀者會專注於頁面上幾乎每一個詞彙[33],透過辨認詞彙的字母形態來識別詞彙。多年的閱讀經驗,讓這項認知工作發生在潛意識層次,所以大部分時間我們只會意識到文本的意義,而不會注意到我們實際上是如何閱讀的。

下一章,我會更深入探討有關專業知識的研究,並說明當我們掌握某些技能之後,往往不會再意識到執行技能的具體流程和方法。對專家來說這是一大好處,他們不須關注每個字母,就有能力可以分析文本的意義。然而對於學習者來說,這可能會成為我們向專家學習時的一大阻礙,因為我們想要仿效的專家往往意識不到他們如何執行這些複雜的技能。

第四章

經驗讓知識隱形

人們所知,遠超乎所能言[1]。
—— 邁可‧博藍尼（*Michael Polanyi*）哲學家暨化學家

- 為什麼專家不見得是最好的老師？
- 專業知識如何將顯性思維轉化為隱性知識？
- 我們是否能讓專家直覺變得更清晰，以便我們能從中學習？

在大眾的想像中,很少有分子會像ＤＮＡ結構那樣容易辨認。ＤＮＡ的結構有如扭曲的階梯,出現在從公司標誌到電影海報的各種地方,象徵著人類理解生命科學的勝利。現今,ＤＮＡ的存在引人注目,所以很難想像在不久前的1950年代,人們還不知道ＤＮＡ長什麼模樣。ＤＮＡ螺旋梯的影像,以及它對人類認識自己所產生的影響,很大程度要歸功於無畏的Ｘ光晶體學者羅莎琳・法蘭克林(Rosalind Franklin)。雖然她的貢獻一開始遭到忽視,但正是她的照片使得揭開世界上最具代表性分子的謎團成為可能。

Ｘ光晶體技術可以製作出一種獨特的圖像,拍下的圖像不是像光線從一碗水果上反射出來那樣把靜物給照亮,也不是像ｘ光拍攝斷裂的骨頭那樣投下的陰影。Ｘ光晶體技術拍下的影像,是依循量子力學的繞射原理產生的圖像。Ｘ光像所有的光一樣,都是由波組成。當波擊中某個東西,例如晶體中的原子,就會朝各個方向散射出去。就像把石頭投到平靜的水中,不同來源的漣漪會朝外行進,最後相互重疊。在有些地方,當一個波的波峰碰到另一個波的波峰,兩個波會相互增強。在有些地方,當波峰遇到波谷,兩者就會相互抵消。當光波照在晶體上,大部分的波會互相抵消,只有與晶體內原子規律間距完全對應的波會被保留下來。在光的路徑上放置感光底片,你就能推斷出產生該圖像的分子結構。解譯影像不但需要清楚的理解繞射理論,還需要實務經驗,才能將混亂的材料轉化成清晰的圖像。

羅莎琳就是這個領域的專家。她在劍橋大學接受物理化學方面的訓練,從事煤炭晶體結構的尖端研究,因此熟悉Ｘ光晶體技術。她的研究有助於判定為何有些煤加熱之後會轉化成石墨，有些則不會。儘管這個研究主題跟生物學相距甚遠，卻是重要的產業應用，為羅莎琳提供完美的晶體學技術實務經驗。煤不是完美的晶體，雜質和不規則的結構讓影像的解譯變得困難。進入倫敦國王學院（King's College London）工作之後，羅莎琳就開始研究生物學最神祕的分子：ＤＮＡ。

像ＤＮＡ這樣的生物分子成像並不容易。首先，活體分子是潮濕的。ＤＮＡ有兩種不同的晶體型態：一種是較短、較緊密的「Ａ」型，另一種是稍微拉長的「Ｂ」型，樣本的溼度會決定哪種晶體占據主要的型態。早期的照片之所以模糊不清，是因為在漫長的成像過程中，樣本的型態會改變。另一個困難之處在於要製作出清楚的ＤＮＡ照片，就必須先找到容易操作的樣本，這代表要磨碎動物器官並淨化萃取物。儘管科學追求精確，但卻對製作實驗樣本的流程缺乏清楚的認識。瑞士化學家魯道夫・席格納（Rudolf Signer）發現製作樣本的技術，讓分子不會降解太多，化學家稱之為高分子量。ＤＮＡ研究員莫里斯・威爾金斯（Maurice Wilkins）評論席格納的樣本品質之高：「就像鼻涕一樣！[2]」儘管ＤＮＡ存在於地球上每一個活著的細胞，但席格納的ＤＮＡ樣本幾乎成為這類研究主要的樣本來源。為了獲得清楚的照片，就必須小心的拉伸ＤＮＡ鏈，使用一系列的鹽溶液讓ＤＮＡ保持在理想的濕潤狀態，然後再照射Ｘ光，曝光時間至少要100個小時。

羅莎琳製作的影像很精細。英國晶體學者貝爾納（J. D. Bernal）評論說，這些影像是「有史以來拍攝過的物質當中，最美麗的Ｘ光照片[3]」。她的實驗技巧嫻熟，而且對ＤＮＡ結構理論也有深刻的了解。當詹姆斯・華生（James Watson）與法蘭西斯・克里克（Francis Crick）向羅莎琳展示他們完成的第一個ＤＮＡ分子模型，模型內部有三個磷酸骨幹，鹼基突出，她立刻看到出錯的地方。他們提出的模型[4]水分太少，放在外側的鈉離子會被水分子包起來，無法像模型預測的那樣結合。之後，世界知名的化學家[5]萊納斯・鮑林（Linus Pauling）帶著類似的三鏈模型加入競爭的行列，羅莎琳毫不猶豫，直接寫信告訴這位知名的天才，指出他的錯誤。她拍下的照片讓她了解磷酸骨幹應該在外側，鹼基在中間。她跟助理雷蒙・葛斯林（Raymond Gosling）耗費幾個月的時間，拍攝Ａ型ＤＮＡ與Ｂ型ＤＮＡ的影像，疊代改進原子模型，使它趨於精確。

最後，華生與克里克搶先破解ＤＮＡ難題。那是科學史上不光彩的一刻，兩人使用羅莎琳拍攝的Ｘ光照片，卻沒有告知她，也沒有經過她的同意。如果沒有羅莎琳拍攝的照片，華生與克里克可能無法擺脫他們錯誤的三鏈結構。如果再給羅莎琳幾個月的時間分析資料，她或許就會發現正確的結構。1962年，華生與克里克因為發現ＤＮＡ結構而獲得諾貝爾獎，羅莎琳卻在四年前死於癌症。諾貝爾獎不會頒發給逝者，所以羅莎琳並未獲得科學界的最高榮譽，儘管如此，羅莎琳的研究後來被認為是揭開生命最大祕密的關鍵。

難以捉摸的專業知識

　　為什麼羅莎琳只看了一眼,就知道華生與克里克的第一個ＤＮＡ模型不可能正確?為什麼之前從來沒有處理過ＤＮＡ這種分子,羅莎琳卻能立刻推斷出製作精細樣本的正確方式?此外,華生與克里克只是看一眼羅莎琳的Ｘ光繞射照片,為什麼就能認出ＤＮＡ分子的整體形狀,還排除許多可能,最終得出正確答案?科學經常被視為理性的巔峰,一群追求奉獻的精英科學家,運用純粹的理性來推論世界的本質,不受情感或直覺的影響。然而,來自科學家的例子卻背叛了這個想法。在偉大發現的歷史中,直覺似乎與深思熟慮一樣重要。

　　匈牙利哲學家暨化學家邁可・博藍尼(Michael Polanyi)為「隱性知識」(tacit knowledge)一詞下了定義[6],用以描述我們知道卻說不出如何知道的事情。他認為科學仰賴明確的推理,也仰賴無法言傳的知識。大家認為研究人員都毫無偏見,但博藍尼認為,科學與科學家個人的信念密不可分。隱性知識無法從科學中被排除,試圖去除科學中的直覺基礎,反而會摧毀哲學家期望保護的東西。*

　　數學家暨物理學家亨利・龐加萊(Henri Poincaré)同樣認同直覺在締造偉大發現上的重要性。1908年,龐加萊出版《科學與方法》(*Science et Méthode*)一書,寫道:

---

* 作者注:巧合的是,博藍尼是纖維繞射分析領域的先驅,這是解開ＤＮＡ結構時重要的關鍵技術。

無效的組合[7]甚至根本不會出現在發明家的腦海裡。不是真正有用的組合，永遠不會出現在他的意識裡，除了一些他已經否決、但在某種程度上有用的組合。這就好像發明家是第二次考試的考官，只需要審查已經通過前次考試的候選人。

如果我們用賽門和紐威爾的語言來穿越時空解讀龐加萊的想法，那麼龐加萊是認為，專家的思維並不像是在問題空間裡進行大量、隨機的搜尋。好的想法會自動浮現，讓初步的猜測比純粹的隨機猜測更準確。

自從博藍尼與龐加萊提出推測以來，心理學家已經大量蒐集關於專業知識本質的證據。儘管直覺在每種理論當中的具體作用不同，但不同的理論都支持專業知識包含大量隱性知識這個觀點。然而，我們知道，成為專家的過程往往伴隨著知識從意識中消退。正確的作法看起來顯而易見，通常不需要太多思考，就連專家也不見得能解釋自己是怎麼做出結論的。

辨識的力量

專業知識的科學研究通常可以追溯到荷蘭心理學家暨西洋棋大師阿德里安・德・葛魯特（Adriaan de Groot）的著作。1946年，德・葛魯特發表〈西洋棋的思維與抉擇〉（*Het denken van den schaker*）論文，比較西洋棋大師與週末俱樂部棋手的表現[8]。德・葛魯特要求棋手一邊思考西洋棋的棋步，一邊說出想法，這樣德・葛魯特就能比較優秀棋手與普通棋手的思考模式。一開始的假設是優秀棋手能夠預先想好幾個棋步。理性思維全速運作，也許優秀棋手會深入探索問題空間，看到普通棋手想不到的棋步。然而，在德・葛魯特研究的專家當中，棋手的思考深度並沒有太大的差別[9]。另一種假設是，西洋棋大師只是因為更聰明，所以更有能力解決問題。然而研究發現，如果碰到自身經驗以外的問題，包括西洋棋大師在內的各種專家並沒有明顯更好的表現[10]。看來，專家與一般玩家的不同之處似乎不在於更深入的分析能力，也不是一般的聰明才智。

威廉・蔡司（William Chase）與賀伯・賽門複製德・葛魯特在1970年代初期的西洋棋研究[11]，並進行更深入的探討。他們證實德・葛魯特的研究結果，也就是優秀的棋手沒有更仰賴深入的探索，相反的，專家們似乎憑直覺就知道更好的棋步。專家一開始選擇的棋步都比一般棋手好，因此會有優異的表現。蔡司與賽門以記憶力強大為由來解釋這種直覺能力。經驗豐富的西洋棋在短暫觀察比賽時的棋盤布局之後，就能快速的重現棋盤上棋子複雜的排列模式。相較之下，新手通常只能記住棋盤上的幾個棋子，而且還記得很差。不過，要是棋盤的排列被打亂，專家與新手的表現就相差無幾。雖然這種強化的記憶能力一開始是在西洋棋的研究上得到證實，但後來證明幾乎所有專業領域都有這個特徵。醫學、程式設計、電子、體育、音樂等各領域的專家[12]都有強大的記憶力，擅長在自己的專業領域裡辨識模式，但同樣的資訊要是以不符合常規的方式出現，專家的優勢就會明顯下滑。

蔡司與賽門研究西洋棋專家的另一個特點是他們擺放棋子

的順序。專家往往會把棋子放置成有意義的組塊（chunk），並在放置下一步棋之前稍做停頓。專家可能會先注意到騎士處於能夠同時攻擊兩隻城堡的位置，或是國王已經進行長易位。蔡司與賽門認為，專家回憶棋局的能力更好，是因為專家把棋局視為有意義的排列組合。缺乏這些模式的新手，只能將每個棋子視為隨機的排列組合，因此必須在工作記憶裡同時應對其餘的棋子。根據賽門的說法，直覺「無非就是辨識」[13]。專家已經在記憶中存放無數個棋局，能察覺某個棋局與之前看過的棋局一樣，應該做出相同的反應。這就能讓他不需要對所有的可能性進行詳細的分析。

心理學家蓋瑞・克萊恩（Gary Klein）在研究經驗豐富的消防員時發現[14]，消防員似乎是透過直覺來判斷正確的行動。在需要迅速反應的火災現場，面對危險與時間壓力，很少有消防員會遵循系統化的決策模式，也就是想出幾個選擇、衡量每個選項的優缺點，然後採取行動。相反的，克萊恩認為，在現實情境中，專家會採用先辨認再決策的流程。專家會先觀察情況，如果情況與記憶中某個典型的情況相符，就會採用第一個想到的行動方案。只有當一些因素干擾，讓專家覺得目前的情況有點異常，這時他們才會更積極的解決問題。克萊恩也延續之前的專家研究，以西洋棋手為對象進行研究，結果發現專家走出的第一步棋[15]會比隨機選擇的棋步好很多，而且就算給他們更多時間仔細思考，這步棋通常也是最好的一步棋。五次獲得西洋棋世界棋王的馬格努斯・卡爾森（Magnus Carlsen）似乎也認同這個看法，他在某次訪談中解釋說：「我通常10秒鐘之後就知道我該做什麼，其餘的時間只是再三確認。」卡爾森並補充：「我經常無法解釋[16]某個棋步，只知道那步棋是對的，而且我的直覺通常是正確的。」正如龐加萊的觀察，我們的直覺似乎比隨機預測還要準確得多。

這是否意味直覺只不過是偽裝的記憶？這種說法似乎是在說，專家只有在處理以前見過的案例時才會顯得技藝高超，例如處理相同的情況，或是需要相同回應的類似情形。但這種對直覺的解釋無法完全令人滿意。西洋棋具有非常龐大的問題空間。雖然西洋棋開局與殘局中的許多情況可能跟記憶裡的情況近乎雷同，但中局往往會讓經驗豐富的棋手置身於沒人遇過的局面。適應性專家知能（adaptive expertise）*需要[17]在新的條件組合限制下，找到好的棋步。有證據證明專家可以做到這一點。多項研究顯示，儘管在面對不常見的棋局時，專家的記憶能力似乎沒有比新手更強，但大師們似乎確實能選出更好的棋步[18]。

關於直覺，除了上述簡單的識別情境並回憶解決方案這種理論之外，還有另一種觀點認為，專家會先不自覺的創造出幾個相互衝突的陳述[19]來理解特定的情境，接著這幾個陳述會整合成一個最有可能的解釋。華特‧金契針對閱讀表現提出的建構整合模式（Construction-Integration model）[20]就是一例。「He met the man at the bank」，這個句子當中的bank有「銀行」與「河岸」兩種意思，所以會同時想到「在金融機構碰面」和

---

* 指面對不確定、複雜或是新的情境時，也能做出有效決策或採取適當行動的能力。

「在河岸碰面」的情況。繼續往下讀,不適合的含意就會被排除掉。接下來的句子是「They withdrew two hundred dollars」(他們提領了200美元),表示這兩個人見面的地點是金融機構,不是河岸。有幾項研究測量人們處理river(河流)、money(金錢)這類詞彙的速度有多快。根據研究,大腦會先暫時處理這兩種含意,但矛盾的解釋在還沒浮現在意識層面之前就會先被過濾掉。從這個說法來看,直覺之所以能發揮作用,是因為專家能理解模式的含意。最初,這些模式會產生衝突的理解方式,但隨著更多資料出現,就會排除掉可能性較低的解釋。當一個新的資訊組合出現時,理解資訊的心智過程就會提出一個合乎邏輯的答案。*

不論是專家的識別能力,還是透過各種互相衝突、爭奪意識的論述來進行理解的複雜過程,都暗示著隱性知識的作用。專家知識也許是從應用正式的規則與程序開始。然而,一段時間之後,對特定情況的辨認能力可能會取而代之。在這種情況下,專家知識只是隱性的,因為根本沒有推理過程,取得正確答案的過程,只不過就是記住正確答案罷了。同樣的,在「直覺即理解」的想法中,知識是隱藏的,因為無法透過有意識的反思來檢視使情境有意義的聯想網絡。

---

* 作者注:「合乎邏輯」的含意不見得一定「正確」。我們在第九章會看到,在回饋不足的不確定情境下,專家直覺往往比簡單的統計方法表現還差。

為何專家不一定是好老師

隱性知識是向專家學習的一個阻礙。專家仰賴識別與直覺想出答案,但不見得總是能解釋自己是怎麼發現答案。另一個阻礙是可陳述出來的知識往往會被省略,因為專家認為這些知識顯而易見。羅莎琳對華生與克里克的三鏈模型提出異議就是這樣的狀況。她輕易就解釋了兩人的模型為何行不通:磷酸骨幹必須位於模型外側,這樣才能解釋DNA結構中的含水量。這對羅莎琳來說顯而易見[21],但是對克里克或華生來說顯然不是如此,因為他們倆都不是化學家。在溝通的過程中,對話者會自然省略多餘的資訊[22]。學步幼兒會接連不斷提問「為什麼」,任何應對過這種狀況的人都知道,解釋自己正在做的每一個細節有多麼痛苦。然而,當兩組人的技能水準差距很大時,某個人覺得平淡無奇的事情,對另一個人來說可能難以理解。這被稱為「知識的詛咒」,也就是專業會導致你將知識視為理所當然,因此你與人談話時,會高估對方擁有的知識。這就是為什麼許多世界級的專家在教授入門課程時表現不佳,也解釋為什麼熱門的科學書籍有時會過度簡化,有時卻又令人難以理解。科學書籍的作者往往是該領域的專家,難以準確判斷什麼內容對讀者來說顯而易見,哪些內容又困惑難懂。

向專家學習的另一個障礙是口頭傳承的知識,也就是特定社群知道、但卻沒有被寫下來的知識。在華生與克里克努力建立DNA模型的過程中,就有一個具有啟發性的例子。華生與克里克起初探討過DNA的鹼基是否有可能位於結構的內部,但這個可能性似乎很低,因為兩人從教科書裡學到,核酸的形狀並不穩定。烯醇型與酮型這兩種相似的鹼基形式,氫原子的位置稍有不同,被認為大約以相等的比例存在。這代表如果試著將兩者置於ＤＮＡ內側,會使整體結構難以連接。想像一下,要是樂高積木的形狀一直改變,樂高積木就很難組合起來晶體學者傑瑞‧唐諾休(Jerry Donohue)聲稱,他們使用的教科書內容是錯誤的[23]。他根據少數幾項已經出版的研究結果,認為實際的形狀是酮型。果然使用酮型,鹼基就能很好的結合在一起。

口頭傳承在許多研究的最新領域發揮很大的作用,因為許多科學家為了取得新成就,必須仰賴很多發現,但這些發現尚未被普遍認可。當羅莎琳、華生、克里克開始研究時,甚至還不清楚基因是不是由ＤＮＡ構成。許多研究人員認為蛋白質是較可能的選項。幾年前,奧斯華‧艾佛瑞(Oswald Avery)提出很有說服力的論證,證明ＤＮＡ是遺傳分子的觀點。他從病毒株取出純化的ＤＮＡ,注射到無害的細菌中[24],結果觀察到無害的微生物變得有毒:在細菌複製的過程中,毒性被保留了下來。華生基於直覺,堅持研究ＤＮＡ,儘管這不是當時科學上的共識,但他認為艾佛瑞的實驗很可靠。同樣的,厄文‧夏蓋夫(Erwin Chargaff)也注意到核酸的比例之間具有不尋常的相關性。腺嘌呤(adenine,簡稱Ａ)的數量似乎總是驚人的接近胸腺嘧啶(thymine,簡稱Ｔ)的數量[25],鳥嘌呤(guanine,簡稱Ｇ)與胞嘧啶(cytosine,簡稱Ｃ)的比例也同樣相符。某些ＤＮＡ樣本的Ａ-Ｔ較多,有些ＤＮＡ樣本的Ｇ-Ｃ較多,但兩個比例始終固定。回頭看,這為ＤＮＡ的結構提供一個強大的線索:在ＤＮＡ分子結構中,Ａ與Ｔ配對,而Ｇ與Ｃ配對。然而,當華生與克里克在建構模型時,這個無可動搖的科學事實沒有那麼明確。華生說,他的同事羅伊・馬卡姆(Roy Markham)同樣堅稱夏蓋夫的研究結果不正確[26]。這個論點可能是基於一些研究,在這些研究中,胞嘧啶不存在,原因是有些病毒的ＤＮＡ沒有胞嘧啶[27],而是使用其他的化學物質來取代胞嘧啶。

隱性知識、「顯而易見的」事實,還有未寫下的口頭傳承知識,都是學習進階技能的障礙。有些人認為,這類障礙普遍存在,因此需要透過學徒制來學習頂尖的科學工作。哈麗特・朱克曼(Harriet Zuckerman)調查美國諾貝爾獎得主後發現,超過半數的諾貝爾獎得主與另一位得主之間曾有過類似師徒的關係[28]。在這些案例當中,有69％是在導師獲得諾貝爾獎之前就開始師生關係,這表示師生制的影響主要與導師的能力有關,而不是與機構的聲望有關。能親眼見證技能的執行方式、獲取尚未被寫進教科書的口頭傳承知識,以及實際操作,可能是達到最高科學成就的前提。當然,我們當中很少人有機會能在諾貝爾獎得主、或是我們職業領域當中的一流精英底下學習。儘管如此,能洞察專家的知識,是讓我們超速進步的關鍵。

如何從專家身上學習

認知作業分析(Cognitive Task Analysis)是從專家身上汲

取知識的一系列技巧。這種新方法的發展來自於人們對既有的行為作業分析感到失望。舊有方法的開發，是為了調查人們在執行技能時會採取的確切動作與行為，例如組裝線上的鉚釘工如何固定螺栓。認知作業分析嘗試更困難的事，試圖釐清哪些知識與技能會被當成決策基礎。正如某位撰寫認知作業分析手冊的作者解釋：這種技術「在工作的性質變得更概念化而非實體化、當任務無法簡化為程序，以及專家優勢明顯勝過新手時，就會變得更有價值[29]」。認知作業分析工具已經被用來了解購物者的購物行為、開發能減少訓練時間的課程、設計工具以協助專業人士工作，並做為基礎研究，用以理解心理過程。

認知作業分析這門學科的內容龐雜，有一篇評論文章列出[30]超過60種已經開發的不同技巧，包括從低技術的結構式訪談、繪製概念圖，到精細的電腦模擬專家表現。執行認知作業分析本身就是一種需要大量訓練與練習才能夠掌握的技能。一個全面、詳細的分析可能需要數百小時的工作，包括訪問專家、整理資料，以及驗證關於專家思維的假設。儘管對大多數人來說，利用認知作業分析的完整方法與工具來改進自己的技能是不切實際的作法，我們還是可以借助非正式的方式來蒐集類似的資訊，儘管這些方法可能不夠完美。只要學習認知作業分析的關鍵見解，我們就可以避免在嘗試向專家學習時常常出現的一些缺陷。

洞見 1：尋求故事，而非建議

與專家交談是理解專家知識最好的方法之一，不過需要避開許多陷阱，其中一個陷阱就是以為專家可以輕鬆扮演老師的角色，直接提出你需要的建議，並幫助你往前邁進。正如一本指南的作者所說，「自陳式方式（self-report methods）假設[31]受訪者能進行『自我認知作業分析』，並能講述隱性知識⋯⋯這種假設沒有得到研究的支持。實際上，證據顯示恰好相反：人們在講述自己的認知過程時會遇到相當大的困難。」當你請對方提出建議時，你可能會得到長篇說教，但你真正想聽的建言其實是對方覺得太顯而易見、不值得一提的知識。

解決這個問題的一個方法是把重點放在故事上。關鍵決策法（Critical Decision Method）[32]專注於要求專家講述某一件特別有挑戰性的事。講述故事時要將重點放在做決策時的具體細節，例如如何做出決策以及決策的結果，這些細節通常會在尋求一般性建議時被忽略。當你想要了解的情況不常發生、難以直接觀察時，這種作法也很有幫助。困難的手術、消防救援或是棘手的商業決策發生的頻率很低，因此回想當時情況也許是蒐集相關資訊的唯一方法。

一個好的結構化程序就是像記者在準備寫報導一樣：專注於蒐集事實、建立時間軸、逐步分析決策過程。這個過程為之後的問題提供材料，讓記者可以提出後續的問題，調查專家為何會做出某些選擇。把重點放在事實，往往可以凸顯故事細節，但如果只是要從經驗中獲取一般性建議，這些細節可能會被忽略。

洞見2：透過討論解決難題

認知作業分析還有另一種策略，那就是觀察專家如何解決問題。PARI方法[33]：前兆（Precursor）、行動（Action）、結果（Result）、詮釋（Interpretation）的重點是讓專家提出他們在自己領域當中經常面對的問題，然後與其他專家交換問題。專家在解決同儕問題時大聲說出想法，研究人員可以據此研究問題解決的基本流程。解決問題之後，專家可以回顧之前的操作流程，進一步闡明更多細節。

能夠觀察專家執行任務，並詢問專家為什麼會做出那些選擇，通常可以揭露許多關於思考背後的訊息。專注於解決實際的問題，而不僅僅是回憶故事或提出建議，這種作法有兩個明顯的優勢。首先，問題情境可能像一個提示，幫助專家回憶起在一般狀況下可能較難提取出來的知識。第二，觀察問題解決過程本身就是學習如何解決問題的最佳方式。研究往往證明，向範例學習比遵循明確的指示更有效[34]。這可能是從沒有教學手冊的時代演變而來的適應方式，那時觀察別人是學習如何解決問題的唯一方式。

洞見3：了解尋求答案的途徑

社群測量法（Sociogrammetry）是認知作業分析中的另一種作法[35]。這是一種將知識繪製成社群網絡的方式，一開始先詢問專家在特定主題上會向誰請教。由於解決難題所需要的知識通常都是分散的，幾乎不可能找到一位專家知道所有的答案。相反的，列出實用的聯絡人清單通常是自己理解問題的第一步。

賀伯・賽門說,他發現這是回答問題最有效的流程:

收到問題後[36],我會拿起電話,打電話給我認識的人當中專業領域最接近目標問題的專家(不用非常接近也沒關係)。我向對方請教,不是為了得到問題的答案,而是詢問對方認識的人當中,誰是最接近那個領域的專家。我會重複這個過程,直到獲得我想要的資訊為止。通常不需要打超過三、四通電話。

儘管有 Google 搜尋、Amazon 書籍以及免費的公共圖書館,但解決問題的最佳方法往往只是拿起電話,問問周圍誰知道答案。

從觀察到實踐

前四章,我們討論人們如何透過探索問題空間來解決問題、學習新技能時管理認知負荷的重要性、早期精熟經驗的自我強化循環以及專家的隱性知識。然而,技能不只來自於觀察,還必須大量練習才能精熟。在接下來四章,我會討論在學習過程中,「實踐」發揮的作用,包括找出難度的甜蜜點、建立練習循環的重要性;告訴你研究如何證明我們的心理能力比我們想像得更特殊;以及在學習靈活的技能時,為什麼多樣化的練習會優於重複。最後我會討論如果我們希望超越模仿,並找到真正具有創造性的解決方案,就必須專注於提高我們的生產力輸出。

| 第二篇 |

實　踐

從練習中學習

第五章

難度的甜蜜點

不管是哪一種練習,基本的真理是:如果你從未跨出舒適圈,就永遠無法改進[1]。
—— 心理學家安德斯・艾瑞克森(Anders Ericsson)與羅伯特・普爾(Robert Pool)

- 困難何時會對學習有幫助?
- 應該先解決問題,還是先研究範例?
- 如何將範例、行動、回饋整合進練習循環?

奧克塔維婭‧巴特勒（Octavia Butler）是有史以來最受讚譽的科幻小說家。她獲得多座雨果獎與星雲獎，更是第一位獲頒麥克阿瑟「天才」獎的科幻小說家[2]。她的小說名列暢銷書榜單，並在全美各地的大學英文課堂上授課。有一段時間，她是美國唯一以撰寫科幻小說為職業的黑人女性，這使她的成功更受矚目。

巴特勒的文學成就有個不尋常的開始。她7歲時父親去世，只讀到小學三年級的母親為了養家餬口，去當家庭幫傭。巴特勒害羞又笨拙，常常被霸凌，直到她長到182公分，比霸凌她的人還要高。多年來，巴特勒沒有與任何一位成功作家有過接觸，就連她想成為作家的想法都遭到質疑。當她向姑媽坦言內心的抱負時，姑媽對她說：「親愛的，黑人當不了作家。[3]」

巴特勒10歲開始寫作。13歲坐公車時，她發現一本被丟棄的雜誌《作家》（The Writer），雜誌上面說明短篇故事的投稿方式。不久後，巴特勒寄出第一篇故事，但很快就收到她的第一封退稿信。她請人幫忙，某個騙子偽裝成作家經紀人，騙走她61美元：這筆錢超過她和母親一個月的房租。「我不知道自己在做什麼，真的沒有人可以幫助我。[4]」巴特勒後來提到早年的挫折時如此表示，接著又說：「我沒有可以效法的榜樣[5]，不曉得自己的作品有什麼缺失。很多剛開始寫作的人都是這樣，不知道哪裡出錯，也不知道為什麼自己的作品一直被拒絕。」

儘管如此，巴特勒還是繼續寫作。她說，所謂的沉迷「就是即使你害怕又疑慮，卻還是無法停止⋯⋯根本停不下來[6]」。她平常的習慣是清晨3點起床，寫作一整個早上，然後出門去打零工。她坦言：「我喜歡藍領工作，因為做白領工作[7]必須假裝自己樂在其中，但我並沒有樂在其中。」沒有穩定的工作，讓巴特勒得到心靈上的自由，卻付出財務上的代價。她解釋：「我的運氣很好，我多了一台打字機[8]，每次食物快吃完時我就把打字機拿去當掉。」巴特勒最開心的時刻就是當她被解雇、失去其中一個沒前途的工作時，因為這讓她有更多時間可以專心寫作。

巴特勒的命運轉折點出現在一堂由美國電影編劇協會舉辦的免費課程。其中一位講師是成功的科幻小說家哈蘭・艾里森（Harlan Ellison）。艾里森鼓勵巴特勒參加為期六週的號角工作坊（Clarion Workshop），學習創作科幻小說。巴特勒起初嚇壞了，她從沒離開過她成長的加州帕薩迪納市。儘管惶恐不安，她還是勉強湊到錢，搭灰狗巴士前往賓州。

號角工作坊大部分的講師都是成名的作家，他們熟知業界習慣，知道什麼樣的作品能被出版。巴特勒發現，「我在英文課學到的東西[9]沒那麼有用，因為那是不同的寫作方式。我的意思是，學術寫作跟小說創作截然不同。」工作坊的學生被要求每天晚上創作一篇新的短篇故事，以便第二天上課進行分析。起初，巴特勒很難適應這麼高強度的節奏，然而工作坊結束時，她已經賣出她的第一篇故事。

參加完工作坊之後，巴特勒決定放下短篇故事，改寫小說。短篇故事的稿費很微薄。寫小說的話，出版社會支付大筆的預付款，這是讓全職寫作成真的最佳途徑。然而，小說的篇幅讓她感到害怕。巴特勒談到她的寫作策略時說：「我都完成大約20頁左右的短篇故事,於是我決定試試看寫20頁一章的小說[10],直到寫完一本小說為止。」這些努力讓巴特勒成功將她的第一本小說《模式之主》(*Patternmaster*)賣給達博岱(Doubleday)出版社。

之後,巴特勒寫作職涯最多產的時期就此展開,五年內創作了五本小說。出版第三本小說時,巴特勒已經賺到足夠的錢可以全職寫作。創作第四本小說時,她想要嘗試更有野心的題材。小時候,她覺得母親從事幫傭的工作很丟臉。雇主經常在她聽得到的地方,用貶低的措辭談論她的母親。然而,等她年紀稍大一些,她看見像她母親一樣忍受苦難的人從舉止中展現的尊嚴。她想像一個故事,講述一位南方黑人女性被送回美國南北戰爭前的南方,以此對比現代的態度與當時奴隸制的真實情況,這是探討這個主題完美的背景設定。但與以往的寫作相比,巴特勒必須投入更多精力來研究細節,以確保歷史的準確性。於是她用一部分的預付版稅規劃一趟馬里蘭州的行程,參觀她打算做為小說背景的幾處種植園。她額外付出的努力獲得回報。《親緣》(*Kindred*)成為巴特勒在商業上最成功的作品[11],確立巴特勒在文壇上的地位。

作家的矛盾

根據前一章討論的專家知識,經驗會把問題轉化成例行公事。新手在問題空間裡掙扎,專家則是能識別情境,直接找到答案。如果是這樣,那麼研究專業作家就讓情況變得複雜起來。專業作家一邊寫作、一邊大聲說出思考過程，這些情況被記錄下來，但這樣的紀錄卻讓專業作家看起來像新手一樣，他們同樣要費力的解決問題、經常陷入僵局、採用手段目的分析法。相較之下，年幼的孩童卻往往能像真正的專家一般流暢的寫作[12]，幾乎沒有規劃、組織，或思考什麼樣的內容才會讓潛在的讀者感到有興趣。在一項研究中，研究人員瑪蓮娜‧斯卡達馬利亞（Marlene Scardamalia）與卡爾‧貝雷特（Carl Bereiter）提到，當他們向孩子解釋成人有時會花超過15分鐘的時間思考自己想說的話，然後再開始寫作，孩子們都感到困惑不已。

寫作似乎與專業知識運作的典型模式相矛盾，因為寫作不是單一的問題，沒有特定的解法。解開魔術方塊、回答代數問題，甚至是找出費馬大定理的證明方法，都是相同的難題，無論你採用何種方法，問題本身都有明確的規則與解決方式，起點、解決步驟以及怎樣算是可接受的解決方案，對每個人來說都相同。相較之下，兩位不同的作家就算得到相同的寫作提示，也可能會以截然不同的方式去理解問題。就連撰寫電子郵件這麼簡單的任務，有人會覺得敷衍了事隨便寫寫就好，也有人會視為是發表散文的機會。簡單來說，兒童表現得像個專家，熟練的作家卻表現得像個新手，因為這兩組人其實是在解決不同的問題。兒童能熟練的寫作，因為兒童為自己定下的目標是針對特定主題寫出他們想到的事情，這就是斯卡達馬利亞與貝雷特所說的知識敘述策略。知識敘述策略甚至會持續到成年，任何曾經被迫閱讀同事寄來雜亂無章、意識流式電子郵件的人，都能證明這一點。相較之下，專家通常會為自己選擇更難的問題來解決，例如：創作原創故事、說服讀者，或表達一些有意思的內容。

　　巴特勒在文學上的成長是一段逐步解決愈來愈困難問題的過程。她早年的寫作是高度的模仿。「我13歲投稿的短篇故事[13]，跟我關心的事情毫無關係。我寫的是我看到會被刊登的事，比如30歲白人男性酒喝太多、菸抽太兇的故事。」愈寫愈多之後，巴特勒發展出對她來說有意義的一些原創主題。她賣出的第一篇故事〈尋兒者〉（Childfinder），講述祕密組織之間爭奪具有特殊心理能力兒童時相互對抗的過程。這些早期作品愈趨成熟，發展成她終生關注的主題：社會中的階級與支配關係。她參加號角工作坊後，從短篇故事轉向小說創作。出版三本小說之後，她研究調查的功夫更加精進，例如《親緣》是以過去的歷史為背景，以及之後以原住民語言和科學文本為靈感的小說。

　　雖然解決問題的能力愈來愈好，但對巴特勒來說寫作並沒有變得比較容易。她一輩子都在與創作瓶頸抗爭。她會強迫自己改寫，有時書裡有幾大段文字不符合她的標準，她就會刪掉這些內容。有一次，她提議退還小說預付版稅，因為她對最後寫出的成品很不滿意。她在事業巔峰期的某次訪談中，被問到是不是「自然而然」就懂得寫作？巴特勒回答說：「不是，寫作是苦工[14]，絕對不是坐在那裡就會有東西從天上掉下來。」巴特勒偶爾會對寫作感到挫折，她私人的日記可以證明這件事。但我認為，正是因為她傾向於尋求愈來愈有挑戰性的問題，才讓她發展出文學才能。海明威（Ernest Hemingway）說得最好，據說他曾經說過：作家「全都是學徒[15]，而在這行，沒有人能成為大師。」

就這方面來說，寫作並非特例。教科書上難倒大學生的問題，物理學家可能輕鬆的就能解開，但他們的工作並非只是更快的解決教科書問題。相反的，他們正在解決科學前沿最具挑戰性的問題。同樣的，西洋棋大師不是在練習如何擊敗新手，而是致力於更深入的分析，以便與更強的對手來一場智力較量。事實上，當我們運用我們不再試圖改善的技能時，專業知識往往會讓我們執行任務時變得似乎不經思考。對大部分人來說，開車變成一件完全自動的任務，並不是因為沒有更深層的開車問題需要我們解決，而是因為我們對於解決那些問題並不在乎。漸進式的解決問題對於精進一項技能至關重要，即使這麼做有時會讓我們的表現受到影響。

難度何時有益？

正如前幾章所述，增加難度不見得有幫助。如果在問題空間中，你要解決的問題離你太遠，超出你目前的能力，那麼這些問題可能無法解決。即使你能找到解決方案，手段目的分析法的額外認知負荷也會分散注意力，讓你無法辨識哪些是可以重複用來解決問題的模式。最後，在沒有直接接觸與觀察的狀況下，學習專家的隱性知識會變得很困難。巴特勒早期寫作時，一定面臨上述所有困難。「挫敗，又是挫敗，[16]」她如此描述寫作生涯起步時的狀況，「那些年，我累積了一大堆的挫折感和退稿通知。」這些話說明她的性格,儘管多年來完全沒有獲得指導,她還是堅持不懈。也難怪,巴特勒在終於有機會進入科幻小說的寫作世界、擁有內部知識之後,才完成寫作生涯中最大的突破。

然而,研究人員發現,不是所有的困難都毫無益處。心理學家羅伯特・畢約克(Robert Bjork)與伊莉莎白・畢約克(Elizabeth Bjork)研究在何種狀況下,困難的練習比輕鬆的練習能帶來更多進步[17]。有一種有益難度(desirable difficulty)是,與再次看見訊息相比,從記憶裡擷取資訊所付出的額外努力更能帶來幫助[18]。成功的回憶起一件事情、程序或想法,會比反覆觀看更能加強記憶。這就是為什麼準備考試時,詞彙卡是絕佳的學習工具。只是查看筆記,對提升未來的記憶能力來說效果並不好。

另一個有益難度是間隔練習[19]。連續多次練習同一件事會迅速提升表現,不過也同樣會快速忘記。這解釋為什麼學生流行臨時抱佛腳,但這是一種不好的學習方式。臨時抱佛腳確實能在考試前把考試內容裝進你的腦袋,但這只是暫時的,在考場外有機會使用這些知識之前,你很快就會忘記大部分的內容。比較好的策略是間隔一段時間複習,每天複習一點,如此一來,投入同樣的時間就會產生更大的效果。

為什麼有些困難的練習會帶來幫助?有個原因是大腦是絕佳的省力機器。如果你只看一眼就能獲得某個問題的解決模式,那就沒有必要把答案存放在記憶裡。同樣的,如果你在短時間內多次接觸某一個問題,表示你可能只是暫時需要答案,因此答案也會很快被遺忘。如果有個有用的提示提醒你需要什麼知識，大腦就可以節省提取資訊的精力。心理學家約翰・安德森（John Anderson）主張，這些引導記憶的規則可以被理解為一種理性調適（rational adaptation）[20]，用以應對現實世界中對知識的需求。

創造練習循環

有益難度顯示出在實務當中，觀察與行動之間的矛盾。如果沒有機會觀察解決問題的模式，我們就必須自己創造它。在最好的情況下，這樣做可能只是會增加額外的認知負荷；最糟的狀況則是，我們可能永遠無法學到有用的策略。但相反的，如果我們總是能輕鬆得到有用的提示，我們可能無法將學到的經驗內化。解決這種矛盾關係的一個方法是，將觀察範例、解決問題、獲取回饋這三個要素結合成一個練習循環。反覆循環這個過程，就能掌握成功學習的三大要素。

巴特勒向新手作家提出建言時，運用了類似的過程。「舉例來說，如果他們在開頭遇到困難，例如他們有精彩的故事要說，卻不知道從哪裡開始或如何開始，那麼我會請他們去看看他們喜歡的作品……然後請他們抄寫六篇作品的開頭，我請他們直接抄寫，一字不漏。」巴特勒解釋她的策略：「這不是要模仿[21]別人作品開頭的方式，所以我才會希望他們至少抄寫六篇。重點在於學習什麼作法是可行的。身為作家，我們遇到的一個問題是，要麼知道得太多，要麼知道得太少……我們知道有無數的可能性,我們感到不知所措。我們不知道該如何從這無數的可能當中擷取出我們需要的東西。」透過研究其他作家如何解決類似的問題,你可以在寫作自己的故事時,從各種選項當中做選擇。要打造新技能,第一步就是觀察範例。

接著,你需要實際執行自己想要練習的技能。觀察有助於行動,卻永遠無法取代行動。要學習技能,我們必須克服大腦節省精力的傾向,這種傾向會阻止我們內化那些不積極使用的知識。行動會引導注意力。研究人員發現,學生往往不會主動學習[22]已經研究過的範例,直到他們遇到需要使用範例的問題。反覆練習範例與練習題,可以確保你專注在課程上,不會只是大致瀏覽而已。

最後,我們需要得到準確的意見回饋,藉此了解自己的練習表現。對於寫作這類的技能來說,這顯然是個障礙。多年來,巴特勒苦於沒有良好的意見回饋,無從得知自己在作品中犯下哪些錯誤。一旦有機會,巴特勒就積極請人針對她的作品提出意見回饋。她在美國電影編劇協會上課期間,請席德‧史蒂普(Sid Steeple)老師提出意見回饋。「不管你寫了什麼[23],他都會仔細看過,跟你討論,回家時,你可能會覺得自己不太喜歡他,但那正是我需要的批評。」巴特勒解釋道。

隨著技能的進步,練習循環可以更有挑戰性。當你愈來愈常使用內在知識來處理問題,觀察範例的需求就會逐漸變少。你選擇的問題可以變得更複雜,因為你能處理複雜計畫帶來的額外認知負荷。最後,你對於何謂出色的作品已經培養出精確的直覺,自我評估會比外在回饋扮演更重要的角色。練習循環讓你有機會將難度調整到最佳狀態。

先看範例還是先嘗試？

觀察、實踐、回饋是進步的必要條件。省略教學或範例、讓學生自己找出最佳方法的發現式學習法（Discovery Learning），成效通常沒有引導式學習好。心理學家理查・梅耶（Richard Mayer）建議拋棄[24]完全只使用發現式學習法的作法，因為這種學習法出現許多明顯的失敗案例。心理學家史威勒、柯施納、理查・克拉克（Richard Clark）則是更進一步，反對所有「最少指導式」的學習法：這種學習法要求學生在學習必要的知識與方法之前就開始解決問題。三位學者寫道：「過去50年，最少指導式學習法一直受到擁護[25]，但似乎沒有研究支持這種學習法。來自控制研究（controlled study）的證據結果，幾乎一致支持直接且強而有力的指導式教學。」

另一方面，很少人會質疑練習的重要性。有人主張過度練習會導致理解變得不深刻，但安德森、賽門、琳恩・瑞德（Lynne Reder）反對這個主張：「沒有什麼比『練習不好』這樣的主張更違背過去20年的研究成果[26]。從實驗室到大量專業人士的個案研究，所有的證據都顯示，唯有大量練習才能獲得真正的能力。」學習過程中如果省略觀察或實踐，就會導致學習效果不佳。

然而，在完全省略範例以及完全省略練習這兩個極端之間，存在著先後順序的問題。如果先碰到問題，會不會學得更好?還是應該先從觀察範例開始?換句話說,理想的練習循環到底是「觀察、實踐、回饋」,還是「實踐、回饋、觀察」?在撰寫本書之際,這個問題仍然在激烈討論中。心理學家馬努・卡普爾(Manu Kapur)支持解決問題優先的作法,他認為根據「建設性失敗」(Productive Failure)*的典範[27],當問題解決先於教學時,有些學生可以從中獲益。在他的實驗中,學生被要求處理一些困難但仍然可以理解的問題。由於缺乏指導,學生通常無法像專家那樣解決問題。之後,學生會得知標準的解決方法,並將學生一開始嘗試的方法與優秀的方法拿來比對。舉例來說,學生可能會收到這樣一個問題:棒球經理試著選出打擊率比較穩定的球員。在學生試過各種方法來計算打擊率之後,才會教授學生變異數的概念,並將這個方法與學生一開始試過的方法進行比較。2021年,卡普爾進行統合分析[28],審視了160多個實驗成效,結果發現獲得「建設性失敗」教學的學生能從中獲益。在一個相關的實驗中,丹尼爾・史瓦茲(Daniel Schwartz)與泰勒・馬汀(Taylor Martin)認為,應該要讓學生先自己發明方法[29],再向學生解釋正確的方法。學生可以透過觀察自身知識的不足之處受益,並認識可以應用的問題情境。

其他的研究則發現相反的模式,也就是先觀察範例、再解決問題更有效。葛雷格・艾許曼(Greg Ashman)、斯拉瓦・卡

---

* 指在接受指導前,學生先嘗試自己解決問題,透過面對挑戰和一開始的失敗,學生可以深入內容,之後獲得正確指導時就能加深對內容的理解。

柳加（Slava Kalyuga）、史威勒三人請上科學課的學生計算電燈泡的效率，並比較這兩種不同的教學順序[30]，結果發現先觀察範例的學生表現較佳。印佳・葛羅格–佛列（Inga Glogger-Frey）的研究同樣發現，先觀察範例再嘗試解題有一定的優勢。研究人員認為，研究結果支持這樣的觀點：「當學生積極參與學習的準備工作時，在花費相同時間的情況下，觀察範例的學習方式會比直接處理開放式（發明）問題更有成效[31]。」布萊恩・麥特蘭（Bryan Matlen）與克拉爾的研究比較兩種不同的教學方式，以幫助學生學習如何在科學實驗中控制變數。結果發現，獲得最多指導的組別表現得最好，但教學時間並沒有明顯影響表現。麥特蘭與克拉爾認為，只要學生「在教學期間的某個階段獲得良好的指導，就能較好的學習並運用知識[32]」。

研究人員仍在探究什麼樣的邊界條件（boundary conditions）*能決定什麼時候先解決問題或先觀察範例的作法對學習更有效。然而，在某些方面，這兩者的比較似乎不那麼重要。只要開始練習循環，你就能在遇到問題情境、嘗試自行解決與觀察作法範例之間來回循環。不同順序帶來的影響可能有理論上的意義，但順序的實際影響不如完全省略當中某個要素所帶來的危害大。

---

* 是指定義某一個原理、理論、模型或方法適用的特定背景、限制或因素。

難度的微調策略

技能的進展有賴於找到最合適的難度,這個概念是眾多學習理論的核心所在。著名的俄羅斯心理學家列夫・維高斯基(Lev Vygotsky)提出,我們透過近側發展區間(zone of proximal development)來學習[33],這是指我們在他人的幫助下能做到的事,以及我們可以自行做到的事之間的差距。心理學家華特・金契則是根據他對文本理解的研究,提出可學習區(zone of learnability)的概念[34]。金契的研究發現,先備知識少的學生閱讀結構良好的文本,學習效果最好。令人驚訝的是,他還發現,對於知識較豐富的學生來說,閱讀組織結構較差的文本[35],反而學得更好。同樣的,認知負荷理論學者提出專家反轉效應(expertise reversal effect)[36],認為讓新手學習變得更容易的方法,會隨著新手進步而變得沒那麼有幫助。最後,同樣的介入手段會產生負面效果,因為學生從不熟悉的環境中提取知識,會比看到更多範例更有好處。要達到精熟的境界,就要漸進式解決問題。

雖然我們很容易認同合適的難度帶來的好處,但要做到這一點卻很不容易。巴特勒早年充滿了挫折,對於要處理更複雜的作品感到擔憂不已,所以可能至少晚了幾年才轉型創作小說,而此舉最後把她推到專業地位。要調整到適合的難度並不容易,但有幾個策略可以幫助我們實現目標。

策略1：參加工作坊

巴特勒認為，她參與的號角工作坊和其他的工作坊，對她寫作技巧的養成產生重大影響。「工作坊是租借讀者的一種方法[37]，確保你能接觸讀者，傳達你認為正在傳達的內容。年輕作家很容易以為自己已經表達得非常清楚，但實際上不是這樣。」工作坊為練習循環提供了絕佳的環境，尤其是由經驗豐富的老師主持的工作坊。因為每天被要求寫新的故事、閱讀同儕的作品，並在課堂上比較與分析這些故事，巴特勒在號角工作坊獲得的經驗讓她能更快速的吸收優秀科幻小說的寫作模式。這種模式庫不但沒有抑制巴特勒的創造力，反而提供她更多空間去追求獨特的視野，而不是像她早期寫的故事那樣，淪為膚淺的模仿。

工作坊的環境也是一種強迫機制。巴特勒從來不覺得投稿是件難事，但很多作家都怕被仔細審視，遲遲不敢尋求回饋。巴特勒說：「收到退稿通知[38]，就像是被告知你的小孩很醜，你會很生氣，而且一個字也不信。」創作者很容易陷入書桌抽屜症候群，把作品放進滿是灰塵的文件夾，永遠不讓人看到。雖然這種保護自尊心的作法可以減輕退稿帶來的傷痛，卻也會導致創作停滯不前。

策略2：模仿－完成－創造

模仿範例是一種被低估的學習策略。然而，批評盲目模仿的人也有道理：人們很容易直接複製貼上一個解決方案，卻不去了解這個方法為何有效。有一種解決辦法是使用「填空題」

（completion problem），與其研究一個完整的例子，不如嘗試填補範例中被省略的空白。傑倫・馮・曼利伯（Jeroen van Merriënboer）發現，「填空題」能幫助[39]新手更快學會程式設計，因為刪掉一個關鍵步驟，就會迫使學生花費心力思考解決方案，同時避免學生為了設法說出完整答案，導致工作記憶超載。克漏字練習是語言學習愛好者推薦的類似策略：你會製作詞彙卡，填寫句中的空白處。這種作法避免單獨學習個別的詞彙會產生的問題（學習個別詞彙會缺乏理解單字所需的上下文），又不需要完整回想整個句子。

當然，最終目標不是要模仿或完成任務，而是要利用你腦袋裡儲存的知識想出解決方案。這就是為什麼應該將「填空題」視為循序漸進的過程，一開始先研究範例，接著填補空白處，最後是在不同的情境下自己創造解決方案。

策略 3：教學鷹架

在建築學當中，鷹架是一種臨時的結構，在建築物完工前用來協助建築物的建造。沿用這個類比，教學鷹架是間接調整問題情境的一種技巧，可以減少選項，引導學習者聚焦。輔助輪是教學鷹架的一種，防止還在習慣操作自行車握把的新手摔倒。媽媽語（Motherese），也就是父母用誇張的咿呀聲與嬰兒說話，可能也是一種出於直覺的教學鷹架技巧，家長以此來協助嬰兒學習語言。斯卡達馬利亞與貝雷特在他們的寫作教學研究中發現，只要提供一些提示讓學生選擇，讓他們用這些提示評估自己剛剛寫過的句子，就可以讓學生發展更複雜、更像作家一樣的寫作過程。研究人員鼓勵學生在自己寫的每一句話後面選擇這類的陳述:「人們可能不會相信這句話[40]」、「我認為這句話可以說得更清楚」,這樣一來,就能迫使學生反思自己的寫作過程,而這種反思的過程通常要等學生升上較高年級時才會出現。

　　教學鷹架能透過簡化現實生活中的某些困難來發揮作用。不過,正如斯卡達馬利亞與貝雷特的研究所示,教學鷹架也可以透過增加新元素來強化學習過程。用另一種語言練習對話,而且目標是要使用某個片語或文法句型,這樣的練習可能會顯得有點刻意,但這樣的練習可以減輕你在實際對話中使用語言知識時可能會出現的認知負荷。

你的練習循環是什麼?

　　我們在寫作、程式設計、運動和為人父母方面的進步程度,取決於我們練習的程度。只有整合觀察範例、解決問題、獲取回饋,才可能在最重要的技能上持續進步。調整任務的難度是這個過程的關鍵。下一章,我們會探討練習技能時實際上會發生什麼變化。與一般的看法相反,我們的大腦不會像肌肉那樣會因為訓練而整體變得強大,我們透過練習學到的技能非常特定,往往與我們的任務目標高度相關。

第六章

心智不是肌肉

完成某個任務時訓練出的肌肉力量,也能協助做好其他任務。按照這個定義,心智顯然不是肌肉[1]。
—— 心理學家約翰・安德森(*John Anderson*)
　與馬克・辛利(*Mark Singley*)合著之
　《認知技能的轉移》

- 腦力訓練是否有效?
- 學習西洋棋、音樂或程式設計,能讓你變得更聰明?
- 複雜技能的基礎是什麼?

2016年1月，魯摩思實驗室（Lumos Labs）同意支付200萬美元，以解決聯邦貿易委員會（Federal Trade Commission）對其腦力訓練程式Lumosity的指控。根據聯邦貿易委員會的控告內容，魯摩思實驗室聲稱使用者只要「每週3次或4次、每次10到15分鐘」參與他們專門設計的遊戲，就會「在工作和學校中表現得更好[2]，並減少或延緩因年齡和其他嚴重健康問題導致的認知障礙」。該公司還被禁止暗示他們的產品「能提高人們在學校[3]、工作或運動方面的表現」，或產品「能延緩或防止因年齡導致的記憶衰退或其他認知功能衰退」，除非該公司能以可靠的科學證據證明前述主張。

Lumosity這類腦力訓練課程的吸引力不難理解。幾乎每一項心理學家選擇衡量的重要人生成果都與智力有關[4]。就算只能小幅提升心智功能，也能讓投入的時間變得很有價值。不幸的是，幾乎沒有證據可以證明大腦訓練有效。安卓恩・歐文（Adrian Owen）與幾位同事曾經進行為期六週的認知訓練實驗，受試者多達1萬1430人，結果發現，儘管受試者的遊戲表現有進步，但「沒有證據可以證明，這些進步能應用在認知需求類似但未經訓練的其他任務上[5]」。另一項研究則觀察九年級學生[6]接受工作記憶訓練的狀況。即使經過兩年的持續練習，訓練成果也沒有展現在用於衡量流動智力（Fluid Intelligence）*的類似測驗中。大腦訓練似乎也無法防止年齡導致的認知衰退。一篇文

---

* 流動智力是指在混亂狀態中發現意義（新知識）、解決新問題的能力。

獻回顧發現,「大部分(研究)都沒有觀察到訓練後獲得的進步可以廣泛的運用於其他情況[7]。」莫妮卡・梅比–勒瓦格(Monica Melby-Lervag)與幾位同事統合分析87項研究的結果後發現,「工作記憶訓練課程似乎[8]可以產生短期、特定的訓練效果,但這些效果無法延伸到『現實世界』中的認知技能。」腦力訓練讓你在遊戲中表現得更好,但是在其他方面幾乎沒有幫助。

腦力訓練的失敗也許並不讓人不意外。無數聲稱能提升我們身心的產品都禁不起科學的檢驗。然而,腦力訓練的失敗與時下流行的減肥法或綜合維他命的情況不同,它觸及了心理學領域最古老的爭論。

形式訓練的魅力

腦力訓練的合理性來自於一個迷人比喻:心智有如肌肉。就像舉重讓你的手臂肌肉變強壯,讓你可以提起雜貨或搬行李箱一樣;同樣的,耗費精力的腦力活動也能讓心智變得更敏銳,以應對各種不相關的任務。雖然透過玩數位遊戲來強化思維是一種新想法,但將大腦與肌肉類比的歷史卻很悠久。柏拉圖在《理想國》(The Republic)中曾建議,即使接受算數訓練之後沒有實際使用這門學問,也能讓思緒在學習其他類型的知識時變得更敏捷[9]。心智與肌肉的類比成為形式訓練說(doctrine of formal discipline)的基礎,通常要歸功於英國哲學家約翰・洛克(John Locke)。洛克認為,教育的價值不僅在於直接教導技能,也來自於心智能力的整體提升[10]。學習拉丁文不僅能提升對單字的記憶力,還能強化對各種知識的記憶力。同樣的,幾何學能增強推理能力、詩歌能培養敏銳度,繪畫則是能提升精確度。

1901年起,心理學家桑代克與羅伯特・伍德沃斯(Robert Woodworth)進行一系列實驗[11],研究練習一項技能所帶來的進步有多少能轉移到其他能力上。桑代克發現,學習幾何學與拉丁文對其他學科的幫助沒有比一般科目來得大[12]。在實驗室的實驗中,學習估算小矩形面積時[13],受試者有明顯的進步,但在估算大矩形面積時,進步幅度只有三分之一。練習辨別顏色的兒童[14],在猜測長度或重量的精確度上沒有任何進步。識別英文動詞能力大幅提升的受試者[15],在辨識其他詞類方面幾乎毫無進步。與形式訓練說的宏觀視角相反,桑代克提出以相同元素為基礎的轉移理論。他認為當技能之間有重疊的組成部分時,能力的提升才能在技能之間互相轉移。桑代克的結論是:「心智被分化成[16]許多獨立的能力,我們只能在很小的範圍內改變人性的本質。」

為了強化記憶而學習拉丁文,這種說法今日聽來已經過時,但形式訓練說並非完全是過去的產物。每當有人提倡我們應該教授西洋棋來傳授策略思維、教授音樂以提升創造力,或程式設計除了教導人們編寫程式碼之外,還能發展人們解決問題的能力,就是在暗中援引形式訓練說。就像桑代克的時代一樣,詳盡的研究讓人們對於這些特定學科所能帶來的好處產生懷疑。喬瓦尼・薩拉(Giovanni Sala)與費爾南・戈貝特(Fernand Gobet)分析西洋棋與音樂教學對認知帶來的好處[17],結果發現這類訓練對增強數學推理或學業能力，效果非常有限。「整體而言，這些結果可能被認為『謹慎樂觀』，」薩拉與戈貝特解釋說，「但實際上並非如此，效果的好壞與實驗設計的品質呈反比。」如果只考量設計嚴謹的實驗，那麼「整體效應不是極小，就是零」。同樣的，程式設計似乎也無法讓你成為更厲害的問題解決者。正如某項研究的作者所說：「教導電腦程式設計[18]是因為它有助於養成思辨能力、問題解決、決策技能，但這個論點沒有得到實證資料支持。」無論是大腦訓練、西洋棋還是程式設計，結果似乎都一樣：訓練能改進你練習過的任務，但幾乎沒有證據可以證明其他領域也會有大幅改進。

技能真的無法轉移？

練習一項技能不太可能會帶來各式各樣的好處。但是桑代克的實驗並沒有解決爭端，他提出的理論是以相同元素為基礎，一堆評論家很快就緊抓著**相同**一詞不放，認為學習僅限於精準複製原本的訓練，未免荒謬。教育者亞歷山大・米克爾約翰（Alexander Meiklejohn）嘲諷道：「想像一下用一把黃色鐵鎚學習釘釘子[19]，然後在你需要用鐵槌的時候，向鄰居借鐵鎚，卻發現鐵鎚是紅色的，這才體會到自己有多麼無助。」儘管桑代克的實驗幾乎沒有為心智與肌肉的比喻提出證明，但他的實驗結果卻表明，實際上有更多的技能轉移情形，這超出他的理論預測。訓練受試者把一個段落裡同時含有 e 和 s 字母的詞彙刪去，相較於刪去含有兩個新字母的詞彙，只有一個字母被替換的話（例如，刪去含有e和r的詞彙），受試者表現得比較好。然而，即使受試者只練習過第一項任務[20]，表現還是會優於未經訓練的對照組。同樣的，在數學方程式的實驗中[21]，如果以學校傳統的教學方式來呈現公式，受試者會表現得更好，但當公式以新的方式呈現時，受試者也不會完全喪失他們的能力。無論技能之間的相同元素是什麼，這些元素的適用範圍似乎更廣泛、涉及更高層次的認知概念，而不僅僅只是簡單的刺激與反應。

還有人指出，一項技能的提升是否能轉移到另一項技能，取決於教學方式。在一項實驗中，查爾斯・賈德（Charles Judd）讓男孩練習朝著水面下的目標丟飛鏢[22]。一組學習過光線折射原理，另一組沒學。兩組嘗試丟向第一個目標，表現得差不多，但是當目標的深度改變後，懂得光線穿過水面後會產生折射現象的男孩表現得更好。與此類似，完形心理學家馬克斯・韋特海默（Max Wertheimer）認為[23]，技能轉移的程度取決於如何理解問題。他舉的例子是平行四邊形的面積計算。學生也許可以記住答案是「底乘以高」，但是如果學生理解方法背後的邏輯，就可能將這個公式應用到更多形狀上。與死記硬背相比，理解背後的原理能帶來更靈活的技能。

大腦的運作方式可能與肌肉不同，但技能之間的轉移也不能簡單的歸結為刺激與反應。記住答案以及理解方法可能都可以解決問題，但後者顯然更為靈活。韋特海默與賈德證明，預測技能是否能轉移應用於其他的問題，在很大程度上取決於學生如何理解這項技能。

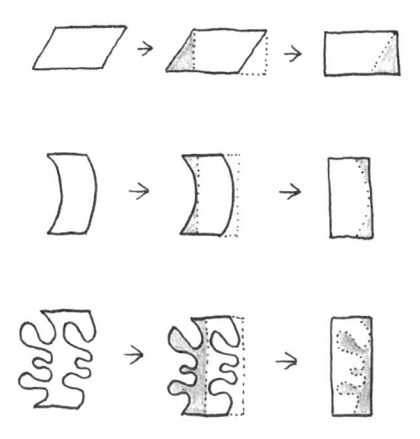

圖8
平行四邊形的面積可以透過垂直切割,將左邊面積移到右邊來求解。這樣形狀就會變成大家更熟悉的矩形,而矩形的面積是「長乘以寬」。正確理解的話,這個技巧適用於許多抽象的形狀,包括上圖第三列這個高度不規則的形狀。

ACT-R理論

早期的心理學家在討論技能轉移時遇到阻礙,因為他們沒有精確的用語可以討論心智表徵(Mental Representations)[*]。「相同的元素」、「良好的整體結構」的概念太過模糊,無法用來預測在一件任務中學到的知識有多少能應用在另一件任務上。心理學的認知革命發生後,情況開始改變。研究人員開始

---

[*] 這是認知心理學的一個核心概念,指訊息或知識在心理活動中的表現和記載方式。例如如果你被要求回想一個生日派對,你可能會記得當時的一些人、你看過的事物。你無法真的看到這些事物,但是你可以想像它們。

使用資訊處理的語言來表達他們的理論，製作出可以在電腦上進行模擬的模型，並直接與受試者的表現進行比較。在這些理論當中，最嚴謹的嘗試是安德森投入研究生涯發展的 ACT-R 理論，這個理論致力於為技能學習建立模型。

根據 ACT-R 理論，技能由名為「生產規則」（production rule）的原子單位建構而成[24]。生產規則是一種「如果－那麼」（if-then）的模式，結合條件與行動。例如，韋特海默提出的平行四邊形技巧，就可以被描述成這樣的生產規則：「如果（IF）左側圖形等同右側圖形，那麼（THEN）切下左側圖形移動到右邊，就會構成一個矩形」。生產規則承繼了「刺激－反應」關聯的簡單性，但有兩個關鍵的不同。第一，生產規則可以是抽象的。在我們假設的生產規則中，形狀的「左邊」這個概念可以是抽象的，不需要指代任何特定的形狀。同樣的，只要學會長除法，就可以應用在任何數字上：你不需要針對每個可能的數字組合進行單獨練習。第二個不同之處是，生產規則不只涉及外顯行為，也包括心理行動。複雜的技能可以拆分成多個心理步驟，例如設立子目標，或在腦海中操控想像的內容。因此，就算兩個問題表面上看似不同，但如果兩者的解決方案有共通的心理步驟，技能就有可能轉移。

抽象與心理行動有助於解釋為什麼程式設計師在學會一種程式語言後，可以更快的學會第二種程式語言。雖然每種程式語言確切的指令格式不同，但是像編碼這樣複雜的技能也涉及抽象的生產規則，例如決定創建一個變數或一個函式。同樣的，藝術家與音樂家學會新的創作媒介與新樂器的速度，通常會比沒有受過訓練的新手快,因為他們擁有的許多知識可能是抽象的知識。彈鋼琴的手指動作與拉小提琴的動作截然不同,但是節奏、旋律、閱讀樂譜的能力是相同的。生產規則在桑代克極其狹隘的技能轉移觀點,與心智―肌肉類比過於樂觀的解釋之間,提供了一種折衷方案。

ACT-R理論提出的一個預測是,持續練習,技能就會變得不對稱(asymmetric),生產規則是從條件觸發行動,不會有逆向流程。為了證實這項預測,安德森教導學生微積分的積分與微分規則[25]。積分與微分像是加法與減法,互為反運算,在成對的公式中,微分的輸出與積分的輸入是一樣的。結果是,反覆練習應用微分規則的學生會更熟練的掌握微分規則,但這沒有提升他們計算積分的能力,反之亦然。學習第二外語也出現類似的結果。羅伯特・迪凱澤(Robert DeKeyser)發現,練習生成特定句型的學生[26]在理解句型上的進步很少,而練習理解句型的學生在生成句型方面的進步也不大。技能發展的不對稱也會對現實生活帶來影響。研究顯示,在加拿大,從幼稚園到十二年級全都採用法語授課的沉浸式教學學生[27],通常都能流利的理解法語,但口語表達較差,因為這些學生練習口說的機會比較少。

除了技能發展的不對稱性之外,生產規則對技能轉移的預測有多好?安德森檢驗自己的理論,他讓學生學習不同的技能,每種技能都採用一組生產規則。根據理論,學習新技能的速度取決於技能之間共通的生產規則數量(以及每個生產規則的學習程度)。整體來說,觀察到的技能轉移狀況,與理論預測到的狀況，兩者之間的關係是一條接近完美的直線，呈現高度的一致性。但儘管線性關係近乎一致，觀察到的技能轉移現象還是略微高過模型預測的狀況。安德森認為，這可能是因為模型忽略了一些技能之間共享的普遍生產規則[28]。

生產規則是複雜的 ACT-R 認知架構中的一個環節。根據這個理論，對於事實、概念、範例的知識都會仰賴一個獨立的記憶系統，因此不同技能之間共享的生產規則，最能解釋我們在反覆練習之後可以預測到的技能轉移數量。並非所有技能理論都是以生產規則為基礎。連結系統（Connectionist System）透過無數個簡單的資訊處理單元之間的交互作用來模擬技能[29]；基模理論（SchemaTheory）以抽象模板來表達知識[30]；範例式（exemplar-based）理論則認為[31]熟練的技能表現來自於記憶中累積的無數實例。我們對人類心智的理解仍然十分有限，未來的研究人員也許會找到更詳盡、更符合資料的解釋。我們可以說，生產規則以及採用生產規則的 ACT-R 理論是一個強大的候選理論。而其他的替代理論，即使它們是以截然不同的機制來描述技能，也必須要能解釋大量已支持 ACT-R 理論的心理學數據。

抽象概念的力量與局限

生產規則提供一個解釋，說明我們可以預期一種技能的練習有多少能轉移到另一項技能上。但就算兩個問題有重疊的解決方案，我們也不見得總是能意識到可以利用問題之間的相似性。瑪莉・吉克（Mary Gick）與基思・霍約克（Keith Holyoak）

的實驗就是個典型範例[32]。兩人告訴受試者一個將軍攻擊堡壘的故事，通往堡壘的路上布滿感壓式地雷，如果將軍沿著任何一條道路全力進攻，地雷都會引爆。小型部隊雖然可以避開地雷，卻很容易被防禦者擊退。說完這個故事之後，他們詢問受試者如何以放射線治療胃部腫瘤。高強度的射線會破壞腫瘤，但也會殺死周圍的健康組織；反之，低強度的射線不會破壞健康的組織，卻也無法根除腫瘤。這兩種情況的解決方法基本概念相似，那就是沿著多條軌跡，分散攻擊，最後集中攻擊中央目標。然而，很少有受試者會自動意識到這個相似性並使用這個類比。儘管這兩個問題被並列在一起，但只有20％的受試者會把兩者連起來，而在這些人當中，又僅有三分之二得出不完整的答案。相較之下，如果研究人員提醒受試者利用故事來解決問題，那麼想出辦法的比例就躍升至92％。

另一個人們無法利用類比知識與技能的例子，就是華生四卡（Wason four-card）任務的難題[33]。在這個難題中，研究人員會告知受試者以下規則：「如果一張卡的一面是母音，另一面就一定要是偶數。」接著出示K、E、4、7四張卡，任務是翻開某些卡，以驗證規則是否正確。你會選擇哪些卡？

圖9
華生四卡任務：為了證明「卡的一面是母音，另一面一定是偶數」的規則正確，必須把哪幾張卡翻過來？

在初步的研究中,近半數的受試者選擇E與4,但答案錯了,正確答案是E與7。雖然E的背面是奇數就會違反規則,但沒有規則規定子音不能在偶數的背面。相反的,我們要檢查7,因為7的背面是母音的話就會違反規則。只有7%的受試者做出正確的選擇。而且有趣的是,即使受試者接受過正規的邏輯訓練,在這件任務上的表現似乎也沒有比較好[34]。

現在思考另一個難題:你是督察,在一家酒吧調查未成年人的飲酒狀況。你看見一個老男人、一個青少年、一個在喝牛奶的人、一個在喝啤酒的人。為了確認有沒有人違反「未滿21歲不得飲酒」的規定,你必須檢查誰的身分證或飲料?很明顯的,你應該要檢查喝啤酒的人和青少年。這兩道難題的結構和解決辦法都一樣*,但為什麼很少人答對第一題,而第二題看起來卻似乎相當簡單?一種解釋是,由於我們有在社會情境中處理規範的經驗,因此有能力察覺違反規則的情況[35],這讓我們能在執行規範時正確找出解決方法,但是遇到結構相同的卡片分類任務時,這種能力卻沒有被啟動。

相似任務之間的技能不容易轉移不只出現在實驗室設計的問題。心理學家史蒂芬・李德(Stephen Reed)研究修過代數但還沒有練習過應用題的學生[36],如果給他們解題範例和一個新問題,他們的表現如何。如果範例與題目的敘述內容和解法結

---

* 作者注:為了看出兩者之間的關係,我們將規則當中的「母音」改成「青少年」,「偶數」換成「不含酒精的飲料」;在例子方面,把「K」換成「老男人」,「E」換成「青少年」,「4」換成「牛奶」,「7」換成「啤酒」。

構相同，學生表現良好；但如果範例與題目解法結構相同、但敘述內容不同，學生解題的成功率就會下降。如果題目需要學生修改範例中的解法，就很少有學生能成功解題。對大多數學生來說，應用題很有挑戰性，而處理這類問題的主要策略似乎好像就是記住不同子類型的題目和合適的答案。這與大部分代數老師的教學目標相去甚遠，代數老師希望學生能夠靈活的運用技能，解決現實生活中需要利用代數的問題，而不僅僅是應付教科書裡的老套問題。更糟的是，自動自發把代數能力應用在現實生活中，通常比解決應用題還難，因為修代數課本身就是個強烈的提示，告訴你現在必須運用哪方面的知識。在教室以外的地方碰到的問題，很少會明確的讓你知道現在需要運用代數。對此，數學家暨哲學家阿佛列・諾斯・懷海德（Alfred North Whitehead）對於教育圈當中的「惰性知識」（Inert Knowledge）[37]＊問題感到惋惜，那些原本有可能廣泛應用的想法與方法，現在全都處於休眠狀態。即使可能有知識可以解決問題，我們也往往不會加以應用。

但並非所有關於技能轉移的研究結果都全然悲觀。方德智（Geoffrey Fong）、大衛・克蘭茲（David Krantz）、李查・尼茲比（Richard Nisbett）發現，學會統計捷思法（例如大數法則）的學生[38]在面對偽裝成電話調查的測驗時，都能成功的應用知識。受試者練習解決河內塔謎題的變化題時[39]，一開始很難將原本

＊ 指學習後卻無法應用於真實情境，以有效解決問題的知識。

學到的知識應用在結構相同的難題,但是當受試者有更多練習機會之後,問題的難度就降低了。以物理專家為對象的研究則是發現[40],物理專家往往會根據更深層的原理,而不是根據表面的特徵來分類問題。對這項研究結果的合理解釋似乎是:雖然知識具有潛在的抽象性質,能應用在許多情境上,但適用範圍往往受限,如果想利用這種抽象性,通常會需要大量的範例與經驗。

該如何學習?

我們期待學習特定技能後能獲得各種好處,但技能轉移研究卻告訴我們要對這樣的期待保持審慎的態度。例如學習西洋棋,最合理的預測就是這樣的學習會讓你棋下得更好,也許還可以讓你在玩類似遊戲時獲得一些好處,例如學習如何管理時間,或如何衡量對手,不過學到的東西很有可能多半仍是西洋棋的專門技巧。像數學這類的科目,其抽象結構在許多具體任務上具有各種潛在的用途,所以可能會有更廣泛的應用。然而,儘管數學有廣泛的適用性,卻也不見得能充分應用,因為很多學生無法自動把他們學習到的數學應用在日常生活中。

那麼,該如何學習呢?畢竟,對像本書這種教導學習的書來說,如果要有實際意義,像你這樣的讀者想必得從書中提取一些關於學習的普通概念,並將這些概念應用在具體的學習當中。對此,我抱持著審慎樂觀的態度。我認為學習有可能進步,因為從研究中獲得的見解目前還少為人知。提取練習(Retrieval Practice）比被動複習更有價值，間隔複習比臨時抱佛腳更有效，但學生並沒有廣泛的採用這兩種作法[41]，而且許多學生即使可以選擇，也不會選擇這兩種作法。然而，對照組實驗再三證明[42]，這兩種作法是更有效的學習策略。同樣的，我相信在自主學習計畫、進行研究，或為了課堂學習做準備時，可能涉及一些共通的生產規則，這些規則超越了具體的教學內容。我們生活的世界跟我們的祖先截然不同，對於知識和技能的學習有令人難以置信的要求，因此如果我們在現代的環境中對學習的直覺偶而會誤導我們，這也不讓人意外。

儘管有這樣的例外，但技能的轉移研究清楚的告訴我們，我們在他人身上看見的廣泛能力，都是由無數的小單位所構成。正如流暢的語言能力奠基於大量的詞彙與片語，聰明的思考也建立在掌握大量特定的事實、方法和相關經驗上。接下來，我想討論上述所說研究帶來的三個實用結論。

重點1：專注在想改進的任務

像流利使用西班牙語或精通Python程式設計，這樣的綜合能力其實是更小單位的知識與技能積聚而成的結果。雖然一個學科內的技能轉移一定有，卻通常不會百分之百轉移。正如前文所述，生成一個句型的熟練度不見得能帶來理解句型的熟練度。因此，將大目標拆分成更具體的目標任務是有意義的。知道如何用西班牙語詢問超市怎麼去，比達到流利對談的程度容易許多。但我們仍然有充分的理由相信，流利的對話只是許多這類具體的小任務累積起來的結果。

選擇及安排學習任務的順序，是任何實務課程的重要組成，也能應用在心智技能上。畢竟像經濟學、物理學等學科的價值不在於它們能增強思維能力，而在於提供你思考工具，讓你得以處理金錢與物體運動等具體問題。

重點 2：抽象技能需要具體範例

有關技能轉移的研究表明，技能的教學當中有種矛盾現象。一方面，我們想以最通用的形式來教導技能，確保技能的應用範圍最大化。例如，在代數課學習方程式的學生[43]，之後在物理課應用這些方程式時，表現會比先在物理課學到這些方程式的學生好。一種解釋是代數課的內容刻意抽象，因此學生會將其視為一種提示，進而更廣泛的應用所學知識。另一方面，除非我們能夠意識到抽象的技能也能應用在新情境，否則這些技能可能會一直維持在惰性的狀態。避免具體內容可能會導致遺漏許多必要的細節，所以剛畢業的大學生通常需要接受更具體的訓練，才能在工作上做出有用的貢獻。

一個解決方法似乎是提供大量的範例，這樣更有可能確保學生概括出一個原則，而不是僅僅停留在在具體的細節上。大多數學生也許需要看見很多範例，而不是一次的示範，才能完全理解某種方法或觀點。同樣的，抽象的技能可能需要進一步的訓練，才能在實際的應用中發揮作用。一個在計算機科學課上學習概念的人，可能需要額外的知識與技能，才能將這些概念應用到職場上的特定軟體專案。如果能引導學習者看出過去學習的技能與新知識之間的關聯，學習者也許就能以更快的學習速度克服他們在實際應用上遇到的困難[44]。

重點3：為了學習而學習

真正值得學習的技能，不需要借助「能增強認知」這種虛假的承諾來提升價值。西洋棋是很不錯的遊戲，擁有豐富的歷史。深入理解西洋棋的複雜之處本身就有價值，不需要拿「西洋棋有助於制定商業策略」當作理由。欣賞音樂，不需要額外保證音樂能提升人們發想行銷策略的能力；寫程式的價值也不取決於這樣做是否能增進智力。與其花時間在這些沒有價值的思考，不如更全心投入我們真正關心的技能和領域。

拋開心智就像肌肉的比喻

心智思考的歷史就是隱喻的歷史。柏拉圖把靈魂比喻為駕駛戰車的車夫，由「公正的品德」與「非理性激情」這兩匹馬拉動。笛卡兒把神經系統視為水利系統。聯想學派認為習慣組織成心智，完形學派則透過感知的視角來看待思維。近年來，電腦的隱喻成為主流，無論是在傳統認知科學裡的串聯機器構想，還是神經科學中互相連接的資訊處理單元網絡。所有比喻都在某些方面揭露資訊，卻又同時在某些地方產生誤導。心智有如肌肉的比喻也不例外，技能確實會隨著練習而增強，所以在這層意義上，這個比喻正確無誤。不過，這個比喻產生誤導的地方，在於在一個任務上增強的技能，會讓人在許多不相關的任務中也能全面性的提升能力。也許更好的比喻是，心智是由知識所構成的工具組[45]。雖然每個工具都有特定功能，但加總起來就能組成精密複雜的能力。

一百多年前，桑代克寫道：「老師可能會因為認算數、文法或翻譯方面能力的提升無法轉移到其他的能力上而感到灰心。然而，發現這些事實並沒有理由讓人感到沮喪。學科的價值依然存在，甚至還更有價值，因為了解這些限制，以及如何獲得這有限的價值，教學就更有可能產生普遍性的價值，而不是像過去一樣，相信這些學科會以某種神祕費解的方式，提高我們整體的心智能力。真正令人沮喪的是，老師會被一項心理功能的改進會影響另一項心理功能的錯誤觀念誤導，選擇不恰當的課程與不明智的教學法。」學習的價值並不會因為我們拋棄「心智有如肌肉」的想法而減損，反而會讓人更清楚掌握眼前任務的性質。當你學會解決各種問題，解決問題的能力就會進步。批判性思維來自於龐大的知識基礎，能夠針對含糊的假設提出質疑。想要培養準確性，就必須一絲不苟的處理所有任務。正如桑代克的總結：「心智不會白白給予，但也從不欺騙任何人[46]。」

雖然心智也許不像肌肉，但我們還是想確保自己學習的技能盡可能擁有廣泛的適用性。在下一章，我們會探討變異練習如何成為練出靈活技能最有效的方法。

第七章

多樣性優於重複

我以前常想:「爵士樂手是如何憑空創造出那些音符?」我不知道這需要多少知識,對我來說這就像魔法一樣[1]。

——凱文・希爾（*Calvin Hill*）,爵士樂低音提琴樂手

- 如何學習即興表演?
- 變異練習如何創造出靈活的思考?
- 變異練習何時會比重複練習更有幫助?

第七章　多樣性優於重複

1940年代初，哈林區「明頓俱樂部」（Minton's Playhouse）二樓誕生了一種新的音樂形式。在那裡，塞隆尼斯・孟克（Thelonious Monk）、查理・克里斯蒂安（Charlie Christian）、迪吉・葛拉斯彼（Dizzy Gillespie）、綽號「大鳥」的查理・帕克（Charlie "Bird" Parker）等音樂家，會在演員固定休假的星期一晚上為彼此演奏。這種新風格的音樂被稱為咆勃（Bebop），是對全國各地舞廳主流的搖擺樂（swing music）做出的回應。搖擺爵士樂（swing jazz）由大型樂團演奏，旋律都是預先編排，人們可以輕鬆的跟著旋律移動腳步。相形之下，咆勃爵士樂通常只使用少數幾種樂器，強調以複雜的和絃與節奏進行即興表演。擺脫付費演出的壓力，樂手可以互相挑戰，展現日益精湛的技巧與創造力。年輕的邁爾斯・戴維斯（Miles Davis）回憶起當年在明頓俱樂部度過的時光，如此說道：「你帶著你的樂器[2]，希望大鳥或迪吉邀請你上台跟他們一起演奏。上了台，最好不要搞砸。」他回想當時情景：「大家會觀察大鳥和迪吉的表情，如果他們在你演奏完時微笑，就表示你表演得很好。」然而，新興的即興演奏也常常以失敗收場。有一次，明頓俱樂部的老手、低音提琴樂手查爾斯・明格斯（Charles Mingus）把薩克斯風樂手給逼哭了，他評論對方的獨奏時說：「喂，演奏點不一樣的[3]，演奏別的吧。唉，這可是爵士樂。這你昨晚跟前晚都表演過了。」咆勃對爵士樂造成的影響極為深遠，現在，即興演奏複雜的曲目已經被視為是這門技藝的必要技能。

爵士樂起源於非裔美國人的音樂文化，即興演奏能力在這樣的文化中一直備受推崇。音樂民族學家保羅・貝林納（Paul

Berliner）對爵士樂即興演奏有過精彩的研究，他在《爵士樂如何思考》(Thinking in Jazz)書中講述某位福音歌手的軼事，當時有一位受過古典訓練的鋼琴家去她教會的唱詩班代班：

把鋼琴家介紹給唱詩班之後[4]，鋼琴家向指揮索取「樂譜」。指揮解釋說他們不用「樂譜」，鋼琴家可以根據唱詩班的演唱自由即興表演。鋼琴家大吃一驚，充滿歉意的回答說，「沒有樂譜」的話她無法幫忙伴奏。鋼琴家從來沒有遇過這種藝術上的要求。唱詩班的成員聽到鋼琴家的話之後也同樣嚇了一跳，他們從沒遇過這麼依賴樂譜的音樂家。

重視即興表演技能的文化直接融入新興的爵士樂領域。早在1944年，查理・帕克在為泰尼・葛萊姆斯（Tiny Grimes）的五人樂團錄製樂曲時[5]，就為同一首樂曲的不同錄音版本即興表演多段獨特的獨奏。有一次戴維斯獨奏小號時，樂器裡有個活塞閥門卡住，於是他展現強大的即興表演實力[6]。他從容不迫，繼續演奏，把無法演奏出的音符當成音樂上的新限制。貝林納寫道：「爵士樂的生命力會讓人變得活力十足[7]，聽眾可能會以為爵士樂在表演前都經過仔細的編曲和排練，其實藝術家的表演通常沒有樂譜，也沒有專門的樂團指揮來協調演出。」

即興創作不應該與缺乏紀律混為一談。小號手溫頓・馬沙利斯（Wynton Marsalis）說：「爵士樂並不僅僅只是[8]『嗯，夥計，我現在想演奏這個。』爵士樂的結構嚴謹，建立在傳統的基礎上，而且需要大量的思考與練習。」經驗豐富的樂手認為爵士樂就像一種語言，既有無限的表現力，又有嚴格的詞彙和語法規則，避免淪為胡言亂語。薩克斯風樂手詹姆斯·慕迪（James Moody）認為，在不合適的音樂環境下演奏，就像是「在寧靜的街景當中發出尖叫聲[9]」。同樣的，戴維斯曾經批評隆尼·希爾（Lonnie Hillyer），因為他在即興獨奏時無法掌握和弦，與樂團的旋律無法協調。經驗豐富的樂手在即興演奏時展現的絕佳精確度，最能顛覆爵士樂給人「隨興發揮」的印象。某位學生回憶說：「老師會要你即興表演一首樂曲[10]，你試著演奏時，他會坐在另一台鋼琴前面，在你彈奏後一瞬間就演奏出你的即興曲，這會把你給逼瘋。」

對於想當爵士樂手的人來說，學習即興表演簡直是一大挑戰。該如何在演奏樂器的同時，精準無誤的掌握複雜的和弦變化與節奏，並且保持靈活性，避免重複相同的旋律？明頓俱樂部的幾十年後，胸懷大志的樂手已經運用各種技巧來掌握即興表演的能力。這些技巧的一個關鍵特點是利用變化來強化練習的效果。以不同的順序演奏相同的樂曲、在不同的範例中看見相同的概念、透過不同的表現形式來思考音樂，這些不僅有助於流暢的演奏，對創造性的表達來說也至關重要。

情境干擾的重要性

創造變化的一種方式是簡單的在練習過程中，混合練習內容。雖然即興合奏是實踐多樣性的好方法，但許多爵士樂手也會在更有結構化的練習當中應用系統性的變化。例如像音階這類簡單的練習,可以試著練習音階轉位,也能探索所有可能的音程與和弦組合,這樣就能變化出無限的組合。鋼琴家貝瑞・哈里斯(Barry Harris)的學生說,他以前很討厭練習音階,因為老師會逼學生練習八度上下行。然而,與哈里斯一起學習後,他學會如何用音階即興創作,他說:「我從來不厭倦音階練習[11]。」在長號手吉米・基瑟姆(Jimmy Cheatham)的工作坊中,另一位學生講述基瑟姆的建議就是演奏每一種可能的排列組合,以「發掘所有的可能性[12]」。還有一個例子來自綽號「紅仔」的小號手亨利・艾倫(Henry "Red" Allen),據說他會調整唱片的播放速度,然後跟著不同速度來練習所有的調性[13]。每種速度會對應到不同的音高,讓他能從相同的基本素材中獲得更大的多樣性。在同一個練習中練習多種技能,能幫助表演者保持靈活。

　　心理學家威廉・巴提(William Battig)是最早研究練習的多樣性與學習之間關係的學者。1965年,巴提在技能學習會議上觀察到「有點矛盾的原則[14]」,也就是在學習項目之間加入更多干擾、導致學習效果變差的訓練條件,往往能加速新任務的學習過程。研究記憶的心理學者認為,干擾是學習的一大阻礙,因此一項任務受到愈多干擾卻反而能改善另一項任務的表現,這讓很多人驚訝不已。約翰・謝伊(John Shea)與羅賓・摩根(Robyn Morgan)將巴提早期的觀察擴展到對動作技能的研究[15]。在一次實驗中,兩人請受試者根據紅、藍、白三種顏色的指示燈丟網球,快速擊倒木頭障礙物。雖然這個動作技能故意設計得與眾不同(否則有些學生之前可能有過類似經驗），但其實這與音樂家面對的困難類似，音樂家要正確按下按鍵才能演奏音符與和弦。謝伊與摩根將受試者分成兩組：第一組採用分段練習（blocked practice），一次訓練一種順序；第二組則是以隨機方式訓練三種順序。結果與巴提的理論一致，與受到更多情境干擾的小組相比，分段練習的小組擊倒障礙物的速度比較快。然而，當兩個小組隨後練習兩種新的順序（黑色與綠色）時，接受不同順序訓練的小組掌握新技能的速度反而比較快。即使是10天後再次進行測試，結果依舊一致，這表示變異練習（variable practice）的好處相對持久。

情境干擾帶來好處的一個解釋是，它能幫助表演者發展出控制流程的能力，決定接下來該採取什麼行動。分段練習雖然能讓學習者更容易掌握整體學習內容，然而因為練習的內容高度可預測，所以決定後續要採取什麼行動的能力沒有得到發展。支持這個觀點的證據來自於研究。研究顯示，如果練習的內容是在不同的動作之間做出選擇（例如彈奏一個音符而不是另一個音符），而不是以不同的強度執行同樣的動作（例如用不同的音量彈奏相同的音符），那麼隨機練習的好處會比較多[16]。這些結果證明：變異練習有助於選擇採取哪種行動，而不是對這些動作做出細微調整。這樣的控制過程在即興表演爵士樂時發揮重要的作用，因為即興表演時，最大的難處在於判斷接下來要彈奏什麼音符。

變異練習的價值不只限於動作技能。曼利伯、馬歇爾・德・克魯克（Marcel de Croock）和奧托・傑斯馬（Otto Jelsma）在訓練工程系學生排除模擬化學工廠的故障問題時[17]，發現類似的效果。在他們的實驗中,學生被分為兩組,一組學生負責處理4種故障,每種故障以12個問題為一組,解決完一組問題才能繼續處理下一組。另一組學生則以隨機順序處理同樣的48個問題。同樣的,在練習期間,隨機組的解題表現較差,而且當學生針對他們學過的故障問題進行測試時,兩組的表現沒有差異。然而,如果測試的題目是新的故障,以隨機順序處理問題的小組會表現得比較好。類似的效果也出現在學習第二外語時[18],例如練習西班牙文的動詞變化,如果採多階段練習,就會帶來比較好的記憶效果(但第一次學習動詞變化時,變異練習的好處不會馬上顯現)。另一項研究則是顯示,日本人學習英文文法時[19],如果採用隨機而非一致的練習方式,那麼在後續的測驗中表現會更好。

儘管變異練習有潛在的好處,卻一直沒有被充分利用。大多數的課堂作業會小心區隔各單元教授的內容,以大幅減少情境的干擾。有些考試的題目順序甚至會依照課程教授的順序排列,使這種不符合現實生活的狀況變得更嚴重。變異練習可能不常使用,因為變異練習與第五章討論的「有益難度」一樣,是一種違反直覺的概念。回想一下,「有益難度」是指某些干預,例如教材要分散時間講授,或要求學生練習回想、不要反覆溫習,這些作法會讓短期表現變差,但長期的學習表現變好。不過在同一個課程中練習多種技能的學習方式可能會被忽視,因為這種方法看起來會讓進步變得比較緩慢。

抽象概念的形成

即興表演爵士樂要求樂手創造新的內容,但這些內容仍然必須符合常規。直接模仿雖然是重要的基礎,但不能做為最終的詮釋,否則樂手只會被認為是抄襲者。相反的,違反所有常規的表演也根本就不算是在演奏爵士樂。要滿足這些矛盾的限制,樂手必須以抽象的方式來展現音樂,既包含音樂限制,也要包含音樂的可能性。

概念形成的過程是釐清不同範例之間有何共通處,同時識別出哪些事物雖然看似相似,但不是範例的一種。例如一個學習「紅色」概念的孩子,一開始可能會把成年的英語母語者口中的「棕色」或「橘色」的東西也包含在內。如果「紅色」的概念只會在消防車的情境中出現,那麼孩子就無法正確判斷番茄或玫瑰的紅色是否應該歸類在同樣的紅色概念下。接觸到更多不同、但歸類於同個類別的刺激,有助於歸納抽象概念。小號手湯米‧特倫廷(Tommy Turrentine)回憶,在他早年的音樂教育中,有一位老師會在鋼琴上持續彈奏B音,要求他記住。當他跟老師一起走路回家時,老師會一路敲擊鐵杆[20],讓鐵杆發出聲音,請他比較敲擊鐵杆發出的聲音與他記住的琴鍵音。這種感官辨別對於學習辨別聽到的音符與和弦發揮重要的作用。音樂家霍華德‧李維(Howard Levy)認為,學習音樂的最佳方式就是轉錄從唱片中聽到的音樂。*李維認為一開始難免

---

* 即採譜,指反覆試聽一首樂曲,從而將其譜寫下來的過程。

會犯錯[21]，但只要親自聆聽並動手實踐，知覺辨別的能力就會提升。一位新手學生說：「一開始，我聽不出和弦[22]，我無法感受到和弦在樂曲裡的變化。現在，雖然我可能無法辨識一首曲子裡的所有和弦，但我能聽出和弦的變化，這跟一開始比起來可說跨出了一大步。」

區分感官性質相同與相異的地方只是精熟即興表演技能的開始。作曲家查克‧伊斯拉爾斯（Chuck Israels）表示：「學習成為音樂家，基本的要件就是[23]在碰到類似的狀況時，能辨識出相似之處。」讀高中時，伊斯拉爾斯會跟同儕玩遊戲，學習僅靠和弦來辨認一首樂曲。移調練習，也就是把熟悉的樂句轉換成新的調式，不僅能在練習中增加變化，還能學習辨認兩首看似不同的樂曲之間隱而不顯的關係。貝林納寫道：「從迥異的獨奏當中發現某些看似不同的樂句之間有著類似的地方[24]，是學生在學習過程中常有的感受。」做出更細膩的區分，不僅僅只是揭露隱藏的共通點，也是發展知識基礎的重要部分。歌手卡門‧朗迪（Carmen Lundy）曾說，一開始她只認得出「爵士樂句」（jazz lick），但隨著經驗的累積，她開始能夠區別「咆勃樂句」，最後還能辨別「查理‧帕克的樂句[25]與桑尼‧羅林斯（Sonny Rollins）的樂句」。

傳統的教學方式是把各種概念的例子分開來講授，但是有關交替學習法的研究已經證實，把不同、但容易混淆的概念放在一起講授，比傳統的教學方式更有幫助。蘿絲‧哈塔拉（Rose Hatala）與她的共同作者發現，醫學生學習心電圖判讀時[26]，把不同疾病的模式混合在一起講授，比一次只講授一種疾病，學習效果更好。在學習辨認有機化學的分子類別[27]、不同藝術家的畫風[28]、不同品種的鳥類與蝴蝶時[29]，也能發現類似的結果。

連續展示不同概念的範例，似乎能幫助學生注意到能用來區分概念的特點；而展示看似不同[30]、其實卻是同一種現象的範例，則是可以幫助學生識別不同範例之間的共同點。我們曾在第三章介紹過的直接教學法，是由美國教育家齊格弗里德・恩格曼（Siegfried Engelmann）與衛斯理・貝克（Wesley Becker）共同開發而成[31]，主要是透過仔細排列範例以及看似相似的非範例（non-example）來說明概念。例如，教師在教導兒童辨認字母d時，不會只用一種字形來展示這個字母，而是會採用各種字形，展示有識字能力的成年人能正確區分的所有視覺表現形式，例如d、d、*d*、**d**、d等。然後，教師會在其中混入看似相同、但實際上截然不同的字母。例如，字母a的視覺形狀與d相似，但聲音和名稱不一樣；字母t的發音與d相似，但字形不同；p的字母發音與字形和d相似，卻是不同的字母。辨識字母看似簡單，但這主要是因為我們有大量的閱讀經驗。如果你不懂中文，可以試著辨別各種字形的「已」（例如已、已、**已**、已）與極其相似的「己」（例如己、己、**己**、己），就可以明白為什麼辨識字母需要大量的練習！將相同概念下截然不同的例子、以及不同概念下只有些微差異的例子全部並列在一起，學生就能更快掌握這些概念確切的分界在哪裡。

掌握更多思考系統

即興爵士樂手運用的最後一種有效的多樣性，就是掌握多種思考音樂的系統。貝瑞·哈里斯表示：「擁有思考音樂的系統愈多[32]，獨奏時能演奏的東西就愈多。」展現多樣性的一種方法就是訓練自己用耳朵與眼睛去理解音樂。許多優秀的即興爵士樂手沒有接受過正規的音樂教育，卻擁有大量的聽覺練習，光靠聽覺就能分辨出好音樂。長號手梅爾巴·利斯頓（Melba Liston）說，她「知道哪些音符跟和弦不搭[33]，聽起來不好聽」，所以她會「小心避開」不合適的音符。

然而，隨著樂曲變得更複雜，這些知識往往會碰到局限。只靠聽覺技巧，薩克斯風樂手蓋瑞·巴茲（Gary Bartz）感覺在演奏〈你踏在夢上〉（You Stepped on a Dream）這樣的曲子時很難即興發揮[34]。直到長號手葛拉欽·蒙庫（Grachan Moncur）教他爵士樂的聲學理論之後，他才了解音樂的編排方式。相形之下，接受過大量正規教育的藝術家往往過度依賴視覺來理解音樂，這反而成為一種障礙。貝林納提到某位曾經接受過古典音樂訓練的學生：

等到他全心投入爵士樂的訓練之後才發現[35]，他對於樂譜的完全依賴，實際上阻礙了他聽覺技能的發展。因此，他從唱片上學到的曲目記憶，遠比在爵士樂傳統中成長的音樂家還少。他需要花費多年時間熟稔爵士圈採用的方法，才能夠彌補差距。

正如透過唱片或樂譜理解樂曲能帶給樂手更多靈活度一樣，掌握多種記憶系統來識別樂曲也是如此。和弦、音階、音程都是音樂中表示音高關係的方法，但這三種方法都以不同的方式展現音樂的可能性。貝林納寫道：「對學習者來說，發現音階[36]及音階與和弦在理論上的關係，具有直接應用價值，是一種重大概念性突破。」據說，音樂家葛雷格・蘭登（Greg Langdon）在發現「從第五音開始的G和聲小調音階」與「在每個音下方加上半音的降E大調琶音[37]」有相同的模式時，產生了「頓悟」。即興樂手如果能以不同的方式欣賞相同的音樂，就能獲得更多的可能性。

多樣化論述的價值不只限於爵士樂。物理學家暨諾貝爾獎得主理查・費曼（Richard Feynman）表示，使用多種模式思考同一種現象會非常有用：

假設有兩個理論[38]，理論A和理論B，兩者在心理層面上的意義看起來完全不同，蘊含的概念也不同，但兩種理論推導出的結果卻完全相同……

（在這種情況下）人們通常會說在科學上無法區分這兩者。然而，在心理層面上……這兩者完全不同，因為這兩種理論為人們帶來非常不同的想法……

因此，從心理層面上來看，我們必須把所有的理論都牢記在心，任何優秀的理論物理學家都知道6到7種描述同樣物理現象的不同理論。

掌握多種表述方式，相當於有能力在不同的問題空間裡闡述相同的問題。賽門和紐威爾透過數字遊戲[39]提出一個有用的示範。這是一款雙人遊戲，兩位玩家中間擺放1到9的數字牌，數字面朝上。然後，玩家輪流選擇一張牌，先獲得總數15的三張牌就贏得遊戲。例如第一個玩家抽到2、7、6三張牌（2＋7＋6＝15）就贏得遊戲。有趣的是，經證明，數字遊戲在結構上其實跟井字遊戲完全相同。如下圖所示，只要在方格上標上1到9的數字，就會找到兩種遊戲之間的對應關係。抽牌相當於在方格裡擺放X或O，若且唯若（if and only if）你在標有數字的井字遊戲板上把三個數字連成一列、一行或一條對角線，總數才會是15。兩種表述在形式上相同，並不表示他們在心理層面上也等價；在某個形式下顯而易見的事情，在另一種形式中可能需要透徹的思考才能推論出答案。

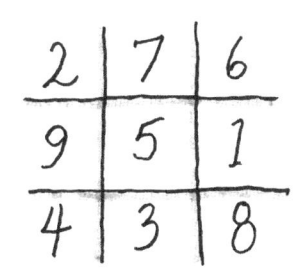

圖10
將1到9的數字填進每個方格裡，數字遊戲就會變成大家更熟悉的井字遊戲。

心理學家盧文說過一句名言:「沒有什麼比一個好的理論更實用[40]。」在現今的文化中,理論知識與實務知識經常被對立起來,認為這兩種知識分屬於不同領域,甚至互相衝突。雖然理論家與實踐者往往分別隸屬於不同群體,目標與需求也不同,但是理論本身只是工具。掌握更多能適用於現實環境的工具,我們就能解決更多樣化的問題。

變化何時有幫助?

在同一個學習過程中練習多種技能、透過交錯對比的案例來觀察所有範例、用各種方法表達同樣的想法,這些作法都能有所助益。不過變化帶來的幫助顯然有限。正如前一章所述,訓練能提升沒有共享知識或程序的技能,但往往很難證明這些訓練的有效性。變異練習的好處主要在於練習同一種技能的不同模式。把不同的範例或練習並列在一起會有幫助,因為我們可能會因此對問題產生混淆,而進一步思考。但我們不會期待在數學作業中穿插歷史作業能帶來相同的好處(儘管分散學習可能會帶來不同的好處,正如第五章的討論)。同樣的,雖然從多個範例中產生抽象概念可能會有幫助,但抽象概念的實用性有一定的限制。儘管西洋棋與商業策略可能有共通的概念,但要在各自的領域取得成功都需要取得大量的專門知識,而這些知識在另一個領域當中並沒有真正的對應關係,即使我們都使用「策略」這個字眼來形容它們。

還有一項要素可以用來判斷變化是否有用,那就是最終技能所需要的變化程度。一位不需要即興演奏的古典鋼琴家可能會受益於重複性高的練習，因為她可以安心的假設貝多芬〈第九號交響曲〉的音符永遠都會按照相同的順序彈奏。變異練習會讓學習的速度變慢，所以只有當實際需要多種技能時，變異練習的好處才能顯現出來。一位研究羅曼語族的語言學家，如果密集練習法文、西班牙文、葡萄牙文，可能會以更抽象、更靈活的方式理解拉丁文。然而，如果某個人需要住在法國，那麼學習三種語言的速度絕對會比學習一種語言慢。變異練習告訴我們，如果需要懂得三種語言，那麼交替練習三種語言可能會有所助益。變異練習的效果在很大程度上取決於最後需要執行的技能。

關於變異練習的最後一個影響因素是，了解在哪些情況下變化會帶來幫助。加布里艾萊‧沃爾夫（Gabriele Wulf）和查爾斯‧謝伊（Charles Shea）表示，對於複雜的動作技能[41]以及在某個領域當中沒什麼先備經驗的表演者來說，分段練習會比變異練習更有益。有一個簡單的方法可以用來了解這種矛盾的現象，就是從認知負荷理論的角度來看問題。變異練習會帶來更大的認知負荷，因此如果在最佳狀況下都很難正確執行的任務，增加額外負荷往往會讓任務變得更難掌握。然而，隨著表演者愈來愈熟悉基本動作，技能會變得更自動化，因此用來培養辨別不同模式能力的練習會變得更有用。這個觀點的證據來自於研究：經驗豐富的英文學習者[42]在聆聽多位講者的狀況下獲益更多，經驗較少的學習者則是在聆聽單一講者的狀況下最能獲益。在數學方面，變異練習也發現類似的效果[43]：先備知識少的學生,在練習差異性不高的題目時獲益較多;先備知識多的學生,則在練習差異性大的題目時學到更多。

從這個觀點可以得知,應該逐漸增加學習過程中的多樣性,而不要一開始就把多樣性提到最高。如果技能很難正確執行,甚至連一次正確執行也難以辦到,這時需要的可能是持續的重複練習,而不是多樣化的練習。從貝林納的即興爵士樂手研究也可以清楚得知這點。一開始,樂手通常會花時間跟著唱片一起演奏,追求忠實的模仿而不是即興演奏。技能熟練的樂手通常有個習慣,叫做閉關練習(Woodshedding),指的是藝術家會獨自閉關,反覆練習。反覆努力模仿爵士樂大師已發表的獨奏,這樣的練習本身就能帶來獨創性的成果。低音提琴樂手喬治‧杜維威爾(George Duvivier)為了掌握他在唱片上聽到的複雜獨奏,開發出一種獨特的指法技巧[44],並反覆練習到精熟的程度。後來,他聽到樂團現場演奏才發現,他原本以為的獨奏,其實是兩位音樂家演奏同一個樂器!據說,就連咆勃爵士樂的創始人查理‧帕克早年在明頓俱樂部表演時,發現自己被其他音樂家超越,就閉關長時間練習[45]。正如先前幾章所述,重複與模仿並非與自發性的創造力對立,而是發揮創造力的重要前提。

之所以把這一章的主題訂為「多樣性優於重複」而不是「以多樣性取代重複」,部分原因在於像演奏爵士樂這樣複雜的技能中,模仿與即興演奏之間存在矛盾。要以新的方式靈活執行技能,變化至關重要,然而這種多樣性是建立在持續重複練習基本技能的基礎上,而不是與之相對立。

變異練習策略

研究人員發現，要讓技能轉移到新情境，變異練習是最佳策略，不過這種方法也尚未獲得充分的運用。教室裡的課程通常會將多樣性減到最低，把題目局限在最近一章的內容，或介紹相同類型的一系列練習題目。以下是四種你可以在學習時使用的變異練習策略。

策略 1：打亂學習順序

運用變異練習最簡單的方法就是在學習過程中隨機安排練習內容。由於大部分的教材都被精心編排成不同主題，因此可能需要稍微付出努力才能做到隨機安排。例如，如果你正在用詞彙卡練習，那麼你可能會想用隨機的順序考考自己，而不是一次進行一個主題。如果你正為了考試做練習，那麼你可能會想隨機安排題目，這樣就認不出哪些題目是出自哪個單元。如果你在球場上練習打網球，那麼你可能會想混合練習正手拍與反手拍，而不是分開練習。

利用隨機練習的一個方式是，首先從特定技能中列出你想練習的不同問題，並從一疊卡片裡抽出卡片，為每道問題各分配一張卡。學習西班牙文的學生可以列出不同的動詞變化，為每個練習分配一張卡。程式設計的函式、吉他的和弦、羽毛球的發球或是練習物理學題目，都可以應用類似的作法。重點是練習的時間要夠短，這樣才能在一次練習循環當中練習多道題目。然後，把這疊卡片跟你剛才分配出去的卡片混在一起洗牌，接著重新抽牌,一次練習一道題目。

策略2:與更多樂手一起演奏

要實現多樣性,隨機化練習排程是一種很有系統的方式,但更自然的方法是增加一起學習和練習的人數。爵士樂手經常與其他樂手一起合作,而且往往會在舞台上跟當晚才初次見面的團員一起即興表演。樂手各有表現手法,與在成員固定的樂團演出相比,頻繁的輪替會讓樂手接觸到更多有潛力的音樂。

想要學會專業技能,尋找能讓你接觸到多樣化案例的工作機會非常重要。第四章討論過,心理學家克萊恩深入研究消防員之後表示:「研究消防員時[46],我們觀察到一種現象,在鄉下的義消部門待10年,養成的技能不如在大城市裡破敗的貧民區待一、兩年。城市消防員會比鄉下消防員接觸到更多火災類型,城市發生火災的頻率也比鄉下高。」同樣的,許多專業人士在邁向精英的路上,一開始通常會在高壓多變的環境下工作,之後才能在工作內容更固定的職位上穩定下來。會計師和律師剛入行時會選擇大型專業公司、接觸各種不同的客戶,之後再選擇專精的領域。醫師會先在多個急診室輪流工作,之後再自己開設診所。在職業生涯剛起步時,如果沒有機會接觸多樣化的案例,那麼尋找高度變化的職場可能會更有利。

策略3:學習理論

正如我們所見,理論知識能幫助我們以不同的方式應對問題,但理論知識也很難透過實驗來學習。優秀的理論少之又少，因此你更可能在閱讀書籍時發現它。然而，更深入的理解理論往往是一種投資，因為這樣的理解主要是幫助人們更容易學習其他知識，而不是直接帶來成果。一個花時間待在圖書館裡的音樂家不會立刻就演奏得更好；但是對和聲有更深入的理解，就能更容易吸收新的音樂形式。畢業於茱莉亞學院的戴維斯看到同行音樂家不學習音樂理論，往往會出聲指責：

我會去圖書館[47]，把所有優秀作曲家的樂譜都借出來，比如史特拉汶斯基（Stravinsky）、阿班・貝爾格（Alban Berg）、普羅高菲夫（Prokofiev）等。我想知道整個音樂世界發生什麼事。知識是自由，無知是奴役，竟然有人那麼接近自由卻不去利用它，我簡直不敢置信。

當然，並非所有理論都是學術性的。就算實用的理論、專業的經驗法則、業界的標準不是從學術界衍生而來，也全都是有效的思考模式。跟該領域的人員聊天，了解對方使用哪些工具、應用哪些理論，能為獲取實用工具提供一張路線圖。

策略 4：先做對，再改變練習方式

正如前文所述，多樣性應該被視為建立在重複的基礎之上，而不是與之對立。然而，找到多樣性何時更有幫助的確切界線可能非常困難。這裡檢視的大多數研究都著眼於學習的某一個時刻，因此很難辨別重複練習和變異練習何時更有效。更糟的是，變異練習屬於不直觀的「有益難度」類型，因此人們可能無法判斷這種學習法何時最有用。心理學家畢約克和內特・康乃爾（Nate Kornell）發現，與提取練習和間隔練習的類似研究一樣，受試者通常認為分段講述[48]，比資訊以多樣化的方式陳述，學習效果更好，即使之後的考試結果表明情況並非如此。就算受試者完成最後的任務，而且在交錯練習之後表現得更好，受試者還是相信分段練習的效果更好。

有關變異練習的研究仍在不斷發展當中，目前我沒有發現有任何科學論述能確切告訴我們在練習中，何種變化程度較好。然而，似乎可以肯定的說，如果你無法單獨的正確執行某項技能，那麼增加多樣性也許無法帶來幫助。同樣的，如果你大多數時候都能夠正確執行技能，儘管多樣性可能會導致學習速度變慢，但也可能幫助你發展管理情境和適應情境的能力。爵士樂手經常從重複彈奏某段獨奏來開始練習，並將自己的演出與想要模仿的唱片進行比對。只有當他們能毫無錯誤的演奏時，才會開始加入修飾、詮釋，或是全新的音樂片段。多樣性建立在重複之上。

從即興演奏到創新發明

變異練習是讓技能靈活的重要推手。流暢的即興演奏再怎麼讓人印象深刻，仍牢牢的遵守既有傳統的規範。創造是生成新事物、打破傳統的過程，例如咆勃音樂風格的發展，意義似乎更為深遠。下一章，我們將超越靈活技能的培養，探討創造力的根源。

第八章

品質來自於數量

嗯,你只需要提出大量想法,然後淘汰掉不好的[1]!
——美國化學家萊納斯・鮑林(Linus Pauling),談洞察科學的祕訣

- 天才通常都很多產嗎?
- 偶然性在發明中發揮多大的作用?
- 該如何增加創意產出又不犧牲品質?

第八章　品質來自於數量

歷史上，很少有人的創新生產力能與愛迪生（Thomas Edison）相比。愛迪生的發明包括：複式電報機，第一台可以用一條電報線傳送多個訊號的實用裝置；螢光鏡，第一台可以拍攝清晰X光片的儀器；電影放映機，最早的攝影機；紅外線測量計，用於測量紅外線；碳粉麥克風，電話必備的實用零件；充電電池，以及對幾乎完全失聰的人來說最難以置信的發明：留聲機，這是世界上第一台錄音裝置。愛迪生在紐澤西州門洛帕克設立的實驗室堪稱企業創新的典範，後來促成貝爾實驗室、奇異公司、杜邦公司等產業研究機構的成立。迷信的當地人把愛迪生的發明天賦歸功於巫術。對於這位「門洛帕克的巫師」來說，好像不管什麼裝置他都開發得出來，而且這些裝置的價格一般人都負擔得起。

愛迪生最有名的發明就是電燈泡，但嚴格來說，電燈泡並非完全是他發明的。在愛迪生投入照明實驗時，電弧燈已經問世，這種燈刺眼的光源來自於高電流迴路間隙中連續產生的火花。當時還有早期的白熾燈，但白熾燈壽命短、耗電量大，無法商業化。然而，從某種意義上來說，把電燈泡的發明歸功於愛迪生其實反倒貶損他的成就。因為他不僅洞察到使用高電阻燈絲能讓白熾燈變得實用，還發明相關的基礎設施，例如並聯電路連結、高效率的發電機、中央電廠的概念。這些發明不但使照明成為可能，也為我們整個現代電力產業奠定基礎。愛迪生一生取得1093件驚人的專利[2]，堪稱是人類史上最具有創造力的人。

愛迪生於1931年逝世時[3]，世人曾短暫考慮過關閉全部電力兩分鐘向這位已故發明家致敬。然而人們很快就意識到，停電會導致全國一片混亂。愛迪生留下的影響如此深遠，以至於世人無法想像短暫回到沒有這些發明的世界。

天才通常很多產？

愛迪生展現多產的創造力。他的發明不僅數量龐大，影響也深遠。但愛迪生的例子帶來一個基本的創意生產力問題：創造出最佳作品的創作者，其作品的數量通常會比沒那麼傑出的同行多還是少？就拿達文西和畢卡索來比較吧。儘管兩人所處的時期與風格截然不同，卻都被視為卓越的藝術家。然而，兩人留下的作品數量卻有天壤之別。達文西一生中完成的作品不到二十幾件[4]，而且有許多作品沒有完成；畢卡索則完成超過1萬3000幅的原創畫作[5]，如果把雕塑與版畫也計算在內，他的藝術產出超過10萬件。這讓人想到兩種看似合理卻衝突的創造力模式：一種是專心的藝術家，把全部的構想傾注於為數不多的作品裡；另一種是多產的創作者，不斷的湧出新想法。然而，資料顯示，愛迪生和畢卡索的創意成就比達文西更具代表性。世上最成功的科學家、藝術家、創新者往往也最有生產力。

率先思考這個問題的研究學者[6]是比利時社會學家阿道夫・凱特勒（Adolphe Quetelet）。凱特勒在1835年的專題著作中，計算法國與英國劇作家的作品數量。他發現創作產出與文學影響力之間有密切關聯。近兩個世紀後，心理學家迪恩・賽蒙頓（Dean Simonton）蒐集了支持凱特勒早年觀察的研究資料：最有成就的科學家、藝術家、學者,通常也是創作數量最多的人。賽蒙頓解釋,在許多領域,個人生產力與社會創造力高度相關[7]。賽蒙頓認為,如果我們觀察一個人職涯期間的創造力模式,會發現他創作出最佳作品的時期,往往也是創作最多作品的時期。將深獲好評的作品數量除以作品總數,就可以得出品質比例。「品質比例[8]不會隨著年齡的增長而出現可預測的變化,」賽蒙頓解釋,「比例既不會增加,也不會減少,更不會出現其他形式。這個驚人的結果說明,品質取決於數量。」賽蒙頓提出「等機率基準」的主張,也就是當一個人開始在所屬領域貢獻原創作品,每一次的嘗試都有差不多相同的潛力會對世界帶來深遠的影響[9]。雖然我們可以回過頭欽佩愛迪生在創造電力照明系統上的斐然成就,但也對愛迪生將電磁鐵應用於開採鐵礦的失敗感到困惑:開採鐵礦的嘗試耗盡他先前賺到的大筆財富,愛迪生也無法預見自己的哪些新發明會對世界產生深遠影響。

根據「等機率基準」,一個人的創意潛力在整個職涯期間並不會產生變化。不過,不同人之間的情況又如何呢?是否有證據支持這樣的觀點:有些人會不斷創作出平庸的作品,但天才則是會不斷將少數幾個寶貴的想法變得更完美?雖然確實有只創作少量高品質作品的完美主義者,以及大量製造平庸作品的多產創作者,但是歷史資料證明:多產的創作者通常最具有影響力。英國物理學家暨科學史學家德瑞克・普萊斯(Derek John de Solla Price)提出的普萊斯定律(Price's law)指出,一個領域的學術產出[10]有半數來自少數幾位研究人員,數量大約是總人數的平方根。例如某個學科領域擁有100位作者的研究團隊,那麼大約有一半的論文會由10位研究者貢獻。朱克曼研究美國諾貝爾獎得主,結果發現,被引用次數最多的科學家[11]寫出的論文數量,幾乎是同領域、但沒那麼有影響力的同行的兩倍。理查·戴維斯(Richard Davis)也得到類似的觀察結果,論文被引用次數最多的神經外科醫生[12]通常就是發表最多論文的人。然而,與「等機率基準」一致的是,每篇論文的引用次數並不會因為作者的多產而增加。不過,由於多產的作者寫出更多論文,因此他們也更有可能創造出被高度引用的作品。

儘管創造性成功的特性充滿偶然,但並非所有創造者都有相同的創造力或生產力。正如前文所述,愛迪生異常多產,他的發明數量遠遠超過同時期大部分的發明家,當然也超過數以百萬計從未發明過任何東西的人。要了解這種生產力模式,以及這對我們培養自己的創造性成功有何意義,我們必須考量創造性成功背後的三種原因:專業知識、環境與隨機性。

原因1:創造力是一種專業技能

認知科學家賀伯·賽門寫道:「創造力就是『放大版的思考[13]』。」從這個觀點來看,創造性成功仰賴的思考機制與解決日常問題的思考機制相同。改變世界的發明與一般故障排除的不同之處不在於思考的類型,而是問題的複雜性以及社會影響的差異。創造力與解決平凡的謎題都涉及系統性的探索問題空間。愛因斯坦(Albert Einstein)曾說:「科學只不過是日常思維的精煉[14]」,這個說法呼應了創造力「沒什麼特別」

的觀點。

而愛迪生的發明紀錄，則可以支持「創造力是一種專業技能」的理論。這個理論預測，創造性成功通常會集中在特定領域。儘管愛迪生有博學多聞的光環，但他的表現卻很符合前述的理論。雖然愛迪生的發明影響許多產業，但是他的創新進展主要集中在新的電路應用。愛迪生之所以決定把重點放在電燈泡上，是基於他對歐姆定律（Ohm's law）的了解。根據歐姆定律，高電阻燈絲會比低電阻燈絲消耗較少的電流量。當許多競爭對手專注於尋找可承受極端高溫與電流的堅固材料時，愛迪生卻尋找脆弱纖細的燈絲來製作電燈泡。減少燈絲的粗細度，電阻會隨之增加，進而減少電流消耗，使產品得以商業化。憑藉十多年來在電路上的實務經驗，愛迪生就能將搜尋範圍縮小到更有可能找到理想結果的區域。

愛迪生的失敗與成功一樣，為「創造力是一種專業技能」的觀點提供了證據。在燈泡的實驗中，愛迪生發現燈泡連續使用一段時間之後內部會變黑，只有燈絲正極附近會留下「陰影」。他正確的推斷出碳粒一定是從負極射出。他在玻璃燈泡內連接第二條導線，結果發現他甚至能讓電流通過真空。這位發明家把這個「愛迪生效應」燈具視為是好奇心的產物，但其實這是打造真空管電子設備的第一步，也就是早期電腦的核心基礎。如果有更多理論上的知識，愛迪生也許能進一步追求這方面的發展，進而發現電子，並開創電子時代。然而實際的情況是他沒有涉足這個領域，而是專心研發更商業化的燈泡應用。

另一個支持創造力是專業技能的延伸證據是，創造力仰賴長期的訓練。心理學家約翰·海斯（John Hayes）審視76位知名作曲家的作品[15]，發現他們創作的500首名作當中，只有3首是他們在音樂教學未滿10年時創作出來的（而且還是教學滿8年與9年的時候）。他對131位畫家進行類似的分析，結果發現起碼需要6年的時間才能創作出公認的傑作，而且接下來6年，優秀作品的數量還會穩定增加。對詩人的類似分析也顯示，在創作生涯未滿5年時，詩人無法寫出知名的作品。研究中的66位詩人，有55位直到開始創作10年之後才創作出受到矚目的作品。儘管愛迪生幾乎沒有受過正規的學校教育，但他是貪婪的讀者，也是個全方位的實驗者。愛迪生回憶說：「我的避難所[16]就是底特律公共圖書館，我從最底層書架的第一本書開始讀，然後一本一本讀下去。我不是讀完了幾本書，我是讀完了整個圖書館。」儘管如此，愛迪生到22歲才發明電子投票機，取得第一個專利；27歲才製作出第一個廣為人知的發明：複式電報機。

　　累積知識對於創造性成功的重要性，或許也能解釋自愛迪生時代以來科學創新的整體變化。愛迪生經歷了美國創新史從「英雄時代」轉向機構模式的過程。在英雄時代，孤獨的發明家試圖從新奇的小發明當中獲取利潤；機構模式則是以業界實驗室和大學研究部門為基礎推動創新。如果發明是搜尋問題空間的一種過程，那麼隨著搜尋的深入，我們可能會預期創新需要更多的訓練與專業化。愛迪生在有限的教育背景下仍然能發明實用的產品，或許是因為當時對電學的知識相對匱乏，有更多空間能創作發明。但如今，電機工程的創新涉及優化每平方英寸包含數十億個晶體管的整合晶片,或是在超低溫狀態下開發超導材料。這種深奧的進步需要更多抽象的知識,這解釋了為何現在尖端領域的創新依賴由擁有博士學位的專家組成的大型團隊。

然而,「創造力是一種專業技能」的觀點不是一個完整的解釋。雖然這個觀點能說明為什麼有些創造者比別人更成功,卻無法用來解釋「等機率基準」。如果持續增加的專業知識能解釋成功的原因,我們應該可以預期創作者的創意品質會隨著職涯發展而增加,而不是在最初的訓練期之後就維持停滯狀態。同樣的,如果將創造力等同於專業技能,也不能回答為什麼有些專家極具創造力,有些專家卻表現平平。專業知識可能只是達到創造性成功的先決條件。專業技能也許是必要條件,但只靠專業技能卻不足以實現創造性成功。

原因2:創造力受環境影響

英國科學家法蘭西斯・培根(Francis Bacon)的著作推動了科學革命,他曾寫道他的貢獻是「應時代而生[17],而非應智慧而生」。這種表述說明科學創造力的另一個重要解釋:思想是文化時代的產物,不僅僅是個人天才的結果。時代精神(zeitgeist)的主張是,文化背景為思想萌芽提供土壤。文化背景不只決定創新者尋找新構想的方向,還決定哪些思想被發現後會被廣為接受。即使是最出色的構想,如果環境不接受,也會漸漸被遺忘。

支持創造力環境觀點的證據來自於一連串令人驚訝的重複

發現[18]。例如,達爾文(Charles Darwin)和華萊士(Alfred Russel Wallace)個別研究,但同時提出演化理論;同樣的,牛頓(Isaac Newton)和萊布尼茲(Gottfried Wilhelm Leibniz)也各自獨立發明了微積分;亞歷山大・貝爾(Alexander Bell)和伊利夏・葛雷(Elisha Gray)最出名的事蹟就是在短短幾小時之內,分別提交電話的專利申請;4位不同的科學家都在1611年發現太陽黑子,而且至少有9位科學家聲稱自己發明了光學望遠鏡。「重複發現」常被認為是社會學家威廉・奧格本(William Ogburn)與朵洛西・湯瑪士(Dorothy Thomas)提出的概念,他們曾發表了大量的案例清單,但就連重複發現的概念也被重新發現了無數次。重複發現的概念由許多人分別提出,社會學家羅伯特・墨頓(Robert Merton)統計十九世紀到二十世紀間,「重複發現」這個概念就被獨立提出了18次[19]。某些發現的必然性深深根植在科學工作者的思維中。如果在科學家確切的構想出現之前科學創新就已經「廣泛存在」,那麼就沒有必要針對優先順序進行激烈的爭論,並以密封和註明日期的手稿做為發現時間的關鍵證據。

社會心理學家米哈里・契克森米哈伊(Mihaly Csikszentmihalyi)認為,評價創造力時不能脫離現實[20]。雖然許多心理學家試圖將創造力視為一種純粹的心理功能,但是契克森米哈伊認為這樣的研究忽略了專家群體,他們共同決定了什麼算是創造力。他認為,現代藝術領域裡也許有1萬人,新興藝術家的作品如果要被視為是創新之作,就必須先獲得這群人的認可。用電腦分析音樂創作的結果[21]也支持這樣的觀點,「旋律原創性」適中的音樂最受歡迎，因為這些創作不會太過原創，也不會過分平庸。原創性對藝術創作來說十分重要，但過於原創可能會使作品難以理解。科學領域也有類似的社會門檻，由一小群專家制定同儕審查的標準，決定哪些研究結果可以刊登。知識潮流會決定某些思想的接受程度：心理學中，對於心理狀態的討論從內省主義者的大膽推測，到行為主義的影響下成為禁忌，最後又在認知心理學者的努力下重新發展。科學構想偶而會因為知識潮流而被重新評價，表示許多潛在的發現都未能得到發展。大眾的接受度也不只限於一群挑剔的專家群體，商業產品與大眾媒體也必須面對輿論的考驗，由輿論決定它們到底會流行還是失敗。

愛迪生深刻的意識到，對發明來說，不只技術上是否可行很重要，整體環境是否能接受也非常重要。「任何賣不出去的東西[22]我都不想發明。賣得出去就證明東西實用，而實用就等於成功。」這種想法背後的動機絕非貪婪。愛迪生說：「我人生的目標[23]，就是賺到足夠的錢來做出更多發明。」愛迪生憑藉早年的發明獲得豐厚利潤，早就可以退休好幾次，但他卻將所有收入投入高風險的新事業上，在取得新的成功之前，常常讓自己和家人瀕臨破產。愛迪生似乎對發明與創新之間的區別有深刻的理解。發明是創造力的成品，以技術好壞來評斷價值；相較之下，創新的衡量標準是社會影響力。身為實用主義者，愛迪生希望能製造實用的裝置，而不只是技術上新奇的東西。他專心研發燈泡的高電阻燈絲並不是基於技術面的考量，而是詳細分析照明成本之後做出的決定。如果燈泡消耗大量電流，就算技術上可行，也不夠經濟實惠。

一項發明在社會上的接受度也可以解釋許多改變世界的發明卻沒有被採用的奇怪現象。在歐洲人抵達中美洲數百年前，中美洲人就已經發明輪子，但輪子似乎僅用在兒童的玩具上，沒有被使用在農業。錯失使用良機的原因之一是當地缺乏可以負重的動物[24]，無法讓動物驅動的推車變得實用。同樣的，在古騰堡發明改變世界的印刷機之前幾百年，韓國就已經發明活字印刷。然而印刷的文字是以中文寫成，這代表印刷書籍需要呈現數千個特殊的符號，會大幅增加成本。契克森米哈伊認為：「大家普遍相信[25]，如果創造力很稀有，那是因為供應方的局限所致；換句話說是因為天才少之又少。然而事實似乎是，創造力的局限是在需求方。創造力之所以稀有，是因為不論是個人還是集體，都無法迅速改變自己的認知結構來識別並採納新想法。」

原因3：創造力即隨機性

專業知識與環境都表明創造力是一個決定論（deterministic）的過程。另一個次要的可能原因是被認知和社會理論低估的偶然性。心理學家唐納·坎貝爾（Donald Campbell）在1960年提出的創造性思維，與達爾文的物競天擇理論相似，把創造力理解為[26]類似的盲目變異和選擇性保留的過程。生物演化極具創造力，展現出令人驚嘆的多樣性。然而，根據達爾文提出的有力證明，這一切只需要偶然的突變，並把有用的適應特性遺傳累積下來即可。同樣的，試圖透過精細的理論來解釋創造力,可能過於複雜。坎貝爾認為,將創造力理解為簡單的生成大量充滿潛力的想法,然後將有用想法保留下來的過程,或許更好。正如本章的引言提到,萊納斯・鮑林把他獲得諾貝爾獎的化學發現歸功於類似的過程:提出大量想法,然後只保留最好的。

關於偶然性的作用,可以從意外發明的悠久歷史當中[27]找到證據。盤尼西林的發明就是一個偶然的結果,當時蘇格蘭醫生亞歷山大・弗萊明(Alexander Fleming)發現,有一種黴菌生長後好像會抑制周圍的細菌樣本。人工甜味劑(代糖)則是因為俄羅斯化學家康斯坦丁・法伯格(Constantin Fahlberg)不小心吃進實驗後產生的化學物而偶然發現的。強力膠的配方是美國發明家哈利・庫弗(Harry Coover)在為軍方尋找廉價的塑膠槍瞄準器的過程中意外誕生的。偶然性也可以用來解釋鐵氟龍、炸藥、硫化橡膠、安全玻璃、威而鋼等東西的發明。法國哲學家保羅・蘇里奧(Paul Souriau)曾寫道:「發明的基礎是偶然。[28]」偶而,而非必然,才是發明之母。

愛迪生非常熟悉偶然性在發明當中發揮的作用。「實驗時,我發現[29]許多我從未尋找過的東西。」為了研發白熾燈泡,他測試過無數種材料,最後發現碳化植物纖維這種材料可行。注意到這點之後,他繼續測試其他數千種碳化植物纖維,最後終於選擇以竹子做為理想的材料來源。晚年時,愛迪生在尋找橡膠的替代品時,測試了1萬4000種植物,希望找到乳膠含量高,而且可以在溫帶氣候培育的植物。他開發高容量充電電池時,也是採取類似的反覆試驗方法。友人華特・馬羅利(Walter

Mallory）聽到他努力好幾個月還是沒有得到任何結果時，特地前往慰問，愛迪生回應：「為什麼要安慰我呢？朋友，我得到一堆結果啊[30]，我知道幾千種行不通的方法！」為了追尋答案，愛迪生擁抱偶然性，也願意為了尋找答案測試成千上萬種組合，這件事曾被他的前員工、也是後來的競爭對手尼古拉‧特斯拉（Nikola Tesla）嘲笑。談到愛迪生的工作習慣，特斯拉評論說：「如果愛迪生要在乾草堆裡頭找出一根針[31]，他會立刻像蜜蜂一樣勤奮的檢查每一根稻草，直到找到他要的東西。」然而，這種試誤法可能不像聽起來的那麼愚蠢。當時的化學研究仍處於早期階段，除非實際尋找，否則幾乎無法可靠的預測哪些材料行得通。即使是現在，創新在很大程度上還是要仰賴偶然性。儘管生物學與化學理論的進步令人嘆為觀止，但藥物的發現多半還是依靠偶然性，因為藥物的作用往往是偶然發現，而不是基於理論上的預測。減肥藥司美格魯肽（semaglutide）最初用於治療糖尿病[32]（商品名胰妥讚）；西地那非（sildenafil，商品名威而鋼）最初是為了治療高血壓而開發的藥物[33]。這些藥物的發現都是偶然所致，而非刻意開發。

結合三種創造力元素

對創造力的三種解釋：專業知識、環境與隨機性三者並不互斥。有一個相對簡單的創造力模型可以整合這三者。在這個模型中，既有的知識庫決定了可能的創新範圍。專業知識是必要條件，因為除非站在知識的最前端，否則你的洞見在個人方面也許稱得上是創意，但在整體社會卻不具有創造性。就拿德國數學家卡爾・高斯（Carl Gauss）6歲時的故事[34]來說明這當中的差異吧。老師請高斯計算1加2加3，一直加到10的總和，高斯很快就回答：「55！」老師問他為什麼答得這麼快？他回答說，他觀察到這些數字可以兩兩一組、共分成五組，每組數字的總和是11（1＋10、2＋9、3＋8……），所以答案絕對是55。雖然我們可以讚嘆高斯的聰明，但這種方法對數學家來說並不陌生，因此雖然這種巧妙的解法暗示高斯是一位特別有創意的數學人才，卻不具有社會影響力。

在知識的疆界之外，偶然性在創造性成功上發揮兩個重要的功能。第一個功能是在解決問題的過程中。正如第一章所述，人們會使用一般性策略（例如手段目的分析法和生成與測試法）以及特定領域的捷思法，來尋找問題的解決方案。然而，儘管解決問題是一個深思熟慮的過程，但是在問題空間裡仍然會留下大量的可能性。這在定義上確實沒錯，假如問題空間縮減成一個明顯的答案，那麼我們就不會認為答案超出目前知識領域的範圍。因此，即使是對最聰明、知識最淵博的專家來說，隨機的探索仍然有其必要，如此才能超越我們已經掌握的知識。偶然性發揮的第二個功能在於外部環境如何接受新想法。就算是最敏銳的技術專家、投資人、科技預測專家，都只能在一定的程度上預測哪些成品會有重要影響，哪些成品會以失敗收場。但創作者本身對其作品的長期影響，預見能力有限。這種不可預測性表示每一項發明、每一篇文章、每個產品或每篇科學論文，在某種程度上始終是個賭博。

想區別一般專家和創造性專家，可以觀察他們是否選擇處理風險問題。重要的工作完全可以在目前的知識領域內完成。即使創造力依賴偶然性，但有些專家會堅守經過檢驗的可靠方法，有些專家卻會冒險探索問題空間中的新領域。將創造者視為賭徒的想法[35]，在心理學家羅伯・史坦伯格（Robert Sternberg）與陶德・陸伯特（Todd Lubart）提出的創造力投資理論中表露無遺。在他們提出的模式當中，創造者就像選股者，押注在會增值的想法、方法或研究領域。這個過程有如股市的投機買賣，很大程度上取決於偶然性：有些創造者會聲名大噪，有些則會變得沒沒無聞。一般專家與創造性專家之間的差異，主要在於兩者的風險承受能力。愛迪生很清楚冒險追求發明事業會帶來財務上的風險。「至少我的人生不無聊[36]，」愛迪生後來反思自己發明生涯中瘋狂起伏的財務狀況與失敗時這麼說。投資理論也有助於了解為什麼與知識淵博的同儕相比，有些人異常的具有創造力。歷史學家安東・豪斯（Anton Howes）發現，發明家在發明東西前，很可能曾經接觸過另一位發明家[37]，這表示渴望從事高風險的產業也許是文化傳遞的結果，而不僅僅是擁有能帶來成功的專業能力而已。

賽蒙頓的「等機率基準」認為每個人都有同樣的機率創作出高品質作品，但世界級發明家卻如此稀少。創造力模式有助於解釋這兩件事之間的矛盾。要達到知識的前沿非常困難，需要多年的研究與實務操作。然而一旦達到這個境界，由於進一步的發展有很大一部分必須仰賴偶然性，因此創造性成功就來自於是否願意積極的去冒險。

產量能帶來品質？

賽蒙頓的研究與「等機率基準」理論,不代表努力增加產出就能自動增加創造性成功的可能性。畢竟,如果我只是隨意打一打鍵盤,不管出現的內容有多胡扯都一律出版,那我就可以寫出更多書,不過很少人會認為這是邁向成功作家的可靠策略。如果創作者為自己制定標準,而且發表作品時很少偏離這些標準,那麼品質與數量之間就可能出現關聯。經歷創作低潮期的作家可能還是能夠創作,只是覺得很難寫出她覺得可以出版的作品。這種想法上的枯竭會導致生產力低迷,但也可以說這是創作力品質的問題。同樣的,如果創作者傾向採用一種主流風格或方法,就可能人為的掩蓋掉創作數量與品質之間的權衡。畢卡索的作品總量比達文西多出許多,部分原因是畢卡索發展的立體派風格強調抽象與實驗,使其能夠探索、產出更多作品。我們無法分析畢卡索花費多年時間創作超寫實作品,而達文西像工廠一樣大量生產畫作,這樣的假設情況會如何。但是在創意可接受的範圍內,創作者經常嘗試不同的創作技巧與風格,那麼數量與品質就會保持密切的關係。

「等機率基準」有個不吸引人但簡單易懂的含意,那就是成功的創造者往往都是工作狂。愛迪生就是很明顯的例子。據說愛迪生有一天陷入沉思,在實驗室工作到很晚。有人問他為什麼工作到這麼晚?他回問現在幾點了,對方回答:「午夜了。」愛迪生回說:「午夜!是嗎[38],那麼我得回家了,我今天結婚。」雖然這個傳聞很誇張,但好像滿可信的,畢竟愛迪生習慣連續好幾個星期都待在實驗室，回到家還沒脫下骯髒的衣物就昏睡過去。愛迪生有張照片很有名，照片裡的他儀容不整，癱在椅子上聆聽留聲機，那時的他為了改進聲音的品質，不斷瘋狂的東修西補長達72個小時。

極端敬業的工作精神也出現在其他無數表現卓越的創造者身上。贏得諾貝爾經濟學獎的賀伯・賽門，據說在最多產的時期每週工作長達100小時[39]。愛因斯坦在研究廣義相對論期間由於過於專注，以至於罹患胃病[40]。法國作家巴爾札克（Honoré de Balzac）20年來每天工作15小時，寫出85本小說[41]。根據研究，這樣的工作態度是有用的，傑出的物理和社會科學研究人員每週會工作60到70小時，幾乎沒有假期[42]。其他的研究則是發現，符合積極進取的「A型」特質心理學者[43]，著作被引用的次數更可能高過於心態放鬆的「B型」心理學者。怪不得愛迪生會說：「天才是一分的靈感[44]，加上九十九分的努力。」然而，高強度的工作時程通常會帶來高昂的代價，愛迪生是缺席的父親與丈夫，因為他的發明事業讓他沒有時間投入其他事務。

提高產量的策略

創造性成功的關鍵在於驚人的生產力。假設你已經盡可能（或想盡可能）長時間工作，這時就要問：「有沒有任何方法可以在不犧牲工作或私人生活品質的情況下，增加創意產出量？」以下有四種策略可供參考，讓你能發揮更大的影響力。

策略1：打造生產線

很少有畫面能像生產線那樣，與創造力的形象形成鮮明的對比。機械性複製出一模一樣的產品，從表面上來看似乎與創造力相反，然而只要認真看待「創造力即生產力」的想法，那麼我們從生產線概念學到的東西可能會比我們想像得更多。將創意工作中非創意的部分標準化，就能更高效的完成創作過程。喜劇演員傑瑞・史菲德（Jerry Seinfeld）在創作熱門電視劇《歡樂單身派對》(*Seinfeld*) [45]時，將不同階段的創作過程分派給不同的編劇室，一個負責拋出想法，一個編寫大綱，另一個則負責編輯。創意和劇情都來自於喜劇編劇的真實生活經驗，這與偶然性在創造力當中發揮的作用相同。然而，工作流程會確保劇集內容完善，不會只是草率的想法。

針對創意工作的不同面向制定例行程序、檢查清單以及系統化方法，是使新工作常規部分自動化的幾種方式。雖然你可能無法掌控想法與見解，但如果能將某些方面系統化，就能確保你能持續抓住機會。舉例來說，科學家也許不見得知道哪些研究最有前景，但是他能夠簡化申請補助與論文的提交流程，這樣就有更多時間投入實驗室工作。採用生產線流程也有助於擺脫創作上的阻力，因為焦慮感或完美主義都會阻礙你定期產出作品。當新作品的創作與發表都處於自動化流程時，就沒有什麼時間因自我審查而癱瘓整個流程。

策略2：讓想法變得更成熟

從解決問題的層面來看，有些創意可能「成熟」到可以執行,有些想法卻仍然缺少關鍵要素。發明家可能被困在某個特定的技術障礙,無法克服。小說家可能有很棒的角色構想,卻想不出情節。追求不成熟的想法會耗費更多時間,因為你必須嘗試各種替代方案組合才能突破困境。雖然人們讚譽的創意天才形象往往聚焦在他們堅持完成困難的挑戰,但成功的創造者同樣也要策略性的避開不成熟的問題。美國科學作家羅伯特・卡尼格爾(Robert Kanigel)曾經全方位審視著名的約翰霍普金斯研究王朝,提到拉斯克獎(Lasker Award)得主、神經科學家所羅門・史奈德(Solomon Snyder)「好像有第六感[46],察覺得到哪些科學問題可能會害他碰壁,然後就避開那些問題」。

　　愛迪生處理這個問題的方法是同時投入許多不同的發明專案。同時進行多項專案,遇到困難時他就能切換到另一項工作。如果出現新的可能性,掃清了之前不明確的道路,那麼他也能夠利用這些偶然的發現。很多作者會大量保留有發展潛力的故事筆記,直到背景故事的片段累積到足夠的數量時,就會有耐心的開始創作。雖然我們可能無法想出創意的解決方案,但通常能看出目前的知識與實際解決問題所需要的知識之間有多大的差距。

策略 3:降低風險

　　偶然性在創造力當中的作用表明人們無法創作出創意之作的一個原因:他們無法承擔所需的風險。擁有最多創造性成功的人,在創造力方面也經歷過多次失敗。雖然充分的專業與生產力能提高結果的平均水準,但創造性工作的不確定性卻可能讓許多人無法開展創新事業。愛迪生能夠承受發明的風險,他對自己說如果事情不順利,他可以重新開始當個電報員。也可能是愛迪生早年的簡樸生活讓他認為,財富的減少並不像只知舒服度日的人想像得那樣是場災難。

對於沒有愛迪生那種堅忍精神的人來說,我們可以確保自己有更可靠的工作與收入來源,來增加創新的風險承受度,以便在失敗時有所依靠。根據創造力投資理論,我們可以將自己的作品視為是一種創意投資組合。創意專案就像是持有高風險股票:可能會帶來巨大的報酬,或是讓我們損失全部的金錢。為了使這些投資更具吸引力,我們需要知識領域的「公債」:也就是在危機時期提供保障的低風險投資。

策略 4:減少非創造工作的時間

我們並非將所有的工作時數都用在創作新產品上,大部分潛在的創造性產出,有很多都被會議、電子郵件、行政事務或其他瑣事占走。朱克曼研究諾貝爾獎得主時發現[47],許多科學家提到,他們的研究事業在獲獎之後大幅放緩。雖然有部分原因可能是動機減少所致,但許多人都說,大眾額外的關注讓他們感到不知所措。沒沒無聞時,他們可以長時間投入他們的工作;但成名之後,愈來愈多人邀請他們接受訪談、出席公共場合,並邀請他們擔任知名的委員會主席。隨著年齡增長,愛迪生的生產力也下滑,因為他的商業興趣變得更廣泛,管理的工程師團隊規模也愈來愈龐大。

創造力需要靈活性,以及長時間投入不明確專案的能力,但這兩種能力都會隨著成功帶來的責任增加而變得難以發揮。因此，要發揮更大的創造力，就必須抵抗非創造性工作。諾貝爾物理學獎得主費曼在所屬的大學系所裡，曾佯裝不負責任[48]，藉此避免被捲進浪費時間的任務。作家暨電腦科學教授卡爾・紐波特（Cal Newport）主張為「深度工作」[49]設立嚴格的分界，確保自己擁有充分又不受干擾的思考時間，才能在困難的問題上取得進展。無論使用哪一種策略，只有在總工時中，將執行創意專案的工時維持在夠高的比例，才能在不完全犧牲個人生活的情況下，擁有高效的職業生涯。

從練習到回饋

在前四章，我們討論如何找出難度的甜蜜點、為何心智與肌肉不同、變異練習在確保靈活技能方面的力量，以及創造性成功當中數量與品質之間的驚人關係。接下來四章，我們會探討回饋在學習方面扮演的角色，首先討論在不明確環境下的學習，探討增強反饋以確保準確判斷的重要性。接著，我們會討論學習中的互動問題，了解如果要精熟現實生活技能，接觸現實有其必要，卻也充滿挑戰。接著，我們將探討「反學習」（unleraning）的作用，以及修正錯誤與錯誤的見解為何會隨著技能的發展而變得愈來愈重要。最後我們將討論學習中的焦慮，並探討為何從我們害怕的情境中獲得直接的回饋，是克服恐懼最有效的方法。

| 第三篇 |

回饋

從經驗中學習

第九章

經驗不代表專業

真正的專家直覺來自長期經驗以及針對錯誤的良好回饋。[1]
——心理學家丹尼爾・康納曼（*Daniel Kahneman*）

- 專家直覺的先決條件是什麼？
- 在充滿不確定且回饋複雜的環境中如何進步？
- 什麼時候應該相信直覺？什麼時候應該依賴數據？

2007年9月17日，安妮特・奧伯瑞斯塔（Annette Obrestad）在19歲生日的前一天創造歷史，成為世界撲克大賽（World Series of Poker）最年輕的優勝者[2]。這位年輕的挪威人在歐洲出賽，把100萬英鎊的獎金帶回家。以她的年紀，還要再等兩年才能在拉斯維加斯合法賭博。她打敗362位參賽者，每人都支付了1萬英鎊才能參加比賽。儘管撲克牌或許是一種依賴運氣的遊戲，但是奧伯瑞斯塔的勝利卻絕非僥倖，她早就已經是線上撲克界舉足輕重的玩家。讀高中時，她打撲克牌贏來的錢就超過母親全職工作的薪水[3]。在參加世界撲克大賽前幾個月，她與179位玩家參加了一個線上比賽。為了好玩，她決定在電腦螢幕上面貼一條膠帶[4]，防止自己看到牌，想看看自己能在比賽中走得多遠。她贏了。

奧伯瑞斯塔在電視上看保齡球比賽時，看到線上撲克牌網站的廣告，所以開始玩牌[5]。她小時候很喜歡跟父親玩牌，所以覺得線上撲克牌應該也會很好玩。但當時她只有15歲，年紀太小，不能用現金賭博，於是她加入線上代幣遊戲。讓她驚訝的是，她發現自己在這方面很有天分。「我就是對這個遊戲有點興趣，」後來她回憶道，「就是開始做某件事，突然發現自己真的很厲害，別人很爛？我玩撲克牌的經驗就是這樣。」在一場線上代幣錦標賽當中，奧伯瑞斯塔贏到9美元，從這個不起眼的起點開始，她手中的資金穩定成長。儘管奧伯瑞斯塔從來沒有投入自己的資金，現在她卻開始與其他使用現金的玩家競爭，並獲得勝利。接下來四年，她在線上贏得幾十萬美元。等她到可以合法在賭場賭博的年齡，她就開始參加現場比賽。

在撲克牌職涯尾聲時，光是現場比賽，奧伯瑞斯塔就贏得超過390萬美元[6]。

奧伯瑞斯塔代表新一代的撲克牌玩家。與趾高氣昂的賭徒在煙霧繚繞的賭場裡大筆下注的刻板印象不同，新一代玩家在家裡用電腦就能精熟撲克牌技巧。要了解奧伯瑞斯塔和像她一樣的玩家如何在短時間內變得如此優秀，就必須看看撲克牌遊戲是如何與時俱進的。

撲克牌簡史

早期，擅長打撲克牌的意思是指擅長作弊。賭博河船（gambling riverboats）載著玩家和他們的錢沿著密西西比河航行，把這種遊戲傳播到美國南方各地。從這個時期開始，就出現喬治·戴沃爾（George Devol）這樣的人，他在自傳《密西西比河賭徒四十年紀實》（*Forty Years a Gambler on the Mississippi*）中大肆吹噓自己的騙術功績[7]。一個常用的手法是使用一副做記號的撲克牌，牌的背面有不明顯的汙點，讓不擇手段的玩家知道誰手上的牌比較好。戴沃爾吹噓他抓到另一位以同樣手法對付他的玩家，並扭轉局勢，騙過那位作弊的玩家。

戴沃爾的書中還描寫另一段經歷。戴沃爾身為精明撲克牌玩家的名聲吸引投資人注意，對方希望預付4000美元給戴沃爾，以分享戴沃爾贏到的錢。戴沃爾立刻把錢全都輸給一位同謀者，這樣他就能帶著大部分的資金脫身，不用還錢給資助人。撲克玩家暨作家馬頓·馬格雅（Màrton Magyar）寫道：

「大家都認為[8]，如果你在密西西比河的蒸汽船上坐下來玩撲克牌，基本上就是要別人騙你。」

儘管撲克牌遊戲的起源不怎麼光彩，但仍被認為是一項講究技巧的遊戲，而不只是狡詐的象徵。美國小說家馬克・吐溫（Mark Twain）是撲克牌遊戲的忠實粉絲，他曾經寫道：「在我們的國家，很少有什麼像撲克牌遊戲那樣受到輕忽，實在不可饒恕[9]。」但這樣的輕忽沒有持續太久。美國第三十二任總統羅斯福（Franklin Delano Roosevelt）在白宮的四屆任期內經常玩梭哈撲克[10]；第三十四任總統德懷特・艾森豪（Dwight Eisenhower）則自認是撲克玩家；第三十七任總統理察・尼克森（Richard Nixon）甚至拿玩撲克牌贏來的賭金資助早期國會競選活動的部分經費[11]。玩撲克牌讓玩家不僅能評估勝率，還能評估對手。專業賭徒、撲克牌策略熱門書籍作者道爾・布朗森（Doyle Brunson）寫道：「撲克牌是人與人之間的遊戲。玩撲克牌遊戲時，一個人內心的真正感受會顯露出來[12]。」在書中，布朗森把以機率為基礎的詳盡策略推理與一些幻想的觀點混合在一起，例如他相信第六感，以及他認為直覺比理性的分析更重要。布朗森的著作描繪當時大眾對撲克牌抱持的普遍看法：精明的撲克牌打法主要與心理學有關，而不是機率問題，而這個觀念一直留存到今日。

撲克牌的下一場革命發生在2003年，克里斯・莫尼梅克（Chris Moneymaker，Moneymaker直譯是「金錢創造者」，這真的是他的本名）在線上錦標賽贏得39美元[13]，取得世界撲克牌大賽的參賽資格。之後，這位全職會計師暨業餘玩家打敗839

位參賽者（參賽者要支付1萬美元報名費），贏得250萬美元大獎。莫尼梅克意外打敗資深老手，讓大家對線上撲克牌的關注度突然大增。在「莫尼梅克效應」下，線上撲克牌網站的數量激增，吸引數以萬計的新玩家。

在電腦上玩撲克牌跟在賭場玩牌大不相同，最明顯的一點就是線上遊戲幾乎沒有空間可以進行心理分析，你看到的對手就只是個暱稱，也就是說，仔細觀察對手是否虛張聲勢變得不再那麼重要，對牌局的基本分析才是重點。另一個沒那麼明顯的改變是，線上撲克牌遊戲大幅加速玩家在遊戲裡累積經驗的速度。職業撲克玩家丹尼爾・內格里諾（Daniel Negreanu）解釋：「以前在拉斯維加斯，要是看到玩家下的賭注不高，就會覺得對方的技術應該不是很好。」他指出新玩家「之所以能快速累積經驗，是因為在線上可以同時參與好幾桌賭局，有些玩家甚至可以同時進行12場遊戲」。他補充說：「像布朗森[14]，現在已經84歲了，還是幾乎天天都在玩撲克牌，玩了五、六十年，但他打的牌還沒有那些23歲的孩子多。」

或許比大量經驗更重要的是，線上玩牌可以獲得增強回饋（enhanced feedback）。老玩家多半得靠記憶來回想關鍵牌局的玩法，但線上牌局讓玩家可以用硬碟取代脆弱的人類記憶，記錄下過去的牌局和經常對戰的對手。奧伯瑞斯塔是在莫尼梅克時代初期開始撲克牌之旅，這讓她能利用早期的機會獲得經驗和意見回饋，這是普通玩家和大多數賭場職業選手難以想像的方式。

不確定情境下的學習法

要理解精熟撲克牌這類遊戲有多難，可以將撲克牌與另一種知名的智力遊戲西洋棋進行比較。西洋棋的遊戲過程完全可以預測，只要走相同的棋步，結果每次都會相同。相較之下，撲克牌是一種機率遊戲，就算被發到兩張A（德州撲克最好的起手牌），輸給隨機牌的機率還是六分之一。在這樣的隨機性之下，要從自己的錯誤中學習就變得困難許多。落敗到底是因為運氣不好，還是技巧差？克服隨機性的方法就是獲得更多經驗，玩得夠多就能消除運氣的影響。許多早期玩家對機率一無所知，很可能只是反覆玩牌，練習直覺。多次看到同樣的牌型，你對牌型的平均判斷就會逐漸接近它真正的價值。不過，撲克牌的牌型有很多可能性，這種學習撲克牌技能的方法顯然有明顯的缺點。

幸好有另外一種作法：利用機率理論算出正確的行動，而忽略實際的結果。如今，所有有志於撲克牌的玩家都已迅速精通基本的數學，他們會計算補牌數，也就是需要多少張牌才能完成手上的牌型，並計算可以打敗手中牌型的牌型數量。計算賠率，玩家可以知道每筆投注的價值。如果投注的賠率高於下注的勝率，那麼這筆下注就有價值；反之，則這筆投注只是在虛張聲勢而已。撲克牌也許是隨機的遊戲，但由於撲克牌遊戲依循機率法則，所以比起光憑直覺做決策，計算是更好的策略。

不過，撲克牌遊戲之所以困難，運氣不是唯一因素。再次拿撲克牌與西洋棋比較，撲克牌是一種隱藏資訊的遊戲。西洋棋手永遠不用擔心對手會把皇后藏在袖子裡，突然使出一記殺著。相形之下，撲克牌玩家在下注之前很少能確定對方手上有什麼牌，這代表最佳策略不只要看你的牌型對抗隨機挑選的牌型時有多少勝率，還取決於你認為對手可能擁有的牌型勝率為何，以及對手如何評估你的牌型。撲克牌因而成為一種校準遊戲。如果你只在一手好牌時下注，對手很快就會發現你的玩牌風格，每次你大筆加碼時對方就會棄牌；反之，如果你經常虛張聲勢，對手也會發現，開始更頻繁的跟注。你要小心調整玩牌策略，避免對手利用你的玩牌風格取勝。

透過線上撲克，玩家更容易應對撲克牌遊戲的隨機性，也更容易制定或調整玩牌策略。老派的賭場玩家可能會記下幾個關鍵牌局方便之後分析，新一代玩家卻可以下載玩過的每一場牌局，並使用軟體進行分析。這種作法不僅能幫助玩家找出計算機率時犯下的錯誤，還能讓玩家發現自己玩牌風格中可能會被其他玩家利用的規律。

分析工具的興起已經開始推動撲克牌遊戲的下一波演化。玩家正在應用愈來愈複雜的賽局理論（Game Theory）計算：這是一門專門研究在不完全訊息條件下做出戰略決策的數學分支。這些「賽局理論最佳策略」試圖找到虛張聲勢與下注之間的精準平衡，確保在任何牌型組合當中，對手都無法發現你的玩法模式。現在有許多玩家會試圖隨機選擇，例如望向手錶上的秒針，秒針指向偶數就選擇一種玩法，指向奇數就選擇另一種玩法，藉此逃避布朗森這種老手的讀心能力。麻省理工學院甚至在史隆管理學院開設撲克牌理論課程，展現校方對現代遊戲複雜數學性的欣賞。無論撲克牌遊戲會朝什麼新方向發展，可以肯定的是，由於玩家會發展更精密複雜的理論，並透過愈來愈詳細的回饋來提升他們的遊戲水準，撲克牌遊戲將會一直進化。

何時該相信直覺？

撲克牌遊戲顯示玩家在不確定情境下學習的困難。玩家會利用機率理論與增強回饋來調整決策，遠超過只憑第一手經驗所能達到的效果。但在無法運用強大的理論或糾錯回饋的情況下該怎麼辦？專家該如何培養有用的直覺？答案令人詫異，在很多情況下，專家可能根本無法培養專家直覺。

1954年，心理學家保羅‧米爾（Paul Meehl）寫了一本薄薄的小書，叫做《臨床預測與統計預測：證據理論分析與檢討》（*Clinical versus Statistical Prediction: A Theoretical Analysis and Review of the Evidence*）。他想要比較兩種決策模式。第一種模式他稱之為「臨床」模式，是指醫師、諮商師、老師或假釋委員會法官在審查個案、並對個人未來做出預測時會出現的主觀感受；第二種模式他稱之為「統計法」或「精算法」，這種模式是運用簡單的公式，蒐集患者的基本資料並計算出一個答案。儘管無數的專家抱怨說，他們的專業意見永遠無法被機械化的公式取代，但米爾發現，統計方法往往優於臨床判斷，而且這些公式不需要特別複雜就能打敗直覺判斷。某次實驗，社會學家恩奈斯特‧伯格斯（Ernest Burgess）研究3000名罪犯的假釋決策[15]，藉此預測再犯率。伯格斯列出每位罪犯的21項基本資料（例如年齡、前科、犯罪性質等），然後簡單的將有利假釋的資料加起來，再減掉不利的資料。伯格斯把這個未加權的總和與三位精神科醫師的專家意見相互比較，結果如何？伯格斯的簡單計算在預測成功率方面稍微不如精神科醫師，但在預測失敗率方面卻遠勝過他們。這樣的比較甚至有點不公平，因為每一個個案都採用精算的計分，而精神科醫師在一些比較複雜的個案上卻沒有給出意見。簡單來說，在專家直覺與簡單計算的正面對決中，計算贏了。

米爾的著作出版之際，直接探討直覺判斷與統計計算相對效能（relative efficacy）的研究報告其實不到二十幾份，因此米爾不確定長期來看哪一種方法會勝出。也許在某些領域，主觀能戰勝冷冰冰的數字計算？在書中，米爾贊同臨床醫師具有潛在優勢：

舉例來說，假設……我們試著預測[16]某位教授會不會在某個晚上去看電影。根據（假設計算），我們算出他去附近電影院看電影的機率為0.90，而且會是星期五晚上。然而，除了前述事實之外，臨床醫師還知道A教授前陣子摔斷了腿，光這件事就足以把0.90的機率變成幾乎為零。

摔斷腿的狀況很少發生，不過一旦發生，就是很重要的資訊。米爾推測，這類線索可能會讓臨床醫師享有明確的優勢，因為這類線索不會出現在統計當中，如果知道線索，臨床醫師就能夠做出更好的判斷。即使當時已有20多項研究傾向支持精算方法,但米爾希望能找到臨床判斷適用的領域。

可惜,米爾審慎樂觀的看法並未得到證實。接下來幾十年累積了一百多項研究,證明在不確定情況下的各種決策當中,簡單的公式計算優於直覺判斷。四十年後,米爾寫道:「隨著累積的證據超過第一批的研究對照,很明顯的,想要進行一項研究,以證明非正式的臨床判斷會比公式表現更好,幾乎是不可能的事。」他還表示:「在大約五分之二的研究中[17],(臨床與精算)方法的準確度差不多;但在大約五分之三的研究中,精算法明顯更好。」有趣的是,增加與患者的訪談時間,這種豐富的敘事資訊無法簡單的納入方程式,但實際上卻會讓臨床醫師的表現**變差**。有鑑於這些始終悲觀的研究結果,米爾建議在許多專業領域,應該要用簡單的規則與模型取代直覺判斷。例如精神科的診斷應該要基於症狀查核表,而不是依賴諮商心理師的直覺判斷。在統計計算確實勝過直覺的領域,這種方法可以改進決策的準確性。在臨床醫師與統計計算表現相當的領域,使用模型可以省下大量成本,因為現況通常需要高薪專家進行冗長的討論,而簡單模型只需要輸入少量資料到試算表,就能有效計算。米爾研究的臨床醫師跟技能高超的撲克牌玩家恰好形成鮮明的對比。在深度學習與超級電腦推動的演算法帶來最新的進展之前,撲克牌玩家甚至能勝過精密複雜的撲克牌遊戲軟體。

為什麼臨床醫師的表現比簡單的計算還要差?有個假設是,直覺的運作方式與精算師使用的加權總和作法類似,只是直覺的精準度較差。從這個說法來看，負責做出假釋決策的精神科醫師也是無意識的權衡來自不同條件的證據，只是沒有計算公式那麼精確，然後遇到了困難。為了驗證這個假設，研究人員艾瑞克・強森（Eric Johnson）檢視院方人員[18]決定哪些研究生能參與住院醫師培訓計畫時的談話紀錄，同時要求院方人員即時說出他們的想法。強森評論說：「這些審查人員沒有遵循僵化或公式化的方式審查，而似乎是以一種完全不同的方式來使用資訊。」審查人員似乎利用非常特定的資訊，而這些資訊不太可能頻繁的出現，在統計法當中沒有代表性。用米爾的例子來說，就好像直覺型專家會四處尋找摔斷腿的情況，而忽略更日常的考量因素，例如教授通常會在星期五看電影。

要了解透過建構故事來運作的直覺為什麼會失靈，可以參考由心理學家康納曼和阿莫斯・特莫斯基（Amos Tversky）提出的一則知名的直覺失敗故事[19]。首先，讀一小段琳達的資訊：

琳達31歲，單身、直率，非常開朗。她主修哲學。學生時期極為關心歧視、社會正義等議題，還參加反核示威遊行。

現在請問下面哪種描述比較可能為真：

1. 琳達是銀行出納員。
2. 琳達是銀行出納員，並積極參與女性主義運動。

許多人認為第二種描述更有可能，但嚴格來說，第二種描述的可能性其實比較低。積極參與女性主義運動的銀行出納員是銀行出納員的子集。你可以想成有個文氏圖（Venn Diagram），其中一個集合完全包含另一個集合，因此從邏輯上來看，第一種描述的可能性必須大於或等於第二句話。儘管如此，我們的直覺往往會給出相反的答案，因為描述琳達的文字讓她好像更像是會積極參與女性主義運動的銀行出納員。主觀的判斷往往不如統計計算，因為我們的直覺很會說故事，會根據過去的經驗編造出生動的畫面，但卻無法彙整普通的資訊，即使這些訊息更有預測性。

專家直覺：是技能還是傲慢？

第四章，我們探討過專業的驚人力量，它會讓知識變得隱形，看起來不需要經過太多思考就能做出良好的決策。但現在我們思考的情況是：專業知識只比簡單的計算好一點。到底是怎麼回事？所謂的專業到底是真是假？所謂的快速判斷，到底是可靠又準確，還是過度自信的大話？

克萊恩和康納曼合著的〈專家直覺的條件〉（*Conditions for Intuitive Expertise: A Failure to Disagree*）論文就提過這類問題。克萊恩的研究在第四章已經討論過，他研究的對象是火災現場的消防員，發現消防員經常要迅速做出一連串決策，而且這些決策的正確性極高。相較之下，康納曼的研究生涯都在研究直覺判斷以及直覺判斷為何經常失敗。儘管雙方的研究計畫使他們站在專家直覺爭論的兩端，但兩位研究者也發現，他們對於真正的專長需要什麼條件才能發展，基本上看法一致：

直覺判斷（辨認）必須滿足兩個條件才能成為真正的技能[20]：第一，環境必須提供充分的線索，以反應情況的本質。第二，人們必須有機會學習相關的線索。

如果預測的力量來自於結合許多不同的弱線索，那麼專家判斷往往不如統計法。克萊恩與康納曼寫道：「如果有簡單又有效的線索存在，只要人們獲得充分的經驗以及快速的意見回饋，他們就能找到這些線索。統計分析更有機會識別出有效性較差的線索，而預測演算法會持續使用這些弱線索，來維持高於隨機水準的準確性。」換句話說，做決策時，只要環境具備穩定且高度可預測的特徵，那麼專家直覺往往會有良好表現；反之，當做出正確決策需要持續累積關聯性較弱的特徵時，那麼簡單的規則往往會有比較好的表現。

當然，專業知識不僅局限於直覺判斷。撲克牌玩家參加數萬場牌局之後，會發展出一種識別過去經驗模式的直覺決策方式。不過優秀的玩家也懂數學，賠率不佳時，他們也會推翻迷人的直覺。認識直覺會在哪裡受到限制，對想要在競爭當中脫穎而出的真正專家來說會是一大優勢，因為他可以在合理的情況下適當的依賴資料。如今，銀行放款不是仰賴放款方的直覺，而是根據精算公式放貸，這讓銀行業變得更好。使用精算公式並沒有減少對放款人員的需求，卻能減少銀行政策裡潛在的偏見與錯誤。

優秀預測者 VS. 糟糕預測者

儘管撲克牌的不確定性高於西洋棋,但仍然具備許多克萊恩和康納曼主張的特徵,使撲克牌遊戲成為一個對學習者友善的環境。線索高度有效、意見回饋立即,還有強大的數學理論可以用來解釋結果。大多數我們想要精熟的技能沒有如此有利的條件。我們多數人的處境與米爾的研究更接近,也就是畢生的經驗會帶來大量的信心,卻缺乏良好的預測能力。在這樣的對比之下,或許值得提出的問題是:我們的實務練習是否能更接近撲克牌遊戲,而不像是米爾研究裡的專業人士?

預測重要政治事件未來的發展,是在極複雜的學習環境中進行的任務。政治事件起因複雜,沒有單一的起因或因素可以解釋發生了什麼。歷史不會重演,我們沒有機會多次經歷相同的情況,從自身的錯誤中學習。微小的改變可以放大成巨大的影響。誰能預測到,突尼西亞水果小販的抗議行動會引發阿拉伯之春?或是中國武漢的疫情爆發,會導致美國高中生一年後要在家中考試?儘管困難重重,預測還是極為重要。政治人物、商界領袖、股票投資人和評論家,全都需要能更清楚的洞察未來。

政治判斷既重要、又困難,專家的表現如何?這是心理學家菲利普・泰特洛克(Philip Tetlock)在為期10年的專家政治判斷力計畫中提出的問題[21]。他邀請各種專家參與研究,請他們評估各種(尚未發生的)事件的發生機率,例如南非種族隔離制度瓦解、蘇聯解體,或是魁北克省是否會脫離加拿大等。

專家的表現的確比隨機猜測好[22]，但差距微乎其微。儘管專業為他們帶來極大的信心，但這種自信卻沒有轉化為更準確的預測。泰特洛克寫道：「預測者自認的表現與他們實際上的表現，兩者之間存在著一種奇怪的反比[23]。」與其他針對不確定情況下專家表現的研究一致，專家的表現優於新手（大幅超越加州大學柏克萊分校心理系學生），但與簡單的趨勢外推模型相比卻明顯落後。在泰特洛克的研究中，專家的表現甚至還不如那些回答自己專業領域之外問題的非專業人士。

雖然典型的專家表現並沒有比隨機猜測好多少，但是泰特洛克能夠識別出一部分預測者，他們在預測時表現出驚人的準確性。特別是，優秀的預測者與糟糕的預測者之間的主要區別就在於他們是否能整合多個相互矛盾的觀點。糟糕的預測者傾向將每一種情況都納入一個整體的世界觀。這種自信與一致性可能有助於寫出觀點有力的文章，或是能被廣泛引用的學術論文，但在應對現實世界的複雜性時卻往往表現不佳。相較之下，優秀的預測者往往更像是美國前總統哈利・杜魯門（Harry Truman）抱怨的專家，他曾說自己厭倦「一方面經濟學者」[24]，他們總是說：「嗯，一方面……。」這種模稜兩可的態度也許令人討厭，但卻能使預測者衡量多種不同觀點，做出更準確的預測。雖然知識上的信心也許能吸引追隨者，但似乎只有知識上的謙遜更有助於對未來事件的準確判斷。

以專家政治判斷的研究為基礎，泰特洛克想了解是否能辨識並培養出優秀的預測者。泰特洛克的超級預測團隊參加美國情報高級研究專案機構（Intelligence Advanced Research Projects

Activity，簡稱 IARPA）大規模資助的一場預測比賽，這項比賽的目標是找出改進美國情報圈政治預測的更好方法。比賽中，泰特洛克的超級預測團隊以 60％ 至 78％ 的優勢成功擊敗控制組[25]，預測能力甚至超越可獲取機密資料的團隊。泰特洛克在研究中總結出一些能讓團隊做出有用預測的策略：

1. 將大判斷拆解成小判斷：直覺往往會透過將問題替換成一個聽起來類似但更容易回答的問題來發揮作用，但優秀的預測者卻會將問題拆解成更小的問題，來抵抗這種誘惑[26]。當被要求預測是否會在巴勒斯坦政治人物阿拉法特（Yasser Arafat）遺體內偵測到放射性毒物時，缺乏經驗的預測者可能會以對阿拉法特是否遭以色列間諜毒死的看法來取代原本的問題。然而，聰明的預測者會先將這個問題拆解成幾個部分：毒物是怎麼衰變的？多年後毒物被偵測出來的機率有多大？在遺體內找到毒物的可能方法有哪些？將複雜的問題分解成許多小問題，優秀的預測者就能抵抗將問題替換成「感覺不錯」的問題的誘惑。

2. 利用基準率：簡單的計算公式比人類直覺判斷好的主要原因是，人們過度重視生動的資訊，相對忽略普通的線索。泰特洛克的超級預測團隊透過明確計算出類似事件的整體發生機率有多少來對抗這樣的傾向。例如軍事政變成功的機率有多高？納斯達克指數（NASDAQ）一年後收盤上漲的機率是多少？與常見的同類型事件比較，就能確保我們的答案一開始就落在大致正確的區間，接著再進行細部的調整。

3. 成立討論小組，針對分歧的意見進行建設性的交流：泰特洛克發現，預測小組[27]的表現會比單獨的預測者好。特別是當小組成員可以辯論並分享資訊時，就能匯集更多觀點，減少快速從單一觀點妄下結論的情形。

4. 記分與校準：用精確的機率預測很不自然。即使是經常做預測的專家，也很少會在預測未來事件時附加上機率。泰特洛克做了一個說明比較：「想像這樣的世界，大家都喜愛跑步，卻不知道一般人跑多快，也不知道頂尖選手跑多快，因為跑者從來沒有在基本的比賽規則上取得共識，例如要在跑道上跑、鳴槍後開始比賽，在規定距離之後結束比賽。更糟糕的是，沒有獨立的賽事工作人員和計時人員記錄結果。在這樣的世界裡，提升跑步成績的機率有多高[28]？不太可能。」只有擺脫典型聲明中含糊的字眼，預測者才能獲得寶貴的意見回饋，並調整未來的決策。

泰特洛克的超級預測團隊不是先知。即使是優秀的預測者也無法預測10年後的事[29]。世界可能太難預測，因此就算有增強回饋與嚴格的方法來避開過度自信的直覺，學習仍然無法發生。但泰特洛克的實驗認為，我們也許能在某種程度上馴服學習環境中的許多複雜性，讓我們能發展出真正、但可能並不完美的專業知識。

不確定情境下的學習策略

第一手經驗不見得會帶來真正的專業能力。即使是撲克牌遊戲這種相對適合學習的環境，如果沒有適當的訓練，良好的了解機率以及調整過的意見回饋，也可能導致迷信和錯誤的判斷。在不明確的領域中，有可能會造成慘重的後果。儘管所謂的專家擁有幾十年的實務經驗，他們的表現仍然有可能無法勝過簡單的統計方法。然而，泰特洛克的預測實驗證明，情況並非毫無希望，只要採用正確的作法，就能做出更好的思考與決定。讓我們來看看四種能幫助我們在不確定的情境下學得更好的策略。

策略1：使用模型

要避開直覺判斷的弱點，最明顯的策略就是不要使用直覺。當你能直接計算手上牌型的勝率，並將其與玩家下注籌碼總數所需的下注賠率比較，就沒必要憑感覺來判斷賭注是否合適。同樣的，在許多專業領域中，如果我們能夠以基於統計的模型來取代直覺猜測，我們的專業能力可能會因此提升。模型不必複雜。計算支持或反對某項決策的因素並不困難，但往往能勝過主觀的判斷。把資訊輸入試算表就能得到加權總和，快速找到最好的數據。

即使不將模型當成最後的決策依據，模型仍然能夠成為進一步分析的良好起點。如前文所述，人類的直覺通常會緊抓環境中少見的特性，卻往往無法有效整合大量的弱預測資訊。因此，基於統計的模型能提供你一個良好的判斷起點，如果你認為自己握有其他的相關資訊，還可以修正模型提供的初始資訊。

策略2：提升回饋的品質

結果回饋（outcome feedback）*通常不足以培養出準確的直覺。區分賠率55％的賭注對你是否有利，可能需要經過幾百場牌局才能清楚的確定最佳策略是什麼。然而，這樣些微的優勢並非無關緊要，這可能成為長期區分贏家與輸家的關鍵。同樣的，在許多職業當中，結果回饋也往往不完整。招聘經理會因為找到優秀的人才稱讚自己，但這些經理又有多常反思自己在平庸的面試當中錯失的人才？研究顯示，單純提供結果回饋[30]不足以提高預測者的表現。在一項實驗中，人們在獲得更多經驗之後，甚至表現得更差。

為求進步，我們必須提升意見回饋的品質。首先，從記錄我們的決策開始，這樣一來，我們不可靠的記憶就無法扭曲實際發生的情況。接著，要校正我們的信心。泰特洛克的預測者不僅會評估他們決策方向的正確性（即他們認為會發生的事情是否確實經常發生？），也會評估他們的自信心是否合理（例如他們認為發生機率99％的事，是否真的99％時間都會發生？）無論是預測患者的預後情況、未來的銷售情況還是全球事件，獲取回饋以進行調整非常重要，因為過度自信會導致未來出現錯誤時，決策沒有任何犯錯的空間。

---

* 指提供有關行為或表現的結果，關注的是所取得的成就，而不是過程如何

策略 3：打造智囊團

人多智廣。加入可以友善討論的團體，對於提高決策的品質有兩大明顯的好處。第一個好處是可以匯整更多資訊。英國科學家法蘭西斯・高爾頓（Francis Galton）首次證明[31]這個效應的力量。當時他在市集上觀察到，有個猜謎遊戲是在估算一頭閹牛的重量。沒有人準確猜中正確答案，但將他們猜測的重量加總平均之後，得到的數字接近實際重量。與其他人討論可以讓你將一開始做決定時沒有考量到的資訊匯整起來。第二個優勢是，討論會讓你的思考更清晰。社會學家丹・斯波伯（Dan Sperber）和雨果・梅西耶（Hugo Mercier）認為，人類的推理行動與其說是為了找出答案的個人能力，不如說是為自己的行動和信念所進行的一場社會行動[32]。在某項有趣的實驗中，心理學家大衛・莫希曼（David Moshman）和莫莉・蓋爾（Molly Geil）請受試者[33]進行第六章討論過的華生四卡任務。受限於任務的難度，實驗當中只有9%受試者正確回答問題。然而，當受試者被允許一起討論問題之後，情況有所改變，成功率躍升至75%。如果討論只是一種平均的過程，就像高爾頓看到的猜閹牛重量的遊戲，那麼討論過後，最常被選中的錯誤答案往往會勝出。分組討論問題的話，即使找出正確解答的人是少數派，通常也能說服其他人。有趣的是，在莫希曼和蓋爾的實驗中，儘管一開始沒有個別成員提出正確答案，但某些小組最後仍然得出了正確解答。正如作者所說：「（這些）結果顯示，個人在獨自思考時無法理解的事，卻能在集體討論之後開始理解。」

與其他人討論不保證能得到正確答案，意識型態、團體迷思、主導性強的小組成員都有可能會阻礙討論，但討論後得出正確答案的機率還是比獨自一人思考來得高。與同儕組成團體，從不同的角度一起探討複雜的難題，就更可能體現出泰特洛克所說的，成功的預測者必須具備靈活、多視角的思考方式，而這種思考方式是做出準確判斷的關鍵。

策略 4：知道何時該相信直覺

從直覺研究中學到最寶貴的一課，也許就是能劃分出哪些情況可以靠直覺成功，哪些情況下使用直覺可能會過度自信。當可辨別的線索能可靠的預測事件，而且執行者能從快速的意見回饋當中學習時，直覺最能發揮作用。但當這些有利條件都不存在時，我們就必須更加審慎行事。真正的專業能力必須超越直覺判斷，更依賴基於歷史數據的簡單計算和明確推理，這種推理能避免直覺經常將複雜問題轉成簡單問題的誤導性技巧。

經驗與實務

在調整自己的判斷時，意見回饋會發揮一定的作用，不過在許多應對快速變化環境的能力上，意見回饋扮演的角色更重要。我們與環境的互動，不論是物理環境還是社會環境，是確保我們練習的技能能直接應用於實際狀況的關鍵步驟。

第十章

練習必須貼近現實

我們透過成為律師、士兵與商人來學習如何行事。教導我們行為規範的是人生,不是牧師。[1]

──美國大法官小奧利佛‧溫德爾‧霍姆斯(Oliver Wendell Holmes Jr.)

- 實戰練習有多重要?
- 為什麼課堂技能往往無法轉換成現實生活中的熟練能力?
- 如何才能接觸到可以實際使用某項技能的情境?

1977年3月27日傍晚，特內里費島（island of Tenerife）的洛斯羅迪歐機場（Los Rodeos Airport），霧氣從周圍的丘陵大量湧入。荷蘭機長雅各・維德夫贊・范・贊頓（Jacob Veldhuyzen van Zanten）急著重新起飛。他在洛斯羅迪歐機場的停留並非預定行程。飛航原定的目的地是大加納利島（Gran Canaria），這是加納利群島的一部分，位於摩洛哥海岸附近，屬於西班牙領土。加納利群島分離主義者在大加納利機場引爆炸彈，迫使所有飛機轉往鄰近的特內里費島。經過幾小時等待，大加納利機場重新開放，維德夫贊把飛機開往跑道，準備起飛並繼續原定行程。

即使副機長提醒他還沒收到飛行許可，機長仍推進油門桿。「還沒，我知道，」機長煩躁的回答。霧氣隨時可能變濃，要是能見度掉到起飛標準之下，就可能使維德夫贊、機組員、235名乘客被困在特內里費島一整夜。「繼續問看看[2]，」維德夫贊命令道。副機長用無線電告訴塔台他們「準備起飛」。塔台回應：「好的……待命起飛，我會通知你們。」就在此時，使用同一個無線電頻率的泛美航空1736號班機回應塔台：「不……呃，我們還在跑道上滑行。」由於訊號干擾，荷蘭班機的駕駛艙只聽見塔台說「好的」，隨後是一陣干擾聲。急躁的維德夫贊誤以為已經獲得許可，繼續沿著跑道加速前進，等他看見那架正在滑行的波音747時，速度已經快到停不下來。他用力拉升操縱桿，想讓飛機往上升空，但機尾已刮擦過跑道。他最後一秒的操控仍不足以避免悲劇。兩架飛機相撞，導致583人喪生。至今這仍然是史上最嚴重的航空事故。

特內里費島的災難是一場悲劇,但要從中吸取教訓,我們必須先思考一個不同的問題:為什麼搭乘飛機通常如此安全?與飛機有關的慘重事故[3]會引起我們注意,部分原因是飛行已經成為日常生活的一部分。每行駛1英里,開車、坐公車或搭火車受傷的風險都遠高於飛行。但飛行並不是一直都那麼安全。早期的飛行員飛行時都要面臨極大的風險。我們今日乘坐飛機的安全,主要歸功於飛行員的專業訓練,以及那位開創飛行訓練方法的先驅。

教會全世界駕駛飛機的人

不論好壞,許多新科技都是在戰場上第一次展露價值。馬鐙的發明[4]改變歐洲社會,讓貴族騎士因此能宰制農夫步兵。火藥大砲[5]讓鄂圖曼人攻陷君士坦丁堡,最後一任羅馬皇帝的統治也就此告終,當時正值凱撒大帝逝世1500年。飛機也不例外。飛機發明的那一刻起,一場新的軍備競賽就此展開,爭奪未來誰能主宰天空。世人無需久等就能看見這項新科技發揮作用。在萊特兄弟的傳奇飛行僅僅10年之後,歐洲大戰便爆發了。

英國長期仰賴強大的海軍來保護海岸並控制海外殖民地,然而在爭奪制空權的戰鬥中[6],他們頹勢已現。部分原因來自於技術。安東尼・福克(Anthony Fokker)的E單翼(Eindecker)戰鬥機問世之後,德國取得了優勢。這款飛機搭載創新的同步射擊系統,飛行員發射機槍時,子彈會直接從旋轉中的螺旋槳葉片之間穿過。早期人們曾試圖把槍枝安裝在機翼上[7],

但準度非常低,而為了避免螺旋槳被彈雨射中而設置的裝甲鋼板,反而讓飛行員暴露在子彈反彈的風險當中。同步射擊系統這項新發明使飛機不僅能作為偵查工具,還能成為獨立的武器。空中纏鬥成為奪取制空權的必要手段,但英國在這方面的表現遠遠落後。到了1916年,英國皇家飛行隊有超過三分之一[8]的飛行員陣亡,在英國所有部隊當中傷亡率最高。

技術優越只是德國的部分優勢,導致英國屈居劣勢的更大原因在於差勁的訓練。和平時期制定的訓練課程強調飛機的機械操作、構造和飛行理論。相形之下,實際的飛行經驗卻往往嚴重不足。教官會帶著學員試飛,示範飛機的操控方式。如果飛機沒有第二張座椅,學員常常不得不在示範過程中緊抓機翼桁架[9]。理論上,當教官認為學員已經做好準備,就會和學員交換位置,讓學員坐上飛行員的座位。但實際上,許多教官因為害怕墜機,不願意讓學員駕駛飛機。結果是許多被派往前線的飛行員從未駕駛過他們被認證可以操作的飛機。光是1916年4月,皇家飛行隊的指揮官修·特倫查德(Hugh Trenchard)就寫了6封信[10]給空軍部和陸軍部,抱怨訓練品質太差。1916年初,另一位軍官寫道,這星期已經有三位飛行員報到,這些飛行員「從未駕駛過[11]這個國家任何一款飛機」。很多新招募的飛行員在他們第一次飛行中喪生。

羅伯特·史密斯-貝瑞(Robert Smith-Barry)少校嚴厲批評這種情況。1914年他墜機倖存[12],斷了兩條腿,終生跛行。他為訓練不足的飛行員發聲。他在1916年寫道:「長官,他們只有7個小時的飛行經驗,這根本就是該死的謀殺。他們才剛剛學會飛行[13]，更別說打仗了。」史密斯－貝瑞寫了一堆信件給特倫查德，抱怨說以目前的訓練方法，新兵只不過是「福克砲灰」[14]。特倫查德不耐煩的回覆說：「別再寫抱怨信來煩我們[15]，如果你認為自己可以做得更好，就去做吧。」並讓史密斯－貝瑞在戈斯波特航空訓練中心負責訓練。

史密斯－貝瑞重新設計訓練課程。他引進的雙重控制系統讓學員可以駕駛飛機，還有備用操控系統，讓教官在緊急狀況時使用。教官不會只在理想的條件下訓練，而是會故意讓飛機旋轉或俯衝，強迫學員讓飛機恢復平穩的飛行狀態。在飛行中，教官和學員可以透過「戈斯波特管」（Gosport tube）──這是一條連接學員耳機的軟管，另一端與綁在教官嘴上的漏斗狀話筒相連。這樣一來教官就能在震耳欲聾的飛機噪音下提供指導。史密斯－貝瑞還修改課程，減少理論課，增加飛行時間。他認為學員應該「永遠坐在飛行員的位置上」[16]。學習駕駛飛機最好的方法就是親自駕駛飛機，而史密斯－貝瑞找到安全傳授這項技能的教學法。

史密斯－貝瑞的改革大獲成功。在戈斯波特訓練方式出現之前[17]，幾乎10次訓練中會有一次以墜機收場。史密斯－貝瑞把這個比例降至3％左右，同時還增加訓練中教授給學員的飛行動作難度。增強的訓練提高飛行員的存活率。1918年進攻態勢升高，讓機隊規模成長354％，但傷亡人數只增加65％[18]。就算英國將攻勢推進到德國領土，戰鬥飛行仍變得更安全。而且即使事故真的發生，情況也沒那麼嚴重。根據歷史學家羅伯特・莫利（Robert Morley）的紀錄，在史密斯－貝瑞改革訓練前,「絕大多數墜機事故都很致命,而且多半是飛行員嚴重的失誤導致。」相較之下,改革訓練之後的事故「幾乎全都發生在著陸時[19],而且通常不會致命。很多時候事故甚至不會嚴重到毀掉飛機。」

戰後,史密斯－貝瑞對飛行員訓練所做的改革,被英語系國家廣泛採用。莫利寫道:「直到今日,雙重控制系統[20]以及學員第一的觀念,仍舊是民間與軍方訓練飛行員的基礎原則。」儘管特倫查德一開始對史密斯－貝瑞感到厭煩,後來還是認可史密斯－貝瑞對飛行員訓練的貢獻,說他是「教會全世界空軍如何飛行的人[21]」。

特內里費島事故的省思

隨著飛機工程與飛行員訓練持續改進,噴射客機已經成為最安全的交通方式之一。然而,正如飛行員暨教育工作者提摩西‧馬文(Timothy Mavin)和教授派翠克‧莫瑞(Patrick Murray)寫道,這些進步也意味著「原始的飛行技術[22]已經不是航空事故的重要原因」。發生事故時,維德夫贊是荷蘭皇家航空(KLM)的首席飛行教練,飛行時數超過1萬1000小時。災難發生後,荷航的高階主管甚至建議[23]將調查任務交給維德夫贊,卻沒意識到他駕駛的班機正是導致碰撞的原因。*

---

* 特內里費島空難的消息傳出之後,荷航嘗試找維德夫贊領導調查,結果才發現他捲入事故,並且在空難中喪生。

特內里費島事故讓飛行員訓練的思維出現轉變。飛行訓練除了強調飛行員個人的飛行技能之外，還開始注重飛行時的人際互動。調查員將該起事故歸咎於溝通失敗。荷蘭副機長的「準備起飛」和塔台回覆的「好的」都不是標準回答，而且意思模稜兩可，導致雙方發生誤解。泛美航空的班機沒有從指定的出口離開跑道，導致塔台混淆兩架班機的位置。最重要的一點要歸咎於維德夫贊的災難性決定：在沒有確認起飛許可的狀況下擅自起飛。雖然這位荷蘭機長向來與機組人員相處融洽，但他在公司裡的權威，很可能使副機長無法堅持自己的懷疑，確認他們是否真的可以起飛。事故之後，飛行員訓練強調標準化的溝通規範，確保沒有任何誤解空間，同時更進行人際溝通訓練，鼓勵低階飛行員在察覺風險時堅持說出想法。

從史密斯－貝瑞的經驗看來，飛行技巧只能在駕駛艙裡學習，而不是在教室裡，主要原因是飛行技能是動態的：飛行過程中，飛行員與飛機之間持續對話，這種對話不能在孤立的情況下有效練習。同時，特內里費島的災難也顯示忽略這種關鍵互動所帶來的危險。駕駛飛機不只是人與機器之間的對話，更是飛行員與周遭社會環境之間的對話。從維德夫贊的案例來看，一個人就算高度熟悉飛機的操作方式，卻仍然會有盲點。

實戰練習有多重要？

實戰練習可能是學習動態技能時的必要條件，但並不容易實現。在史密斯－貝瑞改革之前，飛行教官也許有疏忽，但他們的反應也並非不合理。把飛機操控桿交給墜機機率高達十分之一的學員，教官一定會感到不安。此外，成本問題也不能忽視。大量的課堂教學也許訓練不出嫻熟的飛行員，但確實能有效節省稀少的飛機資源。這個問題不只局限於航空領域，醫師也面臨相同的困境。缺乏合格醫事人員的主因是教學醫院住院醫師的名額不足[24]，而不是課堂講座座位不夠。許多國家重視流利的英語能力，卻很難有機會接觸到英語母語人士。結果是對學步幼兒來說很有用的沉浸式教學策略，對許多語言學習者來說卻不實際。由於實戰練習通常危險、昂貴或稀少，許多研究人員致力於探索何時才有需要採用這種練習方式。在航空訓練上，飛行模擬器已經成為備受關注的研究方向。

飛行模擬器發明於飛機開發不久之後。安托瓦內特（Antoinette）訓練器[25]是早期的一款模型，把一個桶子縱向鋸成兩半，讓學員坐進去之後，教官會搖動訓練器模擬飛行，並讓學員透過連接到滑輪上的控制裝置來做出反應。不過要到1929年，愛德華・林克（Edward Link）開發林克訓練機[26]，飛行模擬器這門產業才開始起飛。林克很在意飛行教學的成本，所以他利用父親工廠裡的壓縮空氣和風箱來開發模擬器。林克一開始將這款裝置當做投幣式玩具銷售，直到美國軍方意識到它在訓練飛行員方面的潛力[27]，開始大量買進，模擬器才成為一門大生意。如今，飛行模擬器已經成為價值數十億美元的產業，有逼真的電腦繪圖、仿製的駕駛艙和動作控制鈕。

飛行模擬器有多實用？各種研究的結論一致。在學習飛行的早期階段，模擬器的效果往往優於實體飛機[28]，而且在飛行員累積一些經驗之後，模擬器仍然有一定的幫助，但效果漸漸比實際飛行少。然而，由於模擬器的成本通常只有實體飛機的5％至20％，所以就算效率降低也還是符合成本效益。不過根據某些研究，待在模擬器裡的時間最後會變得有害，因為學員會開始仰賴一些實體飛機沒有的模擬器性能。心理學家史丹利‧羅斯科（Stanley Roscoe）專門研究飛行模擬器在航空訓練上的應用，他假設進一步的模擬器訓練帶來的效益會呈現為一個下滑曲線。1971年，他評論模擬器的使用狀況時如此寫道：「第一個小時的地面訓練[29]可以節省超過一小時的單飛前訓練。不過到了地面訓練的第十五個小時，就沒有這樣的效益了。」

儘管對具體數字仍有疑慮，但後續研究仍證實他所提出的整體趨勢。1990年，約翰‧賈克伯（John Jacobs）、凱洛琳‧普林斯（Carolyn Prince）、羅伯特‧海斯（Robert Hays）與愛德華多‧薩拉斯（Eduardo Salas）進行統合分析後發現，超過90％的研究認為模擬器加飛機的訓練勝過單純的飛機訓練[30]。同樣的，1998年，湯瑪斯‧賈瑞塔（Thomas Carretta）和羅諾‧鄧拉（Ronald Dunlap）在評論文章中表示，模擬器訓練的確有幫助，但在25次模擬飛行之後好處會逐漸減少[31]。2005年，伊薩‧蘭塔寧（Esa Rantanen）和唐諾‧塔悠爾（Donald Talleur）在分析中也發現類似的效用曲線[32]：頭幾個小時模擬器的效益超越實機訓練，之後效益降低（但還是有幫助）；最後與實機訓練相比，模擬器訓練變得毫無幫助。

為什麼模擬練習可能比實際飛行有用？一開始實際飛行會讓人感到不知所措、壓力很大。模擬器透過簡化操作程序，讓人更容易了解基本的飛行原理。研究人員威廉・莫隆尼（William Moroney）和布萊恩・莫隆尼（Brian Moroney）寫道：「儘管強調飛行模擬器高度擬真[33]和『逼真』，但**模擬器並非完全真實**。從某方面來說，缺乏真實性反而能增加模擬器的有效性。」簡化程序對新手有益的證據來自1990年一項針對飛行模擬器著陸程序訓練進行的研究：一組人員在有側風的狀況下接受訓練[34]，另一組沒有。儘管測試時出現側風，但沒有接受側風訓練的人員實際上表現得更好。側風造成的失真似乎讓人更難了解操控裝置如何影響飛機的運作。

逼真度的類型也很重要。新手飛行員往往希望訓練與空中的實際體驗相符，但研究發現，飛行模擬器與實體飛機在功能上的對應關係更重要。威廉・莫隆尼和布萊恩・莫隆尼寫道：「精確複製控制鈕[35]、螢幕顯示系統、環境變數，是基於一種未經證實的信念：模擬訓練愈逼真，就能更好的將模擬訓練成果轉移到實體飛機的操作上。」但與其追求感官的真實性，真正重要的是在模擬器中用於決策的資訊與採取的行動，應該要與實際飛行時一致。

但正如前文所述，駕駛飛機不只是操縱控制鈕，周遭的社會環境也不容忽視。模擬飛機的物理性質很難，但模擬職場文化更是幾乎不可能。標準作業流程可以傳授，但實際的運用得從實際操作中自然而然發展出來。要嫻熟專精技能，就必須在一個既促進學習又限制機會的社會環境中摸索。

情境認知與學習文化

當航空業開始意識到更廣泛的互動對駕駛技術的重要性時，一些心理學家也開始質疑他們的學科與日常生活的思維脫節。烏里克・奈瑟（Ulric Neisser）的著作《認知心理學》（Cognitive Psychology）預示了思維科學帶來的變革，後來奈瑟又寫了《認知與現實》（Cognition and Reality），抨擊新興心理學當中的許多基本理念。他特別擔心在脫離現實環境的實驗室中進行的問題解決與條列式學習研究，可能會忽略真實思考的本質。情境認知的思潮興起，不僅著眼於個體的思考模式，還關注這種思維如何受到周遭物理環境與社會環境的限制與推動。

學習接住飛來的棒球是情境認知中一個簡單易懂的例子。球的實際軌跡很難計算，必須了解微分方程式，將重力、風向甚至棒球的旋轉都列入考量。精確計算球落地的位置超出多數人的認知能力。那我們該如何打棒球呢？答案是我們可以利用捷徑。只要追著棒球跑，並與飛行的球之間保持固定的角度，就能趕上棒球落地的位置而不需要懂得微積分。想要成功接球，就需要你與環境之間建立一個持續的回饋循環，不斷即時調整。想成為未來的物理學家，可以在教室裡練習計算球的軌跡，但外野手卻沒辦法這樣做。

情境認知論的支持者認為，這種交叉互動，也就是思考需要來自外界的持續回饋，不只限於接球與駕駛飛機。汽車維修人員會發動引擎聆聽奇怪的聲音；企業家會在擴大生產之前先製作測試產品；廚師會先試吃醬汁，再決定要不要加入更多香料，這些都是臨場應變的過程。從這個觀點來看，如果不考慮維修人員、企業家或主廚身處的環境，就無法理解他們所掌握的知識。他們腦中的知識可能比較像外野手的技巧，而不是物理學家的軌跡計算：比較仰賴與外部世界的互動，而非明確的理論。

臨場應變的過程會延伸到我們與他人的互動當中。當保險理賠專員[36]要判定某件棘手的案件是否應該理賠時，會諮詢同事的意見，久而久之，這些對話就會成為團隊如何應用協議的集體共識。當新專員加入團隊時，她不僅要適應標準作業流程，還要適應資深同事對標準作業流程的詮釋。這樣的流程會發生在各行各業，從科學家在研究結果被確立為事實前要先接受同儕審核，到律師協商模糊術語的定義，例如哪些行為標準符合「理性人」(reasonable person)[37]。＊這些知識通常會內嵌在其產生的語境當中，因此很難獨立將它提取出來。

合法邊緣參與理論

人類學家珍‧拉夫（Jean Lave）與學生愛丁納‧溫格（Etienne Wenger）合作，提出合法邊緣參與理論（Legitimate Peripheral Participation）[38]，用以說明人們在實踐社群（commu-

---

＊ 法律所擬制的、具有正常精神狀態、普通知識與經驗及審慎處事能力的想像中的人。

nity of practice）[*]中逐漸適應文化的過程。拉夫以西非裁縫師為對象進行田野調查，發現學徒很少透過師傅的指示來學習。相反的，他們會逐步接觸實際的裁縫工作，「幾乎毫無例外[39]的成為熟練、而且受人敬重的裁縫大師。」

合法性與透明度是這個過程的核心。合法性指的是認可，也就是是否可以接受社群成員從局外人變得可以完全參與。例如，一位沒有資格認證的研究助理與博士生在實驗室裡做的工作也許十分類似，但只有博士生被視為走在成為科學家的合法道路上。同樣的，在法院眼中，任何法律知識都無法彌補沒有法律學位的缺憾。然而，專業證照只不過是合法性的其中一種展現。如果公司的非正式政策是只有內部人員能獲得晉升，就是在暗示其他通往管理階層路徑的合法性值得懷疑。

透明度是指觀察以及了解社群中文化實踐的能力。在一個案例中，拉夫和溫格記錄了雜貨店的學徒切肉員被安排在包裝區，更有經驗的切肉員則在超市裡的另一區工作。一位學徒切肉員說：「我很怕去後面的房間[40]，我在那裡覺得很不自在。我很久沒去那裡，因為我不知道在那裡要做什麼。」由於無法直接觀察實作過程，學徒只能接受正規的指導，但正規教學通常強調的是工作上很少用到的技能。

拉夫和溫格認為，不能把學習的過程完全視為在我們腦袋裡發生的事。相反的，學習是一個群體活動，包含新成員的文

---

* 由一群人組成，他們對自己所做的事情有著共同的關注與熱情，並在定期互動中學習如何做得更好。

化適應,以及團體內部與外界互動之後持續改進的實務作法。在這樣的思考下,他們認為學徒制比無所不包的學校教育更適合學習實務工作。

非正式文化的缺點

我們很容易將「邊做邊學」理想化,然而從實做中學習其實跟課堂上脫離現實的練習一樣,問題很多。正如前文所說,專家通常是糟糕的老師,他們無法清楚說明自己技能背後的原理是什麼。就算能解釋,也往往沒有時間教學。大公司的實習生通常會被當成廉價勞工使喚,而不是提供機會讓他們慢慢融入工作。社群地位較高的群體,舊成員可能會對新成員設下障礙,以限制競爭,並維繫舊成員的聲望。他們也傾向提高價格,限制人們取得該行業提供的專業服務。根據經濟學家莫里斯・克雷納(Morris Kleiner)和艾夫根尼・沃洛特尼科夫(Evgeny Vorotnikov)估算,專業執照對美國經濟造成嚴重的負擔[41],每年成本大約1830億至1970億美元(約合新台幣5兆9000億至6兆3400億元)。1906年愛爾蘭劇作家蕭伯納(George Bernard Shaw)在《醫生的兩難》(*The Doctor's Dilemma*)劇中就做出諷刺的評論:「所有職業都在陰謀對抗門外漢[42]。」

從群體互動當中產生的非正式文化不見得都是良性的。霸凌、騷擾與相互合作和支持一樣都有可能發生。鬆散的溝通規範與階級制的駕駛艙文化,導致維德夫贊在特內里費島做出災難性的決定。想要進步必須更加仰賴正規的飛行員訓練,而不只是殷殷期盼航空文化會自我修正。

不過儘管有這些擔憂，但很明顯的，不論我們是想進入某個領域的新手，還是想讓這些實務造福社會的領導人或教育者，我們都不能忽視社會背景的重要性。身為新手，我們不僅要留意想學習的技能，也要關注能為我們提供練習機會的社會環境。身為教育工作者和雇主，我們也必須了解正式的課程與標準作業流程必須與最終執行工作的人協商、調整，才能成為真正的實務流程。

現實世界的學習心得

情境學習強調實戰練習的重要性。教室裡的課程與模擬練習一開始也許不可或缺，但最後所有技能都必須應用到現實世界才能持續發展。在探索哪些社會與實質阻礙會妨礙練習時，可以將以下心得列入考量。

心得1：釐清現實

合法性限制了參與實務的可能途徑。在某些情況下，這些限制顯而易見，例如當醫師要先取得學位，一名軍官成為上將之前必須先晉升為少校。但在其他情況下，完全參與的方式卻並不清楚。喬治城大學哲學教授傑森‧布倫南（Jason Brennan）在《能夠到手，就會是好工作》（*Good Work If You Can Get It*）中，審視學術圈成功人士的資料後發現，選擇學習地點時，學術排名幾乎勝過其他所有因素：

想在學術圈成功[43]，請盡量選擇最好的研究所課程，以及有最佳工作安排的地方。不論你適不適合、研究興趣是否與教授一致、研究生獎學金有多少，或是大學地點在哪裡，學術排名比其他因素都重要。

布倫南建議，不要過度專注於教學：「花最多時間『把教學做到完美』的研究生[44]往往會被淘汰，最後也不會成為老師。這種情況也許不合理，但實際情形就是如此。」他還強調擁有聲譽卓著的導師十分重要。「一個基本準則是：導師拿不到的工作你也拿不到[45]。如果你的導師拿不到普林斯頓大學的職位，你也拿不到。」

布倫南的建議適用於學術圈，但類似的故事也可以用來描述進入任何一種精英職業的過程。表演、創業、新聞業、音樂界和高階管理，成功之路都意外的狹窄。想成為少數的成功人士，就必須做好功課，釐清所屬領域的實際運作方式。你聽到的情況也許自己不見得喜歡，但你無法繞過自己看不到的障礙。

心得 2：區分技能和訊號

真正的實務機會通常很稀少，人們自然會想將機會保留給最優秀的求職者。但如果獲得工作的技能不是執行工作的所需技能，就會產生矛盾。教育領域的信號理論（Signaling Theory）認為，許多內容廣泛、價格昂貴的學校教育並不是為了培養實用的職場技能或是更有責任感的公民，而是做為一種篩選機制，將有限的好職缺與在職訓練的機會保留給最優秀的求職者。

美國經濟學家布萊恩・卡普蘭（Bryan Caplan）在著作《反對教育的理由》（The Case Against Education）中，積極為信號理論辯護。卡普蘭認為，與人力資本理論（認為學校教導實用的技能與知識，使我們更具生產力）與能力偏差理論（主張聰明人會上學，就算他們從大學輟學，也仍然會是高收入者）相比，經濟數據更支持信號理論。卡普蘭的依據是文憑效應（Sheepskin effect），也就是應屆畢業生每多讀一年，所獲得的回報就會明顯增加。如果我們相信人力資本理論，那麼我們應該期望學生會隨著就學時間增加而逐漸變得更有生產力（並賺到更高的薪資）。相反的，如果我們認為學校教育主要是在展現智力、工作態度或社會服從性，那麼大學教育的主要價值就會展現在取得文憑這件事上。另一個證據來自普通教育發展證書（General Education Development diploma），擁有這種證書的學生，學術技能應該跟高中畢業生一樣，但普通教育發展證書的附加價值卻遠低於高中文憑[46]。

有些活動毫無用處卻能證明能力，但這算是極端狀況。實際上，大多數可以提升技能的機會既能讓你學到東西，又能讓別人看見你的能力。拿到新技術證照的程式設計師，可能與非正式學習這項技術的人學到一樣多的東西，但只有程式設計師能把證照放進履歷裡。同樣的，帶領團隊在重要專案上獲得成功的經理，可能在領導力方面學到一些實用的想法，但最後是否能晉升，取決於他的成就是否能被看到。信號理論意味著，做得好還不夠，你必須設法把自己做得好的地方展現出來。

心得 3：學習口頭傳承的知識

第四章我們討論如何透過口頭傳承知識，也就是社群擁有的非正規知識來執行技能。口頭傳承知識還有另一種功能，就是提供特定群體成員身分的訊號。被譽為藥理學之父的伯納德·布羅迪（Bernard Brodie）提到他在神經傳導物質這個新興的研究領域當中，如何判斷哪些研究值得關注。布羅迪回想：「當實驗做得不錯時[47]，我們會正確發音 serotonin 這個字。要是聽到這個字發音的重音位置不對，我就知道實驗做得不好，我會待在家。」

教育理論家赫希（E. D. Hirsch）認為，學校的主要功能之一就是讓學生掌握社會的傳統知識[48]。《紐約時報》（*New York Times*）、《大西洋》（*Atlantic*）等知識性刊物會假設讀者具有某種程度的文化知識。這樣的背景知識會讓刊物與這些受過教育的讀者之間溝通更加順暢，因為它們會假設讀者們知道《解放奴隸宣言》是什麼，或為什麼《大憲章》非常重要。如果沒有這些知識，非正式的討論往往會變得難以理解。然而，口頭傳承的知識不純粹是通識教育的特徵，因為每個領域都會發展出獨特的行業術語，藉此提高對話效率。

在面對書面文本時，應對新術語的簡單方法就是慢慢閱讀，查詢每個不確定的單字或片語。這種作法一開始可能會很費力，但最終會讓你掌握足夠的基本概念，流利的閱讀新資料。在與人交往的場合中，詢問有關單字意思的蠢問題一開始可能會讓你覺得不好意思，但這樣的短期代價有其必要，只有如此，才能更好的理解內容。

將理論結合生活經驗很重要,但光這樣仍無法精熟技能。想要進步,還必須修正自己的錯誤行為與見解。下一章,我們會討論意見回饋的重要性。意見回饋不僅有利於學習新事物,也有助於改掉壞習慣和錯誤的想法。

第十一章
進步不是直線前進

智慧不在於知道更多新知識,而在於知道較少的錯誤知識。[1]
——美國幽默作家亨利・威勒・蕭(*Henry Wheeler Shaw*)

- 我們何時需要先變差,然後再變得更好?
- 反學習的風險是什麼?
- 為什麼沒有糾錯回饋就會停止進步?

很少有運動員像老虎伍茲（Tiger Woods）稱霸高爾夫球壇一般，在所屬的領域稱霸。老虎伍茲10個月大就從高腳餐椅上爬下來[2]，拿著塑膠球桿，模仿父親的高爾夫揮桿動作。2歲時，他在全國電視台首次登場[3]，在《麥克道格拉斯秀》（*The Mike Douglas Show*）的節目上面對一臉懷疑的觀眾揮桿擊球。15歲時，他成為全美青少年業餘賽最年輕的冠軍，之後還連續三度奪冠。他從史丹佛大學輟學，轉為職業選手，接著以破紀錄的12桿勝差贏得美國名人賽。但在老虎伍茲快速崛起之後，他做了一件沒人預料到的事：他決定徹底改變揮桿方式。

伍茲以長距離與強勁的擊球聞名，揮鞭似的動作[4]，讓他擊出的高爾夫球時速高達200英里（約320公里）。為了產生這麼強大的力量，他臀部轉動的速度非常快，以至於手臂有時無法跟上。延遲的動作使伍茲的桿面朝外，如果不修正，球會被打到右邊，偏離球道。伍茲的動作直覺讓他能在揮桿過程中修正這個偏差：每當手臂「卡住」時，他會稍微扭轉雙手來轉動桿面，進而準確擊球。但這樣的臨機應變得依賴他的運氣和精準度。他分析自己在名人賽破紀錄的表現時說：「我是因為抓住完美的時機才能獲勝[5]。如果不是這樣，我根本就沒機會。」如果改變揮桿方式，伍茲就不只有運動天才的稱號，還有更穩定的執行力，至少理論上是如此。

然而，改變揮桿方式並非沒有風險。其他高爾夫球選手在嘗試改變揮桿方式之後，職業生涯就此報銷。大衛・高塞特（David Gossett）曾經被視為高爾夫球神童，19歲時贏得美國業餘錦標賽。成為職業選手之後，高塞特自認為揮桿動作不夠好，但拙劣的改變卻毀了他的職業生涯。後來他告訴記者:「追求完美無瑕的揮桿動作很不實際。」奇普・貝克（Chip Beck）贏過4次美國PGA錦標賽，但他覺得需要調整動作來把球打得更高。幾年後，貝克放棄高爾夫球，改當保險業務員。大衛・杜瓦（David Duval）、伊恩・貝克－芬奇（Ian Baker-Finch）、塞維・巴勒斯特羅（Seve Ballesteros）都覺得自己需要改變揮桿動作，後來三人都退出職業賽場。體育記者史考特・伊登（Scott Eden）寫道，「長久以來，高爾夫球傳統觀念中深植的一個信念是，每個人都有一種『天生』或『自然』的揮桿動作」，而「改變天生的揮桿動作，就是在竄改你的靈魂」。伍茲不是因為面對激烈的競爭，才考慮做出如此激進的改變，因此大家都認為他很瘋狂。一位評論家說，這就好像麥可・喬丹（Michael Jordan）只是為了好玩就決定改用左手投籃[6]。

儘管有風險，但伍茲卻不想妥協。他沒有採用揮桿教練布奇・哈蒙（Butch Harmon）的建議，逐步調整揮桿動作，而是想一次修正到位。哈蒙告誡他說:「要做出這樣的修正並打算繼續比賽，對你來說並不容易[7]。」伍茲回答:「我不在乎。」他想成為史上最優秀的高爾夫球選手；如果這代表要從頭開始，那就這樣吧。經過18個月的磨練[8]，以及因為不熟悉的揮桿動作導致表現不佳的賽季之後，伍茲終於找到了揮桿節奏。隔年伍茲取得了8場賽事的勝利，這是自1974年以來從未有人達成過的壯舉。接下來幾年，他成為史上完成生涯大滿貫最年輕的高球選手，贏遍所有主要賽事，坐穩球壇第一寶座。

自從與哈蒙合作、締造黃金時期以來，伍茲至少對他的揮桿方式做了3次重大調整。有些評論家認為，頻繁的改變使伍茲錯失巔峰時期的寶貴幾年，使他無法超越傑克‧尼克勞斯（Jack Nicklaus）奪下18場主要賽事勝利的生涯紀錄（伍茲是15場）。另一個觀點則認為，伍茲改變揮桿方式幫助他延長職業生涯。他十幾歲時採用輕盈、螺旋式的揮桿動作，對肌肉發達的30歲男性來說行不通。加上膝傷與背傷逐漸惡化，使得他必須做出重大調整。但不論你認為伍茲的改變是有利發展還是造成阻礙，是病態的完美主義還是懷抱勇於冒險的信心，沒有人能質疑伍茲做為史上最偉大高爾夫球選手的輝煌紀錄。

反學習：先退步，再進步

很少有人像老虎伍茲那樣承受著眾人密切關注和表現壓力，但在人生中，我們常常會面臨必須先退步、再進步的狀況。例如換一份財務穩定的工作，代價可能是得從底層開始努力。尋找一段令人滿意的關係，就代表要結束一段走到盡頭的感情。為了應對新對手的競爭，必須先逐步縮小舊業務的規模。許多時候，想要攀上新的高峰，就必須先從現在的位置往下走，並面臨可能再也無法谷底翻身的風險。

反學習（Unlearning）*的困難在運動技能當中尤其明顯。1967年，心理學家保羅‧費茲（Paul Fitts）與麥可‧波斯納（Michael Posner）提出一個頗具影響力的理論[9]，解釋我們如何

---

* 指先把打散僵化的知識，然後丟棄不必要的東西，再重組知識。

學習運動技能。他們認為學習分為3個階段：

1. **認知階段**：在這個階段，執行者會設法了解任務需求，以及如何執行技能。執行者通常會有意識且刻意的控制動作，試圖找出正確的技巧。
2. **聯結階段**：對技能有基本了解之後，執行者會嘗試不同作法。這個階段會逐一排除重大錯誤，動作技能的表現也會變得更流暢。
3. **自動階段**：最後，避開所有錯誤，技能執行起來愈來愈不費力。此時甚至會遺忘第一階段的詳盡指示。技能可能變得像反射動作一般，不需要有意識的控制。

對高爾夫球新手來說，揮桿動作仍處於認知階段，優秀的教練會指導她完成相似的動作。在這個階段，新手可能會專注於思考揮桿動作的詳細規則，例如擊球之後不要太快抬頭，或是確保上桿時充分旋轉身體。新手在不同狀況下練習之後，就會進入聯結階段，會根據不同的狀況調整動作，知道如何揮動木桿和鐵桿，也懂得如何在球道和長草區調整力道、準確擊球。反覆練習這些動作之後，就會忘記揮桿動作的細節。但如果新手又繼續關注肢體動作的細節，就會無法自然流暢的揮桿。要達到最佳表現，反而要將注意力向外聚焦在動作的目標上 [10]，而不是執行過程的機械式動作。

費茲和波斯納提出的理論，有助於我們了解伍茲改變揮桿方式所涉及的風險。做出重大調整，代表他必須回到學習技能的認知階段。伍茲如果想成功，就必須進到聯結階段，在各種不同的比賽條件下避開錯誤，並反覆練習，讓新動作變得自動化，避免在比賽的壓力下不由自主的出現舊的揮桿動作。

技能學習階段也表明，重大改變為何往往有其必要。我們無法以機器般的精準度反覆做出技能高超的動作[11]，如果可以的話，就沒有所謂的運動表現。風向、草皮或地面硬度都會使高爾夫球選手的動作改變，讓他們無法穩定的擊球。所有技能都必須有一定的靈活度，如此一來執行者才能因應情況來調整。但這樣的靈活度並非毫無限制。一個人能將單指打字的打字方式從大鍵盤轉換到小鍵盤，但這種打字法不管再怎麼練習，都沒辦法成為盲打高手。要找到新的方法執行技能，不僅要調整原本的運動程序，而是要從頭開始打造新的程序。

舊知識是否會干擾新想法？

運動技能並不是唯一會受到先前能力干擾的領域。亞伯拉罕・盧欽斯（Abraham Luchins）研究過去解決問題的成功經驗[12]會如何阻礙未來的表現。盧欽斯詢問受試者，如何只用幾個特定容量的水瓶來裝滿一桶水。例如，請受試者用一個容量29公升的水瓶和一個3公升的水瓶，裝滿20公升的水。答案是先裝滿29公升的水，再倒出3公升的水3次。盧欽斯就這類難題設計出一連串題目，這些題目都可以透過重複採用相同的模式來解決：倒進第二個水瓶（B）的水，然後倒出第一個水瓶（A）、和兩次第三個水瓶（C）的水。多次重複這個模式之後，他給受試者一道難題，可以用受試者學過的複雜模式來解答（也就是B–A–2C），也可以用簡單的解法來答題（A–C）。一開始的實驗當中，沒有一位受試者留意到更簡單的解法，盧欽斯把人們這種傾向採用相同解決模式的現象稱為定勢效應（Einstellung），也就是「使生物傾向於某種特定類型的運動或意識行為」的心態。

固守舊有的思考習慣並不限於解題步驟而已。完形心理學者卡爾・鄧克（Karl Duncker）創造「**功能固著**」（functional fixedness）一詞[13]，用來描述一旦人們認定某事物的功能或作用之後，就會忽視這些東西的其他功能。在一次著名的實驗中（圖11），鄧克請受試者把蠟燭固定到牆上。第一種情況是，受試者會拿到盒子、蠟燭和圖釘；第二種情況是受試者會拿到盒子、蠟燭和圖釘，但這次盒子裡裝滿圖釘。在第一種情況下，所有受試者都順利想出辦法，把盒子用圖釘固定在牆上，盒子的作用類似小平台，可以支撐蠟燭。但在盒子一開始就裝滿圖釘的第二種情況下，只有不到一半的受試者想到解決方法。將盒子看成容器，而不是潛在的平台，會強烈影響到受試者理解問題的方式。

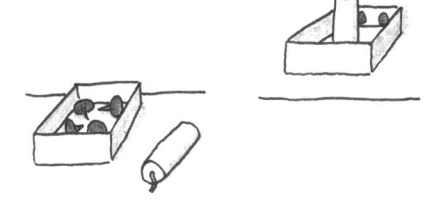

圖11
受試者拿到圖釘和蠟燭，目標是把蠟燭固定在壁上。如果把圖釘放在盒子裡，比較少受試者會考慮把盒子當成平台來解決問題。

在教育過程中,擺脫對問題錯誤的思考方式是一個關鍵問題。學習經濟學、物理學、心理學等科目,會讓學生接觸到與面對日常問題時完全不同的思考方式。然而根據研究,許多學生無法成功的將在教室裡學到的推理能力,應用到日常生活的問題中[14]。物理系學生會像牛頓那樣計算力與動量,但出了教室卻仍然像亞里斯多德那樣思考[15]。經濟系學生學習[16]促進福利的貿易理論,但是在評估公共政策時仍然像重商主義者那樣思考。正如第六章所述,儘管有大量的反對證據,但大家還是普遍相信「心智如肌肉」這個心理學觀點。

在某些情況下,人們需要忘記的可能是普遍的錯誤見解。例如人們認為每個人都有不同的學習風格[17](視覺型、聽覺型、動作型),而當教學方式符合他們的學習風格時,學習效果最好。這樣的觀點沒有太多證據支持,但仍然廣為流傳。在上述提到的情況中,人們不太可能自然得出這樣的學習風格理論。這個理論之所以廣為流傳,可能是直覺上看起來合理,而且很少有人熟悉反對這個理論的研究。

但在其他情況下,有些誤解可能更根深柢固,這些誤解可能反映出應對世界一種更基本、更直覺的方式[18],這種方式是在沒有指導的狀況下發展起來的,因此更難改變。衝力學說(Impetus Theory)並不是很好的物理學理論,但仍然可以做為我們在日常生活中預測物體運動方式的實用工具。未來的物理學家不會完全用正規的科學系統取代原始的一般直覺,而是會同時學習更嚴謹的理論系統。最後,如果他們的夠專業,在遇到需要運用物理知識的問題時,就能成功抑制幼稚的直覺。然而通往專業的道路彎曲難行。在某次實驗中,研究人員展示一場模擬的「比賽」:兩顆球分別從不同軌道上滑落,兩條軌道的起點與終點高度相同,但軌道的起伏與形狀不同。在某次模擬中,其中一顆球爬坡時加快速度,趕上另一顆球。對物理學所知不多的學生通常會認為這個現象不合理。但令人沮喪的是,修過大學物理課程的學生卻通常認為這個現象合乎現實[19]!他們錯誤的引用力學能守恆定律(Conservation Mechanical Energy)來為這種運動辯護。儘管根據力學能守恆定律,兩顆球在達到最高點時要有相同的速度,但不需要同時在最高高度。物理學的新手可以運用在課堂所學的知識,但有時很難掌握確切的應用時機。就像非常熟練高爾夫球揮桿方式一樣,要改變我們花了一輩子培養出的直覺,需要付出相當大的努力。

一開始就根除惡習

應對「反學習」最簡單的方法是避免「反學習」。一開始就學習正確技巧,之後就不需要再回頭改變。早期獲得優秀的教練或老師指導,就能避免形成根深柢固的壞習慣。而且通常學會最佳方法之後,就不需要再重新訓練。

從兒童學習數學步驟(例如多位數減法)的過程,就能看出學習最佳方法的重要性。認知科學家約翰‧史立‧布朗(John Seely Brown)和庫特‧凡倫(Kurt VanLehn)發現,兒童學習多位數減法時犯的許多錯誤,與有缺陷的電腦程式類似[20]:兒童沒有充分了解多位數減法的運作方式,所以採用與正確方法不同的步驟。例如,減法題目中常見的錯誤算法是用較小的數字去減較大的數字。假如有學生在回答「22－14＝?」時使用這個錯誤算法,學生沒有遵循正確的步驟,從十位數借一來計算「12－4＝8」,而只是調換數字位置,把「4－2＝2」的答案放在個位數欄。如果使用錯誤的算法,做再多額外的練習可能也沒有幫助,因為不正確的解題方式可能會更加根深柢固。更好的方法是老師在學生犯錯時及時干預[21],解釋錯誤,並在正確的立足點上繼續練習。要避免一開始就養成壞習慣,糾錯回饋非常重要。

許多技能沒有所謂「正確」的程序,但有更好的程序。經驗豐富的老師可以引導學生採取更好的方法編寫程式碼、揮球棒或安排文章結構。如果多練習,最後這些技能就會變得自動化。但如果讓效用不佳的替代方法扎了根,之後可能就必須耗費大量心力忘記學習的內容。「反學習」通常耗時費力,所以最好一開始就採用正確的作法。

不過我們通常不太可能完全避免「反學習」。雖然使用正確的技巧來處理減法題目,只要按照教學指示就行了,但有許多技能卻不是從完美的基礎開始。以英語為母語的兒童在學習過去式時,都會經歷固定的程序[22]。起初,他們會使用從大人口中聽到的不規則動詞,例如:「I went there」(我去了那裡)、「I did it」(我做了這件事)。經過一段時間之後,兒童開始學到一個規則:許多動詞只要後面加上 ed 就會變成過去式。接著兒童會進入過度規則化的時期,就算碰到特例,兒童還是將動詞加上 ed,例如:「I goed there」。最後,兒童學到哪些動詞是不規則動詞（例如：go/went、do/did），並能正確使用不規則動詞和規則動詞的過去式結尾。這種轉變不是單向的過程，因為兒童一開始的語言表達會先變得不那麼符合文法規則，之後才逐漸改善。年幼的孩子也常常不容易接受糾正，許多父母在設法糾正幼兒發音時，都經歷過這類情況。

兒童會自動學習文法[23]，除非特殊狀況，否則不需要指導就能說得很好。他們需要的只是多加接觸以及與人互動的機會。在其他領域也會觀察到學習並非單向的過程。專門研究醫療認知的心理學者薇拉・帕泰爾（Vimla Patel）指出，醫學生的推理能力經常會經歷類似的變化。例如，剛開始學習的醫學生和醫學專家在思考患者碰到的問題時，通常不會做出太多解釋[24]；相較下，中等程度的學生會比初學者或經驗豐富的臨床醫師做出更多推論，挖掘出更多醫學資訊。這種現象被稱為中介效應（intermediate effect），原因是初學者知識有限，遇到問題時往往無法做出太深入的解釋。相反的，專家不做闡述是基於不同的理由：專家知道可能的答案，所以只關注與問題相關的重要資訊，忽略其他與問題無關的資訊。同樣的，發展心理學家羅伯特・西格勒（Robert Siegler）提出「適度經驗假說」（Moderate experience hypothesis）[25]，認為人們在某個領域擁有中等經驗時，會擁有最多樣化的策略（好壞皆有）。在這個階段，我們已經掌握足夠多的知識，能夠以各種方法處理問題，但知識又沒有多到能找出最佳方法來壓制其他替代方案。學習並非單向的過程，意味著通往精熟的道路並非總是一條直線，一路上必然會有起伏和與迂迴。

在其他情況下,「反學習」是必要的,因為一開始根本就沒有最好的方法。一批新博士生也許更有可能引領科學領域的變革,因為他們在思考舊問題時不會受困於僵化的思考方式。引領量子革命的物理學家馬克斯・普朗克(Max Planck)敏銳的指出:「科學是伴隨著一場又一場的葬禮而進步的。[26]」花了一輩子習慣某種特定思考方式的守舊派,就算看到壓倒性的證據,通常也很難轉換成新觀點。愛因斯坦曾激烈反對量子力學中的非確定特性[27],儘管他因為推動這些發現而獲得了諾貝爾獎。在職業生涯中要跟上新發展,通常需要做出令人感到不自在的調整。

面對錯誤的思維方式

我們該如何避免困在自己的模式裡?一種忘記舊有思維的方法是透過直接回饋來面對我們思考中的缺陷。艾瑞克森發展出刻意練習的理論[28]來解釋精英專家為何變得如此優秀。他認為,立即的意見回饋以及在教練指導下進行的練習是重要關鍵。根據他的理論,我們的技能停止進步[29]是因為要轉換到費茲和波斯納所說的自動處理模式。刻意練習當中的「刻意」是指,執行者必須回到認知階段,在這個階段,技能的各個層面會處於直接、有意識的監督之下。把這個費力的處理模式與環境的立即回饋加以整合,執行者就能有意識的進行調整。伍茲就完美的符合刻意練習模型。他不只努力不懈,還刻意改變自己的揮桿方式:伍茲徹底思考,並根據意見回饋進行有意識的調整。

　　意見回饋也可以用來解決學科（例如物理學）當中的錯誤見解。傳統教學的重點通常著重於在明確的題型當中熟練方程式。雖然要熟悉一門科目，這樣的訓練有其必要，但可能無法讓學生直接面對自己直覺概念上不足的地方。諾貝爾物理學獎得主卡爾・威曼（Carl Wieman）認為，我們應該在物理教學中引進更多動手操作的模擬實驗[30]，幫助學生在理想的實驗當中預測物體的運動，更清楚的理解物理過程如何運作。其他研究人員則是發現，比起傳統教學，互動式模擬實驗可以更有效的提升學生對概念性知識的掌握[31]。純粹依靠模擬實驗學習，不太可能讓學生對某個科目產生深入且有系統的理解。但是當模擬實驗與傳統練習方程式的學習方式結合時，一系列的衍生活動也許有助於彌補許多學生在課堂上學到的物理知識，與他們在日常生活中對物體運動的思考之間的脫節。

　　可惜的是，只透過直接的意見回饋指出習慣的策略中有哪些錯誤，可能還不足以解決問題。原因之一在於，除非新策略經過足夠的練習，否則執行新策略可能還是會過於耗費心力，難以跟舊模式競爭。這就是為什麼高爾夫球選手很難轉換到新揮桿方式的原因，他們在高壓之下，往往會回復成舊習慣。就算他們在某種程度上意識到自己的動作錯誤，但新的作法可能不會帶來更好的效果！同樣的，很多物理學新手[32]在課堂之外可能繼續運用直覺的推理模式，因為使用物理知識進行推理既費力又容易出錯；相較之下，直覺系統快速又簡單，即使這樣做不一定能得到正確答案。專家往往更依賴他們的訓練，不光是因為專家意識到不能那麼信任日常直覺，還因為他們已經經過充分訓練，所以執行起來不需要投入太多精力。如果想改掉糟糕的策略，我們不僅要先面對自己的錯誤，還要確保我們可以熟練的應用可行的替代方案。

反學習的策略

反學習並不容易，不僅需要投入心力練習新策略，讓新策略可以與舊習慣競爭，更必須暫時承受表現下滑所帶來的情感衝擊。儘管困難重重，我們通常還是會遇到必須反學習的情況。練習時，壞習慣可能早已扎根，需要加以修正；環境、產業或我們身體的變化可能需要我們採取與以往不同的方式行事。有時通往熟練的道路不是單向的道路，而是會出現轉折，因為我們從新手到精通的過程會經歷一個尷尬的轉變時期。以下是一些讓「反學習」更成功的策略。

▍策略1：採用新的限制條件

舊有的思維習慣會阻礙你的表現，即使你試著想去創新，卻還是會回到熟悉的模式當中。你可以改變任務的限制，確保無法以舊方式執行技能，以防止你回到熟悉的模式裡。有時，可以禁止採取某些行為來限制自己，例如寫文章時不用副詞，或試著不用任何顏色作畫。有時，限制可以是對行動的要求，例如使用小尺寸的球拍打網球，會讓你不得不以球拍中心擊球。好的練習有個特點，就是限制自己，如果沒有限制，解決方案的空間可能非常大,陳舊的想法可能會導致你無法搜尋到創新的選擇。

教練設計出來的限制條件可以糾正你動作當中的不良傾向。刻意指導你如何移動身體,能帶你重新回到學習的認知階段,但這可能會干擾你表現的流暢性。在高爾夫球界,「易普症」(yips)[33]是常見的現象,過度注意自己的動作反而會破壞揮桿。相形之下,好的限制能讓執行者擺脫不良習慣,不會將注意力放在不良習慣上。

策略 2:尋找教練

以自我指導的方式嘗試改進有一項缺點,那就是通常無法在執行技能的同時監測自己的表現。「感覺不等於真實」是改善高爾夫球動作時的一句經典格言,指運動員常常對於自己揮桿時的動作抱持著錯誤的見解。推桿手可能認為自己沒有用力握住球桿,但實際上卻是死命抓住球桿。高爾夫球選手開球時,可能認為自己已經完全轉動身體,但其實可能只將球桿揮到一半。這種扭曲的自我認知會讓你很難進步。

就算你聘請的教練和私人教師沒有你優秀,他們還是能帶來重大改變。老虎伍茲曾經與許多球技不如他的教練合作,因為教練可以觀察你在做什麼,而不需要實際把精力投入親自執行技能上,因此能對你的表現提出有價值的見解。

策略 3:不要打掉重練

最後,徹底改造已經學會的技能可能是例外,而非常態。

很少有高爾夫球選手能在頻繁修改基本動作之後仍然達到精英水準，伍茲能克服這些困難，不只證明了他的運動天賦，也是他卓越職業道德的展現。在大多數情況下，最好的作法可能是在我們已經建立的基礎上加強或修正，而不是打掉重練。無論是高爾夫球揮桿還是科學世界觀，最安全的選擇通常是平穩的改變：尋找兩座山之間的山脊，而不是魯莽的往下爬到山谷。就像忒修斯（Theseus）的船，逐一替換掉木板，直到最後原本船上的木板一片都不剩。一次調整一部分更容易徹底轉變觀念，而不是威脅要拆掉整個基礎。

　　反學習不只局限在智力以及運動能力。歸根究底，我們的情緒往往是改進時的最大障礙。恐懼和焦慮會阻礙我們學習。意見回饋的重要性不只是為了糾正錯誤的見解，還能用來檢驗我們內心的擔憂。

第十二章

接觸能減少恐懼

所有心理學理論都有一大弱點,它們全都假設人們面對威脅與壓力時容易顯得脆弱。這些理論是為比人類更膽怯的生物設計的。[1]
—— 心理學家史丹利・拉奇曼(*Stanley Rachman*)

- 為什麼我們為了避免焦慮採取的許多步驟,反而會讓我們更焦慮?
- 如何跨出舒適圈?
- 勇氣等於無畏?

第二次世界大戰爆發的前幾年，多國領袖認為不免要與德國一戰，於是開始正視一種新的潛在威脅：飛機很可能會在主要的人口密集區投下炸彈。第一次世界大戰的空襲不多[2]，整場戰爭期間，只有300公噸的炸彈投擲到倫敦。但在兩次大戰之間的幾十年，科技不斷進步，破壞規模前所未見。各國領袖預測德國可能會突然發動閃電戰[3]，在突襲後的24小時內投擲3500公噸的炸彈，並在接下來的幾週每天投擲數百公噸炸彈，預測傷亡人數將達數十萬人。短短幾週城市就會被摧毀。

除了物理上的破壞之外，政治人物、領袖、心理學家全都一致認為，大規模的恐慌無可避免。前英國首相史丹利・鮑德溫（Stanley Baldwin）在英國下議院演說時表達這樣的擔憂：「我認為街上的民眾[4]也要意識到，世界上沒有什麼力量可以保護自己不會被轟炸。不管別人怎麼說，轟炸機一定會突破防線。」溫斯頓・邱吉爾（Winston Churchill）在公開演說中預估，攻擊發生後，可能會有3、400萬人逃離都會區[5]，需要數萬名警力防止人群在不可避免的大規模撤離時相互踩踏[6]。一群倫敦精神科醫師準備了一份報告，認為心理受創的人數很可能是身體受傷人數的三倍。一位倫敦知名醫療診所主任的話最能傳達這份專家共識：「很明顯的[7]，一旦宣戰、尤其是在第一次空襲之後，必然就會湧現大量的精神官能症案例。」

然而戰爭爆發、炸彈落下時，實際上並沒有發生大規模的恐慌。心理學家拉奇曼寫道：「幾乎所有人都非常驚訝[8]，儘管攻擊帶來大量的死亡與破壞，但心理上的創傷卻不多。」一份報告指出，在一次猛烈轟炸之後住院的578位傷者，只有2位主要的問題在於心理症狀。在另一份報告中，1100位患者當中只有15位[9]出現明顯的心理症狀。大家以為會湧入一堆受到心理創傷的精神官能症患者，但實際上1940年被送進精神專科醫院的患者人數[10]比1938年還要少，1941年患者人數更進一步減少。心理學家艾文・詹尼斯（Irving Janis）寫道：「有一點很明確[11]，隨著空襲的持續，儘管轟炸變得更猛烈、更有破壞力，但恐懼反應明顯變少。」

對倫敦大轟炸期間日常生活的觀察進一步證明普通人的韌性。菲利浦・維儂（Philip Vernon）訪查戰爭期間從業的幾十位醫師和心理學家，他觀察到：「在戰爭初期，只要警報聲響起，就會讓大批民眾湧進避難所。」但隨著轟炸加劇，「倫敦人通常對警報聲變得麻木[12]，除非警報聲伴隨著飛機、槍砲或炸彈的聲音。在有些地區，提到警報聲響甚至會被認為很失禮。」當時的另一位觀察家指出：「一般人的冷靜表現令人驚訝[13]。在昨天之前，通勤的郊區居民比倫敦市中心的居民經歷了更嚴重的轟炸，但他們早上搭火車進城時，卻以平靜的語氣向同車乘客吹噓他們家附近的炸彈坑有多大，彷彿是在平靜的夏日裡炫耀他們家的玫瑰花與南瓜。」

英國人堅忍的韌性並非特例，廣島與長崎原子彈爆炸的倖存者[14]受困於心理障礙的比例也低到令人驚訝。遭受轟炸的德國城市也有多份類似的報告[15]，在一項調查中，許多受訪者說在接連轟炸之後反而覺得沒那麼害怕。最近的一個例子是，菲利浦・謝伊（Philip Saigh）在1982年以色列軍隊發動10週圍城前不久，正好在黎巴嫩首都貝魯特進行一項針對焦慮感的研究。他追蹤研究的受試者，發現在以色列入侵前後，他們的焦慮程度沒有差別。此外，沒有撤離的民眾[16]對於與戰爭有關的刺激引發的恐懼明顯下降。一般人想像災難發生時會有歇斯底里的恐慌，但現實生活中卻並非如此。正如李·克拉克（Lee Clark）在〈恐慌：是迷思還是現實？〉（*Panic: Myth or Reality?*）所說，在好萊塢電影裡，人們在緊急狀況下會互相踩踏的畫面並非現實。「經過50年[17]來對洪水、地震、龍捲風等大量災難的研究之後，最有力的一項發現就是人們很少失控。」

英國人在倫敦大轟炸期間的經歷，說明了一項重要的心理學原則：接觸能減少恐懼。在沒有直接傷害的情況下接觸恐懼，未來遇到類似情況時，恐懼感就會降低。即使每晚都要面對可怕的轟炸，一般人的典型反應並不是更加焦慮，而是適應。

學習恐懼感與安全感

在我們努力追求進步的過程中，恐懼往往比任何智識上的困難更有影響力：有人花費多年時間學習法文，但在巴黎旅遊時卻無法自在的對話；對考試感到焦慮的學生，打開模擬考考卷時會覺得胃部翻騰；求職者會因為覺得自己「沒做好準備」而拒絕工作機會，即使她完全符合資格。我們當中有多少人會完全迴避某個技能或學科，只因為一想到要練習就感到害怕？儘管恐懼為我們帶來這麼多困難，但我們常常無法理解內心的恐懼。更重要的是，我們看不到原來那些我們用來減輕焦慮的策略，卻經常會讓我們更焦慮。

長久以來，焦慮的起因一直是心理學當中的熱門話題。佛洛伊德（Sigmund Freud）的知名主張是，焦慮是被壓抑在潛意識裡的嬰兒期衝動（infantile impulse）。威廉・詹姆斯（William James）認為恐懼是天生的[18]，會隨著適當的經歷而逐漸成熟。行為主義之父約翰・華生（John Watson）則認為，恐懼來自於簡單的制約過程。華生曾對11個月大的小艾伯特進行一場惡名昭彰的實驗，他反覆給小艾伯特看一隻白色的老鼠，同時在小艾伯特背後敲打鐵棒，製造出巨大的聲響。小艾伯特把噪音造成的驚嚇與老鼠聯想在一起，變得不僅害怕老鼠，還害怕各種白色、毛茸茸的東西。恐懼感的制約理論有助於解釋倫敦大轟炸期間，民眾對轟炸產生的各種反應。待在被轟炸的建築物裡或目睹致命傷害「差點遇難」的人，通常會暫時重新感受到恐懼。相較之下，聽到遠處隆隆的爆炸聲但沒有受傷、「有驚無險」的人[19]，恐懼感比較可能會減少。至於恐懼感會增加還是減少，部分原因取決於危險有多直接。

然而，儘管恐懼感的制約理論被廣泛接受，但並非所有恐懼都能用這個理論解釋。心理學家馬汀・塞利格曼（Martin Seligman）呼應詹姆斯的觀點，他認為我們天生容易產生某些恐懼[20]。例如就算被電到的人比被蛇咬到的人還要多，但怕蛇的人還是遠多於怕電源插座的人。同樣的，恐懼可以在沒有明顯制約反應的情況下產生。英國人對空襲的恐懼在戰前達到最高，但那時還沒有人經歷過空襲。有些恐懼和焦慮症可能與特別痛苦的經驗有關，但有些卻是在毫無誘因的狀況下就會發生。人們可能會間接學到恐懼感，例如觀察別人的恐懼反應，或是透過言語的表述，例如當我們被警告某個區域很危險，我們就會開始害怕在那裡被搶劫。避開危險是演化的必要條件。除了必須直接經歷才會產生的恐懼之外，我們還會透過許多方式來產生恐懼，其實有其道理。如果動物與死亡擦身而過之後才學會什麼是危險，可能就沒辦法活得太久，也無法擁有許多後代。現代的焦慮理論將焦慮的原因歸於各種因素[21]，包括特定的經驗、一般的壓力來源，以及天生的傾向。

雖然恐懼的制約理論並沒有對恐懼的起源提出清楚的解釋，卻提供一個有用的起點，讓我們思考為什麼焦慮感會持續存在。根據奧瓦爾・莫勒（Orval Mowrer）頗具影響力的雙因子理論[22]，不理性的焦慮感之所以持續不斷，是因為我們努力想要逃避焦慮。當我們感知到威脅時，自然的反應就是找方法化解威脅。發表演講會感到緊張的人，會找藉口逃避職場上的簡報；對數學公式感到不安的學生，會避免選修與數學相關的課程；內向焦慮的人則選擇不參加派對。然而，逃離恐懼有兩種副作用會導致焦慮更難根除。第一種副作用是，當我們避開潛在的危險刺激時，我們就無法獲得任何資訊來判斷腦海中想像的威脅在現實中是否存在。如果逃避意見回饋，引發恐懼的刺激因子與危險之間的制約關聯就不會消失，就像困在琥珀裡的昆蟲一樣，我們內心的恐懼感之所以留存下來，是因為我們不允許自己接觸到與這些恐懼感相矛盾的證據。第二個副作用是，逃避會自我強化。想像一個讓你緊張的情況（例如考試、演講或工作面試），你很擔心，於是會採取行動來降低感知到的威脅（例如放棄這門課、找別人代替你簡報，或放棄這個工作機會）。現在，焦慮感消失，你覺得鬆了一口氣，然而這種輕鬆感有可能會成為心理獎勵，強化你未來的逃避行為。這種類型的制約被稱為負增強（Negative Reinforcement），透過消除潛在的痛苦，向你的中樞神經系統發出正面的訊號。逃避會讓焦慮持續下去。

逃避不只是字面上的迴避而已。有些人會透過複雜的儀式來避免內心害怕的結果，這是強迫症的典型特徵。手髒了就洗是件好事，但每15分鐘洗一次手就太過度了。在這種情況下，儀式化的洗手就是一種逃避的行為：人們因為不乾淨而產生焦慮，必須立刻多次洗手，如此一來感知到的威脅就會消退。透過這種方式，洗手的行為得到強化，但頻繁洗手的人卻無法接觸到別人的意見回饋，讓他知道沒有必要洗手。當然，並非所有的逃避都毫無幫助。當我們對大考感到焦慮並且更努力讀書來應對考試時，也是同樣的過程在運作。避免站得太靠近懸崖邊可能是完全合理的，而不是因為他有懼高症。焦慮與逃避不是我們演化上的缺陷，而是非常有用的特質。逃避行為唯有干擾到我們的生活才會變成問題。當你採取的步驟幾乎無法有效降低風險，或是當採取預防措施所耗費的成本跟實際風險完全不成比例時，就會讓焦慮變得有破壞性，而不是有益的適應機制。

接觸療法是透過消弱（extinction）和習慣化（habituation）的過程來減輕焦慮。**消弱**一詞來自於動物學習研究。如果鈴響時提供狗食物，狗就會學習，之後聽到鈴響就會流口水。然而如果鈴響了許多次卻不提供食物，狗原本學到的反應最後就會消失不見。同樣的,根據恐懼的制約理論,我們會將某些訊號與負面情境連結起來,然後產生焦慮。當接觸到訊號卻沒有經歷到危險時,我們就會修改內心的預期。因此,最初的恐懼學習會受到抑制。第二個機制是習慣化。當你愈來愈頻繁接觸一種會自然引起特定反應的刺激之後,它的影響就會變小。一個巨大的聲響可能會讓你本能的跳起來,但你一次又一次反覆聽到同樣的巨大聲響之後,漸漸就不會那麼提心吊膽。要了解消弱和習慣化之間的區別,可以考慮參加公開即興表演來克服對表演脫口秀的恐懼。消弱是指上台之後發現與預期相反,被羞辱的可能性其實不大;習慣化是指在被噓下台十幾次之後,你就不會那麼在意在脫口秀當中表現不佳。

在沒有實際危險的情況下接觸恐懼,會讓我們學到安全感。一個吸引人的假設是,消除原本的恐懼制約條件,就能學到安全感。從這個角度來看,當我們學習畏懼某個中性刺激時,這個過程可以被視為一種制約的過程,而消除這份恐懼感可以被看成是逐漸「忘記」原始的連結。可惜,情況似乎並非如此。相反的,學習安全感似乎是一個建立新記憶的過程,使用不同的神經迴路來抑制最初的恐懼反應。支持雙重記憶觀點的證據[23]來自於研究:儘管多接觸確實能減少恐懼,但是學習到的恐懼似乎比學到的安全感更普遍、更持久。結果是,無論當我們在新的情境之下面對恐懼,還是在接觸恐懼的事情之後已經過了一段時間,或者甚至只是與原始恐懼無關的一般壓力源,原本已經消失的恐懼可能會捲土重來[24]。這個理論跟維儂的觀察結果一致,在長時間沒有遭受空襲之後,對空襲的恐懼似乎會重新出現[25]，彷彿對焦慮的免疫力失去了部分作用。如果能在多種情境下以接觸到會讓你恐懼的事來化解焦慮，而且定期接觸，效果會比較好。有些研究甚至顯示，偶而強化恐懼，也就是在接觸恐懼的過程中，真的發生會讓你害怕的事，這樣做會比接觸恐懼但完全不產生危險的後果帶來更持久的好處[26]，這種作法能確保產生更穩固的安全感，不被意外的負面經歷破壞。

多接觸足以克服恐懼？

接觸療法的好處長久以來一直受到重視，但背後的原理卻沒有被完全理解。英國哲學家約翰・洛克（John Locke）在《教育漫話》（*Some Thoughts Concerning Education*）中提出有一種逐步接觸的方式[27]可以治療動物恐懼症。同樣的，德國詩人歌德（Johann Wolfgang von Goethe）反覆站在當地大教堂的小壁架上，克服年輕時的懼高症[28]。完成這些練習之後，他就能夠享受登山的樂趣，也可以毫無畏懼的登上高樓。然而，一直要等到1950年代，約瑟夫・沃爾普（Joseph Wolpe）提出系統減敏法（Systematic Desensitization）[29]，接觸療法才成為臨床治療焦慮感時的固定程序。

沃爾普與患者合作，一起制定焦慮量表。這是一個按順序排列的情境清單，從引起輕微不適的情況開始，一直列到引發極度恐懼的情境。患者逐步體驗這些情境，並配合放鬆技巧，恐懼感就會減弱。沃爾普的理論是，放鬆和焦慮會相互抑制，所以患者在面對高壓刺激時可以運用呼吸技巧放鬆，以消除刺激與壓力感之間的連結。儘管系統減敏法很有效，但放鬆和焦慮會互相抑制的理論並沒有獲得證實。後續研究發現，放鬆可能有助於消除焦慮[30]，但並不是消除焦慮的必要條件。即使整個治療過程中壓力值始終居高不下，但接觸療法仍然有效。

在沃爾普制定系統減敏法的同時，洪水療法（Flooding Therapy）和內爆療法（Implosive Therapy）[31]也開始利用接觸的方式來治療恐懼。洪水療法不是逐漸增加接觸，而是一開始就讓患者面對最恐懼的情況，並防止患者逃離。怕狗的患者可能會被鎖到房間，裡頭有一隻吠叫的狗，直到患者內心的恐懼消退才能離開房間。內爆療法類似洪水療法，不過通常是在諮商心理師的引導下，利用高度生動的幻想情境來進行，而不是在現實生活中接觸恐懼的事物。這兩個理論都假設完全激發恐懼是擊退恐懼的必要條件，比較溫和的方式可能無法產生充分的治療效果。然而，深入的研究支持接觸療法在這些治療當中的整體價值，但沒有必要引發極端的恐懼反應。接觸療法被視為治療的關鍵[32]，至於是要直接深入恐懼的核心還是逐步接觸恐懼的事物，則變得不那麼重要。

隨著認知方法在心理學界超越行為主義，治療不再僅僅依靠可觀察的行為與外在刺激來進行，而是開始檢視人們的內在想法與信念。認知療法不只關注患者的行為，將行為視為外部刺激的反應，還關注患者的思考內容。例如，社交恐懼者對派對的厭惡不只是因為習慣逃避，也是因為他們扭曲的世界觀，例如他們認為自己可能會被排擠。儘管認知療法有理論基礎，也符合常理，但認知療法當中除了接觸療法之外，其他的療效通常證據薄弱。認知行為療法通常包括接觸治療與談話治療，但實際效果往往沒有比只單獨使用接觸療法的方式更有效[33]。近年來，以正念為基礎來治療焦慮感的方法[34]愈來愈受到歡迎，但效果是否勝過單純的接觸療法仍有待觀察。

試圖透過改變信念、誘導放鬆或改變思維模式而不進行接觸療法的方式之所以效果不佳，有一種解釋是威脅是由不同的神經迴路處理，與我們可以自發取得記憶和信念的神經迴路並不相同。「談話療法需要有意識的檢索記憶，並思考記憶的來源和／或含意，所以很依賴大腦外側前額葉皮質的工作記憶迴路。相較之下，接觸療法則依賴大腦內側前額葉區域，這個區域有助於消除記憶，接觸療法就是仿效這個過程。」神經科學家約瑟夫・勒杜克斯（Joseph LeDoux）解釋說：「內側前額葉區域與杏仁核*相連[35]，但杏仁核沒有與外側前額葉皮質區域相連，這可能可以解釋為什麼接觸療法可以更容易、更快速的治療恐懼、恐懼症以及焦慮。」換句話說，如果焦慮是由大腦不同區域的神經迴路所維持，那麼剖析你的信念可能就不會有幫助。儘管有這種神經解剖學上的差別，但勒杜克斯指出，在實際治療中使用的接觸療法與動物實驗中的消弱研究，兩者關係非常複雜。鼓勵某人面對他害怕的環境，通常需要透過談話。結果可能會發現，接觸療法之所以有效，取決於患者是否能夠有意識的思考自己的信念與期望[36]，而要改變信念和期望，最

---

* 杏仁核是處理恐懼情緒的關鍵腦區。

好的方式是直接體驗，而不僅僅是討論它們。調整信念也有助於維持接觸療法的治療效果，減少再次恐懼的風險。然而，與恐懼有某部分是由無意識神經迴路驅動的觀點一致，研究人員發現，潛意識接觸療法（也就是掩蓋刺激，讓患者無法感知[37]）也可以減少患者的逃避行為。光是談論內心的焦慮，不太能有效的克服焦慮。

儘管在改進接觸療法方面存在挑戰，但基本的接觸療法還是非常成功。對使用接觸療法來治療特定恐懼症[38]的統合分析發現，與安慰劑和不進行任何治療相比，接觸療法展現出顯著的成果。此外，研究者還發現，包含接觸療法的治療方式比不包含接觸療法的治療方式效果更好。其他針對社交恐懼症、廣泛性焦慮症[40]、恐慌症[41]、強迫症[42]所做的統合分析也得到類似的結論[39]：接觸療法的效果大約等同於藥物治療的效果。接觸療法甚至能成功的用於治療創傷後壓力症候群[43]，這在廣泛認為多接觸會使創傷加重的看法下尤其值得注意。患者並不會因為採用接觸療法而更容易中斷治療[44]，許多患者覺得這類療法可靠而且有效。儘管有強大的實驗證據證明接觸療法的好處，但研究人員喬納森・阿布拉莫維茨（Jonathan Abramowitz）、布萊特・狄肯（Brett Deacon）與史蒂芬・懷塞德（Stephen Whiteside）卻指出：「大部分的焦慮症患者[45]並沒有接受有科學證據支持的實證心理治療（evidence-based psychotherapy）；事實上，專注於潛意識過程與情感洞察的心理動力療法和認知行為療法一樣常被採用。」儘管接觸療法仍未被充分運用，但它依然有效。

恐懼與進步

恐懼對學習過程造成雙重打擊。首先,因為焦慮感引發的自然衝動是逃避,所以我們通常無法練習會讓我們感到害怕的技能。膽小的駕駛、沒有自信的演講者或有數學恐懼症的人,往往會盡力避免可能用到這些能力的情境。然而,不充分練習的話,這些技能就會停留在不熟練又費力的狀態,於是就更有理由不去使用這些技能。更糟的是,焦慮會占據我們大腦,使我們無法思考問題。當我們高度焦慮時,就更難學習複雜的技能,因為內心的擔憂會占據有限的工作記憶容量。

克服焦慮並不容易,但接觸療法至少提供了一條逃離的路徑。如果我們可以在風險不大的情況下接觸自己恐懼的事物,那麼恐懼反應最終就會消退。減少恐懼之後,我們會發現練習變得更容易。練習能提高我們的表現,減少所需的努力,進一步擴大使用技能的情況。先前焦慮和逃避的自我強化模式也會被增加的信心和熱情取代。

當然,困難在於要從逃避模式轉換成願意面對內心恐懼的積極心態。雖然接觸恐懼的過程令人生畏,但我認為充分接受並理解背後的理論基礎,有助於我們下定決心去面對它。當我們被恐懼緊抓不放時,會覺得恐懼感好像是完全客觀的存在。例如公開演講並不是對不明確的情況做出的主觀反應,公開演講本身就是一件令人害怕的事。從這樣的角度來看,我們很難完全理解只要上台的次數夠多,公開演講就會變得容易又自然。

接受接觸療法的邏輯不代表不需要勇氣。正如前文所述,只是談論內心的恐懼，通常無法消除恐懼。然而，即使是像倫敦大轟炸這樣客觀上令人恐懼的情境，也可以透過反覆接觸而變得平常。如果我們可以了解這件事，或許就會有勇氣邁出步伐，去面對那些阻礙我們的輕微恐懼。

克服恐懼的4種策略

勇氣不只專屬於戰爭倖存者，生活中我們會面對無數的恐懼與焦慮。在這種情況下，我們可以選擇如何回應：是要積極面對挑戰來檢視我們內心恐懼的真實性，或是選擇迴避，把恐懼永遠留在黑暗中。克服恐懼必須要有意見回饋，不只要透過理智思考自己的憂慮只是過度擔憂，還要透過實際體驗來獲得真實的回饋。

現在來看看一些運用接觸療法檢驗我們內心恐懼的策略。

策略1：制定你的焦慮量表

沃爾普請患者制定焦慮量表的作法，至今仍用於認知行為療法中。儘管洪水療法與漸進式接觸療法的爭論在理論上已變得無關緊要，但仍然可能有實際的理由讓我們在操作上偏好循序漸進。有個理由很簡單，如果恐懼感太過強烈，你可能會無法進行接觸療法！在沒有治療師引導的狀況下自己進行接觸練習時，這種情況可能更明顯：缺乏外界推動，會讓人更難堅持下去。

阿布拉莫維茨強調進行接觸療法時，必須盡可能貼近[46]恐懼的情境、認知與生理層面。「將量表的項目與患者的恐懼類型緊密結合很重要，怕狗的人必須面對他們害怕的狗；害怕醫院細菌的人必須面對**醫院裡**的物品；怕家裡留一盞燈就會失火的人，必須打開家裡的燈再出門，諸如此類。」將量表的項目與恐懼類型結合，意思是確切找出哪些情境會讓患者感到恐懼。接觸看起來類似、卻不會引發恐懼感的情境是沒有用的。

制定焦慮量表也可以成為質疑某些假設是否合理的第一步。只要大聲說出來，就算是最可怕的夢魘往往也會變得傻氣；當我們寫下自己恐懼的事和預料會發生的情況，恐懼看起來似乎就會變得沒那麼可信。我們已經明白，光是改變信念也許還不足以克服潛意識的威脅偵測迴路，但可以鼓勵患者嘗試面對恐懼。認知療法在沒有採用接觸方式時能有一定效果，可能是因為人們關於恐懼的信念被挑戰後，開始自發的接觸恐懼，進而間接的運用了接觸療法。

策略 2：別說「一切都會好起來」

面對內心擔憂，自然會想尋求安心感，可惜這跟前文討論的逃避行為是相同的問題。「重要的是[47]，接觸療法的用意不是要說服患者或安撫患者，讓他誤以為自己絕對安全，或是他所擔心的後果都不會發生。」阿布拉莫維茨補充道：「不管在什麼情況下[48]，治療師都不應該向患者保證『一切都會好起來』。」不過矛盾的是，如果患者認為只要有治療師陪伴就會很安全[49]，那麼治療師的存在反而會降低接觸療法的成效。

正如列出恐懼清單一樣，列出常見的逃避行為清單也很有幫助。這些行為可以是實際的逃避行為，例如有人會因為社交焦慮而藉故拒絕在會議上發言，也可能是可以增加安全感的依賴性工具，例如擔心流太多汗而尷尬的人，可能會過度使用強力的止汗劑。這類行為雖然「有用」，可以減少焦慮，卻會讓人即使在不切實際的情況下仍然依賴這種安全行為。帶著盡可能多流汗的目標去參加派對，反而更能有效的反駁流汗會帶來強烈社會負評的想法。

歸根結柢，接觸療法的重點就在於透過親身經歷檢驗我們對於恐懼的預期。但如果我們設法消除任何潛在威脅，那就無法真正檢驗這些預期。一個害怕公開演說的人可能上了台就覺得尷尬。接觸的用意並不是為了證明不會丟臉，而是要意識到情況沒有我們以為的那樣丟臉，就算尷尬的情況真的發生，我們也比自己以為的還要更能應對。檢驗恐懼需要接受可接受的風險，而不是魯莽或徒勞的設法去消除所有可能發生的危險。

策略 3：一起面對恐懼

群體比個人更有勇氣。心理學家拉奇曼寫道：「有強力的證據證明，加入一個小型、緊密的團體[50]，在控制恐懼方面發揮著重要作用，大多數人在孤獨時容易感到害怕。」肩負社會使命，讓消防員、救難人員、護理師能抵禦倫敦大轟炸帶來的嚴重心理影響。維儂認為，獨居者[51]在反覆的轟炸之後更容易出現心理問題。人們之所以在災難期間展現非凡的韌性，有一部分原因可能是他們不是獨自面對恐懼。

對大多數人來說，公開演說帶來的恐懼，可能比修辭技巧更影響他們的演講表現。然而,大部分人很少有機會練習公開演說。由於練習機會有限又不頻繁,怯場機率往往很高。像演講會(Toastmasters)這類的組織能提供幫助,因為除了提供公開演說的機會之外,還能在相互支持的群體氣氛下練習。參加數學讀書會或練習語言的社團也有類似好處:讓你在別人面前接觸那些會引發焦慮感的情境。

策略 4:區分勇氣和無懼

勇氣不等於毫無畏懼的行動。拉奇曼解釋:「恐懼感不是一種單一的情緒[52]。」他認為,最好把恐懼感視為至少三種不同的互動元素:被喚醒的生理反應(例如心跳增加、掌心流汗);信念和感受構成的主觀信念;為逃避和尋求安全感而出現的行為。雖然在面對恐懼時,這三種系統的反應通常一致,但它們的運作方式卻不同。人們經常發現自己在生理上、主觀上都處於高度恐懼狀態,卻還是能堅持完成任務。勇氣並不是無懼的行動,而是儘管恐懼卻還是付諸行動。

接觸療法不太可能廣泛的應用在各種不同的恐懼上。正如前文的討論,安全感通常需要在特定的情境下學習,因此為了確保接觸療法的效果持久,就需要在多種情境下使用接觸療法、並且定期複習。然而,把勇氣看成是人生的一種態度和哲學可能更合乎情理。拉奇曼解釋:「充滿恐懼感的人經常高估[53]某個引發恐懼感的東西或情況會讓自己有多害怕。」他審視來自許多領域的證據,結果發現人們高估自己對事件產生的恐懼反應,卻低估了自己保持冷靜的能力。歸根結柢,我們從面對恐懼中獲得的訊息，不僅能讓我們理解外界的危險，更能讓我們深入了解自己。

進步之道

觀察範例、多加練習、獲得回饋是超速進步的三大關鍵。然而，學習並非只是純粹的智力活動，從恐懼到熱情的情緒也非常重要，並決定我們最終能提升哪些技能。在結語部分，我們會綜論本書探討過的各種觀點，並以一些實用的智慧總結，為我們描繪出通往進步的道路。

結語

練習締造完美

有個古老寓言講述樵夫收到一把斧頭,他有3個小時可以砍倒一棵大樹,但他決定花兩個半小時磨利斧頭。同樣的,我們在生活中耗費無數時間在自己想要做得更好的事情上,我們想要成為更好的父母、更好的專業人士、更好的藝術家和運動員。與伐木耗費的時間相比,我們通常只會花一點時間努力磨利斧頭。撰寫本書時,我聚焦在特定的讀者上:你是一個關心學習機制如何運作的人。你想在某些方面提升自己,也許是考試成績都拿到A、也許是在自己的工作領域成為專家,或是在運動或愛好上得到自信。或許你更有興趣的是幫助他人精進。你可能是教練、老師、雇主或家長,想知道自己能如何幫助身邊的人掌握寶貴的技能。身為作者,對讀者做出籠統的判斷可說是危險之舉,但是我相當確信如果你讀到這裡,表示你非常關心該如何磨利斧頭。

在書中,我分享關於學習如何運作的故事與研究。我們看到範例的重要性，以及我們為了解決問題而付出的努力是如何建立在他人的知識之上。我們探究心智的瓶頸，以及大腦如何限制我們通往精熟之路。我們討論在成功的基礎上打造技能的重要性，並了解如何從忘記新手困境的專家那裡汲取知識。我們深入探討練習的力量，比如：漸進式解決問題以及精細調整訓練難度至關重要、為何心智不像肌肉，以及我們如何在進步的過程當中更有意識的行動。變異性在打造靈活技能時擁有什麼價值；為什麼在創造力前沿取得的成就與整體生產力如此緊密相關。最後，我們審視意見回饋的關鍵作用：為什麼在不確定的環境中，許多專家的意見過度自信；實體與社會環境如何塑造我們需要精熟的技能；在精熟技能的過程中，反學習扮演什麼角色；以及當我們走出舒適圈、學習新事物時，如何克服我們的恐懼與焦慮。在每一章中，我嘗試從研究中總結出一個重要觀點，並提出幾項實用的重點。學習的科學各式各樣，而且充滿爭論。我很確定不是每個人都會同意我的所有結論，但我希望文末列出的參考書目能為讀者提供一個起點，讓你能深入探索其中的一些想法。

在本章中，我會放下研究報告，設法整合各種觀點，提出一些通用的建議。我的主要焦點放在身為學習者的你身上，你如何能在自己關注的事物上有所精進？其次是，我也試著思考這類研究對於我們如何成為更好的老師、教練、更好的導師帶來什麼啟發，以幫助那些依賴我們的人。

超速進步的三個問題

經濟學家暨作家泰勒‧柯文（Tyler Cowen）喜歡問人：「你做過的訓練當中[1]，有哪些與鋼琴家練習音階類似？」他認為，沒辦法針對這個問題給出好答案的人，可能並不是真的想認真提升自己的技能。世界瞬息萬變，有些原本可以依靠一輩子的技能，會隨著新科技出現而遭到淘汰，因為新技術可以自動完成這些任務。終生學習不只是感覺不錯的口號，更有其必要。

有鑑於終生學習的重要性，我認為有必要問自己三個重要的問題。

問題 1：如何改進向他人學習的方式？

正如前文所述，學習複雜的技能時，範例扮演著重要的角色。向他人學習是人類獨有的特性。我們立足於前人得來不易的解決問題智慧，藉此看得更長遠。尋找學習範例時，請謹記下列要點：

1. **尋找包含所有步驟的範例**。雖然我們可以輕鬆觀察別人執行技能時的肢體動作，卻無法看見他們的思維過程。實際上，向專家學習的危險在於專家嫻熟某項技能，會跳過中間的步驟。良好的範例應該要把解決問題的過程拆分成清楚的步驟，使每個動作都能讓學習者理解。
2. **確保你已經充分學習背景知識，能夠理解範例**。理解不是全懂或全不懂這麼極端,所以我們必須運用判斷力。解釋太少,學習者就只能硬背答案,無法靈活運用所學。解釋太多,我們就會陷入無止盡的詳細闡述之中。

3. **尋找多樣化的例子來概括問題解決模式**。從具體的實例形成抽象的概念與類比的能力,是我們靈活思考的基礎[2]。然而,對新手來說,他們通常會偏好以表面的特徵而不是深層的原則來看待問題。提出更多例子,展現出更多變化,可以幫助學習者找出這些範例之間的共同點。提出反例通常也很有幫助,有些反例的情況看起來類似卻基於不易察覺的原因而行不通,因此就可以避免過度類推。

第一個可供你尋找範例的地方就是條理分明的課程。課程的優點在於將範例排序、確保提供背景知識,還會揭露專家執行技能時看不見的思考步驟。正如我們在第三章所見,打下良好基礎,對掌握技能和提升動機來說非常重要。實體課程、大型開放線上課程、教科書,甚至是YouTube影片,都可以成為掌握技能的好起點。如果負擔得起而且又有人可以提供協助的話,一對一的指導會特別有幫助,尤其是在缺乏現成範例的情況下。

隨著我們在某個領域累積經驗,充滿詳盡範例的課程就會減少。一部分原因是經濟因素,大多數人都是某項技能的初學者,所以最大的市場是為了服務剛入門的新手。此外,隨著技能的進展，知識往往會出現分支，並且專業化。隨著學習逐步進展，課程開始難以涵蓋到所有重要的知識。然而，這並不代表從範例學習變得毫無意義。想想第一章的懷爾斯，儘管他在解開費馬大定理時已經在數學領域擁有博士學位，還是花了兩年時間閱讀他所能找到的一切資料，才能做好充足的準備，找出證明方法。因此，當我們的程度超越課程中的範例時，就必須仰賴更多非正式的學習資源。

對於超越初學者階段的學習者來說，加入相關技能的社群非常重要。對專業技能來說更是如此，因為如果無法進入工作環境的話，就很難找到好範例。至於仰賴尖端知識的職業，例如科學或技術領域，如果你想要做出新穎的貢獻，就必須接觸在第一線工作的社群。即使對不仰賴創造新知識的工作來說，接觸具有嚴格標準與各種問題的環境，也能幫助你進一步提高技能。與多家公司合作的管理顧問，面對的問題比只跟一家公司合作的顧問還要廣泛。一項研究甚至發現，在被詢問餐廳相關業務問題時，管理顧問的表現會勝過餐廳經理[3]，儘管他們的整體教育程度差不多。找出這些可以加速學習的路徑，不保證就能進入這類環境，但這卻是重要的第一步。

然而，與技能高超的專業人士同在一個環境通常還不夠。從專家身上汲取知識可能很不容易，但我們能從認知作業分析當中學習。請專家在你的面前解決問題、聆聽專家的故事並注意事件的先後順序，或簡單的詢問專家在特定議題上能向誰求教，就可以揭開專家身上隱藏的經驗。

問題2：如何提高練習的成效？

想要高效學習，掌握高品質的範例只是第一步。精熟任何技能都需要大量的練習，可惜的是我們的直覺無法可靠的告訴我們哪些練習有效。提取練習、間隔練習、交叉練習等技巧可以帶來有益難度，但即使利用這類技巧會學得更好，學生往往還是認為這類技巧的效果不佳。不過儘管正確的練習方式通常不容易察覺，我們仍然可以使用迄今學到的原則來調整我們的努力。

首先要考量的是複雜度。工作記憶有限，而特定任務的認知負荷主要取決於我們之前從事該任務的經驗。這代表在學習的過程中，最有效的練習方式會一直改變。早期，我們透過更多的指導、反覆練習以及研究範例來獲得更多幫助，而不是受惠於直接解決問題。然而，當我們逐漸累積經驗之後，這個作法就會改變，我們會從不那麼結構化、更多樣的練習以及逐漸增加難度的挑戰當中受惠。一種思考這種矛盾關係的方式是，一開始，主要的挑戰是把知識灌輸到你的腦袋裡。雖然可以透過直接經驗來學習，但這種學習方式涉及搜尋龐大的問題空間，以及手段目的分析法帶來的額外認知負荷，因此與透過經驗學習相比，學習範例會更有效率。然而，一旦知識進入你的腦海，問題就會變成如何在適當的時機運用知識！這需要練習，幫助你釐清自己最初學到的解決問題模式如何運用於模糊的情境。接著，我們可以建立一個練習循環，以避免無法將正確的知識輸入腦中，或是無法在正確的時機運用知識。結合觀察範例、嘗試練習、接收回饋這三種作法，我們就可以開始學習專家的表現模式。

　　另一個考量點是練習的精細度。你的練習循環是否應該著重於特定的技能，例如詞彙卡、網球發球或數學難題。還是範圍應該要更大，例如完整的對話、網球比賽，或是在現實生活中應用數學？支持前者的人往往關注練習部分任務的價值[4]，也就是減少認知負荷，進而幫助可能在完成整體任務時有困難的學習者，而且這樣的練習也更可能被壓縮到一次性的練習課程當中。籃球選手在練習期間的上籃次數遠多於比賽期間。然而，支持練習整體任務的人則認為，將一個動作反覆練習到完全自動化，不見得能在完成任務期間化為熟練的表現[5]。反覆練習詞彙卡的人可能可以立刻認出詞彙，但是在對話中聽見詞彙，速度還是會慢下來。練習整體任務也更有意義，因為練習者能在有用的背景脈絡下理解這些動作。正如觀察範例及解決問題之間的矛盾關係一樣，我認為訓練和實戰練習都很重要。*訓練能消除複雜技能裡的棘手之處，並減少處理困難任務時的認知負荷。然而，我們也要大量練習完整的任務，如此一來，就能良好的整合技能並獲得有意義的理解。我們可以透過在訓練和實戰練習之間反覆切換來解決這個矛盾，形成一個包含觀

---

* 作者注：關於部分任務練習與整體任務練習之間效益的研究，進一步的摘要請有興趣的讀者參閱以下作者的評論文章：Wickens 等多位作者；Wightman 與 Lintern；Fabiani。在此還要推薦詹姆斯・奈勒（James Naylor）和喬治・布里格斯（George Briggs）提出的頗具影響力的理論，根據該理論，任務愈複雜，部分任務練習會愈有好處，而任務愈整合，整體任務練習會愈有好處。

察、實踐和回饋的基礎練習循環。

最後一個考量因素是，我們應該清楚思考什麼是技能。心智與肌肉不同，所以用模糊的字眼描述的能力，例如變成更厲害的問題解決者、更出色的戰略性思考者、更有創意等，並非一般認為可以改進或練習的能力。相反的，我們會因為累積許多更有效的方法來處理特定類型的問題，而成為更厲害的問題解決者。我們透過學習適用於特定情境的策略和思維模型來成為更出色的戰略性思考者。我們透過累積實用的知識，並給自己一個安全的環境，以採用不熟悉的方法來探索知識，來變得更有創意。制定廣泛的整體改進目標並沒有錯。想要流暢的掌握語言的所有層面是很好的目標，但要達到這個目標，就必須累積大量的單字和片語，並分別練習發音、閱讀、寫作、聽力等技巧。立下宏大的志向，成為更厲害的溝通者、程式設計師、投資人、作家、藝術家等，必須理解要先累積並整合大量的特定技能和知識，才能達到目標。唯有先彈奏音符，才能演奏交響曲。

問題3：如何提升意見回饋的品質？

最後，獲得高品質又實用的意見回饋非常重要。有些意見回饋其實只是在事情發生後提出的例子。如果你在數學考試中答錯了，老師可能會以範例的形式提出一個解決方案，告訴你應該怎麼做。這種意見回饋很有價值，因為它結合了觀察範例的優勢，以及你剛剛答錯題目的事實，讓你更可能關注並學習它。在只有一個正確答案、而且把你的算法跟標準答案做比較相對容易時,這種方式的效果很好。

然而,大部分的領域並非如此。有很多方法可以用來撰寫文章、設計建物、領導團隊、發表演說,就算有些方法優於其他方法,也還是有很多方法可以選擇。不過在這些情況下,糾錯回饋還是很有價值,知識淵博的老師、導師、教練可以針對你的實際作法提出建議,不會只是拿你的作法與單一正確的答案進行比較。雖然意見回饋的資訊價值顯而易見,但從他人身上獲得的意見回饋可能會有社交和動機方面的影響,不見得都是正面的。糾錯回饋往往會與價值判斷混在一起。你的文章獲得的分數不只是推動你想寫得更好的一股推力,更能決定你是否能通過課程並畢業。意見回饋可能會讓人失去動力,大家都體會過努力工作卻得到嚴厲回饋的心情。不過,正面的意見回饋也可能會讓人失去動力。研究發現,大量的讚美[6]「你好聰明!」也會讓對方減少努力,因為這樣會讓人認為自己不需要改進。這些社會和動機上的考量會輕易抹去意見回饋應有的預期效益。在良好的意見回饋環境當中,意見回饋是用來協助學習,而不是用來獎賞或懲罰對方的表現;重點是協助改進任務,而不是評判個人。意見回饋是建立在互信互敬的基礎上。

要是想學的技能沒有正確的答案呢?或是老師無法輕鬆引導我們找到更好的答案呢?正如我們在第九章看到的內容,豐富的經驗不代表專業的知識。如果學習環境不明確,我們獲得的意見回饋也不一致,那麼我們最後可能會變得過度自信又平庸。提高環境提供我們的回饋品質,對發展真正的技能來說非常重要。以下策略可以用來增強意見回饋:

1. **記分並追蹤表現：** 有些技能，每次嘗試的結果會有很大的差異，這使我們很難判斷自己的表現，很容易對自己決策的長期準確性產生誤解。如果我們意識到自己並沒有真的那麼精通某項技能，記下分數有可能會使我們自尊心受挫，但如果要校正我們的作法，記分還是有其必要。數字無法呈現故事的全貌，卻能讓我們保持誠實。
2. **進行事後報告：** 正如第一章的討論，Top Gun 計畫中的戰鬥機飛行員行動後必須做事後報告，才能從模擬飛行的意見回饋中學習。從經驗中學習的一大困難是，工作記憶能力都專注於執行技能，幾乎沒有空間可以用來反思或評估自己的表現。記錄你的練習表現並在事後進行分析，可以幫助你發現當時可能錯過、需要改進的地方。
3. **成立智囊團：** 個人有很多認知上的盲點。雖然幾個人聚集起來並不會自動解決問題，但可以減少問題。加入一個團體，成員可以剖析及討論彼此的工作，這是一個強大的工具，可以幫助你發現自己可能忽略的弱點。

意見回饋不只是修正錯誤。生活是動態的，我們跟周遭的實體世界和社會世界會持續不斷互動。隨著一天一天的進步，實戰練習變得愈來愈重要，因為與環境接觸後產生的意見回饋會融入我們的技能當中。社會環境也扮演著重要的角色，因為在共同工作的群體活動中，實務往往會以非正式的方式出現，這些實務工作通常沒有明確說明，並且經常與書籍和教室裡描述的標準方式不同。這不代表最逼真的練習總是最好，認知負荷、成本、可得性、增強回饋全都會讓模擬練習比實戰練習更有效率，但如果沒有直接在實際環境中應用，幾乎不可能達到真正的精熟境界。

憂慮和恐懼也會受到意見回饋的影響。跟記憶或推理相比，學習新語言、研讀數學、站在台上，或是在新領域工作等引發的焦慮，往往更能決定我們是否能進步。然而，我們很難理性的消除恐懼。相反的，當我們接觸到環境傳來的回饋訊號，意識到特定的威脅被誇大時，我們才會調整自己的信念以及情緒。

精進學習的最後省思

進步的過程既令人振奮，又令人沮喪。終於「精進」一門學科、滑雪下山而不摔倒、完成一幅好看的畫作、學會一種新語言，或發表一篇受到同事尊重的作品，像這樣掌握困難技能之後產生的感覺，少有其他事物能比得上。不過，學習也有可能帶來挫折。我們可能花好幾年的時間練習某件事，卻仍不覺得特別有自信。我們放棄某些興趣、運動、就業機會和學習方向，是因為我們覺得自己沒能力學好這些事情。我之所以持續關注「學習」這個主題，有部分原因是我們設法精進學習的經驗，包含了從掙扎到成功這兩種極端的狀況。

開始著手投入本書之際，我已經花了將近20年的時間，從事與學習相關的寫作和思考。我的寫作生涯從大學時期開始，當時我在部落格發表學習的訣竅。畢業之後，我開始投入幾項為期一年的計畫，學習程式設計、語言、繪畫等。這項計畫的成功與失敗，構成我前一本著作《超速學習》的寫作背景。當時我以為我已經徹底談論這個主題，並準備好投入研究新的主題。然而，有兩件事讓我重新投入這本書的研究當中。第一件事就是在前言提到的俄羅斯方塊。雖然《超速學習》記錄的是個人在學習技能上的非凡成就，但俄羅斯方塊的故事重點不在於某一位特定的玩家，而是周遭的文化能讓進步成為可能。這讓我對各種學習系統產生興趣，從文藝復興時期的藝術工作坊、爵士樂手的非正式練習、科幻小說家的寫作工作坊，到飛行員的訓練和學習閱讀時採用的拼讀教學法。在本書中，我不想僅僅只是描述少數幾位傑出人物快速學習的故事，而是轉而關注構成一般學習的基本要素。

促使我撰寫本書的第二個原因，是我在上一本著作當中沒有解決的一個問題。在《超速學習》中，我曾討論過一些讓人感到沮喪的學習研究：即一項技能的進步會如何讓另一項技能也隨之改進。當時對我來說顯而易見的含義是，如果技能轉移的效果不如預期，那麼我們就應該花更多時間練習自己想改進的具體技能。但正如深入了解一個主題的過程中經常遇到的情況那樣，我最初的直覺既沒有被證實，也沒有被推翻，而是變得更加複雜。正如我在第六章的討論，有大量研究顯示某些技能往往相當具體，無法直接轉移。而且，科學研究也證明，只練習我們想學習的技能不一定能進步。史威勒在認知負荷理論的研究、班度拉提出的社會學習理論以及直接教學法的成功，都強調良好的範例與明確闡述的重要性。米爾在臨床直覺上的研究，使得多年經驗必然會帶來準確判斷的信念變得複雜起來。「向他人學習」的需求也導致我原本的直覺變得複雜，因為即使技能相對具體，我們可能也不容易找到完美的導師，把我們需要的知識傳授給我們。本書的最終就是在試著調解兩種相互競爭的限制條件：向他人學習的需求，以及特定知識和實踐對於進步的重要性。

我在《超速學習》中寫道，《超速學習》的準備作業反映出該書的主題：這是一個密集型自主學習計畫，目的是寫出一本有關密集型自主學習者的書。我對本書也有同樣的感受，撰寫這本書的過程是深入探究專家社群的過程，也就是說，要嘗試理解互有歧異的發現與理論。我不僅要設法理解一輩子研究這類議題的專家對這些問題有何想法（以及為什麼各方專家經常持有不同意見），同時也要根據我在學習不同技能和主題時獲得的經驗，形成自己的看法。我希望我能展現出多元化的觀點以及廣泛的共識，同時還能呈現前後連貫的視角。我的成功與否，交由讀者判定。

更進一步

精通一項技能可能令人生畏，要學的東西總是太多，終其一生也無法有那麼多時間可以接觸所有內容。這是我在研究這本書的內容時不斷想起的一件事。每當我對一個問題給出滿意的答案時,就會有十幾個新問題冒出來。追求精熟境界可能會感到挫敗。當你接近目標,卻會看到目標逐漸遠去。登上一座山峰,只會看見眼前還有更多山峰等待你攀登。

從世界級天才的角度來看,大多數人一輩子都無法精熟任何一件事,我們永遠不會成為像巴菲特一樣精明的投資人,永遠不會成為戴維斯那樣技能高超的音樂家,也永遠不會成為像懷爾斯那樣聰明的數學家。如果精熟的目的是要抵達熟練的頂峰,那麼在這樣遠大的志向下,幾乎人人都注定會以失敗收場。但是為了追求精熟而失敗,是一種很好的失敗方式。即使我們無法成為最厲害的人,還是可以在自己覺得最重要的事物上,做得稍微好一點,而這樣往往就已經足夠。

致謝

沒有眾人的幫助,本書不可能出版。在此感謝經紀人蘿莉・艾柯梅爾(Laurie Abkemeier),她引領本書依循原始構想(和後續許多的方向變化)逐漸成形;感謝編輯何莉絲・辛波(Hollis Heimbouch),她對我深具信心,並細心指導;感謝哈潑商業(Harper Business),整個團隊都努力促使本書的出版成真。感謝瓦薩・賈斯瓦(Vatsal Jaiswal)、梅根・楊(Megan Young)、芭芭拉・奧克利(Barbara Oakley)、凱爾・紐波特(Cal Newport)、崔斯坦・德・蒙特貝羅(Tristan de Montebello)、卡利德・阿薩德(Kalid Azad),他們在想法成形時與我多次討論,助益良多。也要感謝下列諸多科學家和研究人員跟我一起討論他們的研究,協助我理解那些令人生畏的研究文獻:保羅・柯施納、約翰・史威勒、卡爾・貝雷特、薇拉・帕泰爾、弗雷德・帕斯(Fred Paas)、史蒂芬・李德、傑佛瑞・卡爾皮克(Jeffrey Karpicke)、理查・梅耶、亞瑟・雷伯(Arthur Reber)、羅伯特・畢約克、佩德羅・德・布魯伊克(Pedro de Bruyckere)、理查・克拉克、大衛・伯金斯(David Perkins)、艾倫・熊菲德(Alan Schoenfeld)、李查・尼茲比、布魯斯・羅林斯(Bruce Rawlings)、哈茲卡・賈羅茲卡(Halszka Jarodzka)、大衛‧克拉爾、馬努‧卡普爾、羅伯特‧迪凱澤、約翰‧謝伊、菲利普‧泰特洛克、大衛‧莫希曼、荷西‧梅斯翠（Jose Mestre）、卡爾‧威曼、迪恩‧賽蒙頓、傑倫‧馮‧曼利伯，在記述科學內容時如果有任何錯誤，必定是我個人的責任，不是他們的過失。在此感謝我的父母親瑪莉安‧楊和道格拉斯‧楊（Marian and Douglas Young），兩人同為教育人士，教我學習本身就是回報。最後同樣重要的人是美好的妻子佐莉嘉（Zorica），在此感謝她給予無限的支持、耐心、引導。沒有妳，我做不到。

各章注釋

前言：學習的原理

1. Joseph Saelee, "284 Lines (Full Video)," YouTube, February 15, 2020, 11:19, https://www.youtube.com/watch?v=L7SRuMG6AJc.

2. Joseph Saelee, "First Ever Level 34 in NES Tetris," YouTube, February 15, 2020, 3:19, https://www.youtube.com/watch?v=rW-MUYBinriw.

3. Cornelius, *Ecstasy of Order*.

4. Schonbrun, "A New Generation."

5. 感謝約翰・葛林（John Green）首次分享這個故事。John Green, "Why Are Humans Suddenly Getting Better at Tetris?" YouTube, October 18, 2018, 3:50, https://www.youtube.com/watch?v=twS0SrDg-fc.

6. Gaming Historian, "The Story of Tetris," YouTube, February 2, 2018, 59:30, https://www.youtube.com/watch?v=_fQtxKmgJC8.

7. Cornelius, *Ecstasy of Order*.

8. Goldsmith, "Brain on Tetris."

9. Cornelius, *Ecstasy of Order*.

10. Cornelius.

11. Cornelius.

12. Henrich, *Secret of Our Success*, 2.

13. Rawlings, "After a Decade of Tool Innovation."

14. Herrmann et al., "The Cultural Intelligence Hypothesis."

15. 舉例來說，海爾蒙特（Jan Baptista van Helmont）在一些實驗中仔細測量重量。他在一個實驗中首先證明樹木的重量並非來自土壤，還證明沙變成玻璃後，質量不會改變。Principe, *Secrets of Alchemy*.

16・Principe, *Secrets of Alchemy,* 2.

17・Boyle, *New Experiments Physico-Mechanicall.*

18・Friedman, *Free to Choose.*

19・Haier et al., "MRI Assessment of Cortical Thickness."

20・Rowland, "The Effect of Testing versus Restudy on Retention."

21・Clark, "Antagonism between Achievement and Enjoyment."

22・Thorndike, *Human Learning.*

23・Ericsson, Krampe, and Tesch-Römer, "The Role of Deliberate Practice."

24・Choudhry, Fletcher, and Soumerai, "The Relationship between Clinical Experience and Quality of Health Care."

25・Ericsson, *Development of Professional Expertise,* 49.

26・Ericsson, 49.

27・Plato, *Phaedrus.*

28・Autor et al., "The Origins and Content of Work."

第一章：解決問題的關鍵是探索

1・Duncker, "On Problem Solving."

2・Singh, *Fermat's Last Theorem*, 49.

3・Singh, 126.

4・Singh, 136.

5・Singh, 23.

6・Singh, 203.

7・Singh, 241.

8・Singh, 246.

9・Singh, *Fermat's Last Theorem* (BBC documentary).
10・Klahr, Exploring Science.
11・Kiersz, "Rubik's Cube."
12・Singh, *Fermat's Last Theorem*, 240.
13・Davis, Matijasevič, and Robinson, "Hilbert's Tenth Problem."
14・電腦科學家會判定有高效算法可以解決問題，藉此研究問題的複雜度。例如，只要懂得方法，魔術方塊就很容易解開，標準的3X3X3魔術方塊最多只要轉動20次就能解開。而數獨和俄羅斯方塊是NP完備（NP-complete），也就是說沒有高效算法（假設大家普遍認為P ≠ NP的假設正確無誤的話）。西洋棋的情況更糟，屬於EXP問題，而我們已經知道不可能找出高效的求解方法。
15・此觀點最早由馬克斯・布萊克（Max Black）於1946年提出。
16・Langley et al., *Scientific Discovery*.
17・Newell and Simon, Human Problem Solving, 416.
18・Tricot and Sweller, "Domain-Specific Knowledge."
19・範例包括 Duncker, "On Problem Solving," and Wertheimer, *Productive Thinking*.
20・九點連線難題的解法：

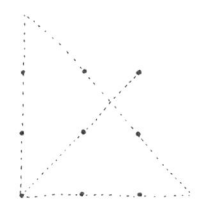

圖 12
第50頁九點連線難題的解法。要解決這道難題，得先了解線可以延伸到點陣外。

21．Singh, *Fermat's Last Theorem* (BBC documentary).

第二章：創造力來自於模仿

1．Aristides, *Classical Drawing Atelier.*

2．Pogrebin and Reyburn, "Painting Sells for $450.3 Million."

3．Cennini, *Il libro dell'arte.*

4．Aristides, *Classical Drawing Atelier.*

5．Da Vinci, *Notebooks,* 290.

6．Efland, *A History of Art Education,* 8.

7．Efland, 26.

8．引用自 Efland, 53.

9．Efland, 197.

10．Aristides, *Classical Drawing Atelier.*

11．Skinner, "A Case History in Scientific Method."

12．Sweller, "Story of a Research Program." 提及的實驗出處：Sweller, Mawer, and Howe, "Consequences of History-Cued."

13．Sweller, "Story of a Research Program."

14．Sweller and Levine, "Effects of Goal Specificity"；Sweller, Mawer, and Ward, "Development of Expertise"；and Owen and Sweller, "What Do Students Learn?"

15．Owen and Sweller, "What Do Students Learn?"

16．Cooper and Sweller, "Effects of Schema Acquisition."

17．Sweller, "Story of a Research Program."

18．Miller, "Magical Number Seven, Plus or Minus Two."

19．Baddeley, *Human Memory.*

20.Ericsson and Kintsch, "LongTerm Working Memory."

21.Kintsch, *Comprehension.*

22.有人提出第三種負荷：增生負荷（Germane Load）可以用來說明在某些實驗中，付出的努力愈多，就會學到愈多東西（但前提是學生有剩餘的認知資源）。然而，近年來史威勒和其他一些認知負荷理論學者認為第三種分類在理論上可能並非必要，也許更適合被描述為一種內在負荷。參考Kalyuga, "Cognitive Load Theory."

23.Sweller, "Story of a Research Program."

24.Jarodzka et al., "Conveying Clinical Reasoning."

25.Piaget, "Piaget's Theory."

26.Klahr and Nigam, "The Equivalence of Learning Paths."

27.Catrambone, "The Subgoal Learning Model."

28.Chi et al., "Self-Explanations."

29.Da Vinci, *Notebooks.*

30.Kalyuga, "Expertise Reversal Effect."

31.Kirschner, "Epistemology or Pedagogy."

第三章：成功是最好的老師

1.Kelly, "Advice I Wish I Had Known."

2.Hermann, *Helen Keller,* 208.

3.Hermann, 9.

4.Hermann, 13.

5.Keller, *Story of My Life*, 24.

6.Keller, 25.

7．Keller, 26.

8．Hermann, *Helen Keller,* 342.

9．Girma, *Haben.*

10．Hermann, *Helen Keller,* 11.

11．凱斯・史丹諾維奇（Keith Stanovich）是第一個提出閱讀與後續智力發展之間關係理論的人。Stanovich, "Matthew Effects in Reading."

12．Ritchie, Bates, and Plomin, "Does Learning to Read Improve Intelligence?"

13．US Department of Education, NCES, "Adult Literacy in the United States."

14．US Department of Education, NCES, "What PIAAC Measures."

15．Jones, "Americans Reading Fewer Books."

16．Adams, *Beginning to Read,* 70.

17．Adams, 69.

18．Adams, 223.

19．Adams, 178.

20．Juel and Roper-Schneider, "Influence of Basal Readers."

21．Bloom, "The 2 Sigma Problem."

22．Guskey, *Implementing Mastery Learning.*

23．Bloom, "Learning for Mastery."

24．Hattie, *Visible Learning*, 170.

25．Hattie, 205.

26．Adams, *Beginning to Read.*

27．Atkinson and Birch, *Introduction to Motivation,* 16.

28．Bandura, *Social Learning Theory*, 4.

29‧Bandura, 78.

30‧Bandura, 81.

31‧Newman and Principe, *Alchemy Tried in Fire.*

32‧Bernstein, "The Mind of a Mathematician."

33‧Adams, *Beginning to Read*, 176.

第四章：經驗讓知識隱形

1‧Polanyi, *The Tacit Dimension.*

2‧Maddox, *Rosalind Franklin,* 161.

3‧Maddox, 14.

4‧Maddox, 169.

5‧Maddox, 203.

6‧Polanyi, *The Tacit Dimension.*

7‧Poincaré, *Science and Method*, 181.

8‧De Groot, *Thought and Choice in Chess.*

9‧尼爾‧查尼斯（Neil Charness）針對西洋棋專業進行的現代研究，其運用的樣本規模大過於德‧葛魯特，技能水準更廣泛，棋手的思考深度也有差異。不過研究顯示，在技能為中等程度時，棋手的思考深度似乎趨於平穩，因此不足以解釋優秀棋手為何有優勢。Ericsson and Smith, *General Theory of Expertise*, 44.

10‧Chi, Glaser, and Farr, *Nature of Expertise*, xvii.

11‧Chase and Simon, "Perception in Chess."

12‧例如醫藥、體育、音樂領域：Ericsson and Smith, *General Theory of Expertise*；程式設計：Chi, Glaser, and Farr, *The Nature of Expertise*；電子：Egan and Schwartz, "Chunking in Recall of

Symbolic Drawings."
13・Simon, "What Is an 'Explanation' of Behavior?"
14・Klein, Calderwood, and ClintonCirocco, "Rapid Decision Making on the Fire Ground."
15・Klein et al., "Option Generation in Chess."
16・Farndale, "Magnus Carlsen."
17・Hatano and Inagaki, "Two Courses of Expertise."
18・Ericsson and Smith, *General Theory of Expertise*, 43.
19・Ericsson and Smith, General Theory of Expertise, chapter 12.
20・Kintsch, *Comprehension.*
21・華生是生物學家，自稱在大學期間差點燒掉有機化學實驗室，此後就避免研究化學。Watson, The Double Helix, 29. 克里克是一位物理學家，曾經在生化學家厄文・夏蓋夫的面前出糗：他竟然忘了DNA裡核酸的化學結構，而這是他們試著分析的分子的基本元素。Watson, 111.
22・Grice, "Logic and Conversation."
23・Watson, *The Double Helix*, 157.
24・Watson, 23.
25・Watson, 108.
26・Watson, 111.
27・Watson, 179.
28・Zuckerman, *Scientific Elite,* 113.
29・Beth, Klein, and Hoffman, *Working Minds,* 167.
30・Beth, Klein, and Hoffman, 11.
31・Beth, Klein, and Hoffman, 14.
32・Beth, Klein, and Hoffman, 71.

33・Zsambok and Klein, *Naturalistic Decision Making*, 136.

34・LeFevre and Dixon, "Do Written Instructions Need Examples?"

35・Beth, Klein, and Hoffman, *Working Minds*, 229.

36・Simon, *Administrative Behavior*, 243.

第五章：難度的甜蜜點

1・Ericsson and Pool, *Peak*.

2・Consuela, *Octavia Butler*, ix.

3・Canavan, *Octavia E. Butler*, 37.

4・Consuela, *Octavia Butler*, 3.

5・Consuela, 52.

6・Butler, "Positive Obsession."

7・Consuela, *Octavia Butler*, 221.

8・Consuela, 137.

9・Consuela, 53.

10・Consuela, 20.

11・Canavan, *Octavia E. Butler*, 84.

12・Bereiter and Scardamalia, *The Psychology of Written Composition*.

13・Consuela, *Octavia Butler*, 52.

14・Consuela, 37.

15・雖然這個版本的引文廣為流傳，但是我未能找到確切的出處。據說1961年，海明威在接受現在已停刊的《紐約新聞報》（New York Joournal-American）訪談時如此表示。然而，早期的傳記作家查爾斯・安德魯・芬頓（Charles Andrew Fenton）記錄過，海明威對友人說過類似但措辭沒那麼巧妙的看法。他說：我在死前都會是（寫作）這門藝術的學徒，傻瓜才會說自己掌握了這門藝術。但我很清楚，沒人可以在這方面達到精熟的境界，也沒辦法做得更好。」Fenton, *The Apprenticeship of Ernest Hemingway.*

16 · Consuela, *Octavia Butler,* 3.

17 · Bjork and Bjork, "Desirable Difficulty."

18 · Roediger III and Butler, "Critical Role of Retrieval Practice."

19 · Dempster, "The Spacing Effect."

20 · Anderson, *Learning and Memory,* 239.

21 · Consuela, *Octavia Butler,* 77.

22 · Carroll, "Using Worked Examples."

23 · Consuela, *Octavia Butler,* 53.

24 · Mayer, "Should There Be a Three-Strikes Rule?"

25 · Kirschner, Sweller, and Clark, "Why Minimal Guidance During Instruction Does Not Work."

26 · Anderson, Reder, and Simon, "Applications and Misapplications."

27 · Kapur, "Productive Failure."

28 · Sinha and Kapur, "Evidence for Productive Failure."

29 · Schwartz and Martin, "Inventing to Prepare for Future Learning."

30 · Ashman, Kalyuga, and Sweller, "Problem-Solving or Explicit Instruction?"

31 · Glogger-Frey, "Inventing a Solution and Studying a Worked Solution."

32 · Matlen and Klahr, "Sequential Effects of High and Low Instructional Guidance."

33 · Oxford Reference, "Zone of Proximal Development."

34. Kintsch, *Comprehension*, 324.
35. McNamara and Kintsch, "Learning from Texts."
36. Kalyuga, "Expertise Reversal Effect."
37. Consuela, *Octavia Butler*, 217.
38. Butler, "Positive Obsession."
39. Merriënboer and Paas, "Automation and Schema Acquisition."
40. Bereiter and Scardamalia, *The Psychology of Written Composition*.

第六章：心智不是肌肉

1. Singley and Anderson, *Transfer of Cognitive Skill*, 26.
2. Federal Trade Commission, "Lumosity to Pay $2 Million."
3. Federal Trade Commission, "Stipulated Final Judgment."
4. Ritchie, *Intelligence*.
5. Owen et al., "Putting Brain Training to the Test."
6. Watrin, Hülür, and Wilhelm, "Training Working Memory for Two Years."
7. Noack et al., "Cognitive Plasticity in Adulthood and Old Age."
8. Melby-Lervag, Redick, and Hulme, "Working Memory Training Does Not Improve Performance."
9. Plato, *Plato's Republic*, 298.
10. 人們經常把洛克視為形式訓練說的思想先驅。例如，可參閱 Dewey, *Democracy and Education*. 然而，洛克實際的教育觀點更為複雜。參閱 Hodge, *John Locke and Formal Discipline*.
11. Woodworth and Thorndike, "The Influence of Improvement."

12・Thorndike, "Mental Discipline."
13・Thorndike, *Educational Psychology*, 90.
14・Thorndike, *The Principles of Teaching*, 240.
15・Thorndike, 241.
16・Thorndike, 246.
17・Sala and Gobet, "Does Far Transfer Exist?"
18・VanLengen, "Does Instruction in Computer Programming Improve Problem-Solving Ability?"
19・Meikeljohn, "Is Mental Training a Myth?"
20・Woodworth and Thorndike, "The Influence of Improvement."
21・Thorndike, "The Effect of Changed Data upon Reasoning."
22・Judd, "The Relation of Special Training and General Intelligence."
23・Wertheimer, *Productive Thinking*.
24・Anderson and Lebiere, *The Atomic Components of Thought*.
25・Anderson, *Learning and Memory*, 323.
26・DeKeyser, "Beyond Explicit Rule Learning."
27・Swain, "Communicative Competence."
28・Anderson, *Rules of the Mind*, 195.
29・McClelland and Rumelhart, *Parallel Distributed Processing*.
30・Brewer, "Bartlett's Concept of the Schema."
31・Logan, "Instance Theory."
32・Gick and Holyoak, "Analogical Problem Solving."
33・Singley and Anderson, *Transfer of Cognitive Skill*, 23.
34・Cheng et al., "Pragmatic versus Syntactic Approaches."

35・Cheng et al.

36・Reed, Dempster, and Ettinger, "Usefulness of Analogous Solutions."

37・Whitehead, "Aims of Education."

38・Fong, Krantz, and Nisbett, "Effects of Statistical Training."

39・Singley and Anderson, *Transfer of Cognitive Skill*, 23.

40・Chi, Feltovich, and Glaser, "Representation of Physics Problems."

41・Karpicke, "Metacognitive Control."

42・Karpicke and Blunt, "Retrieval Practice."

43・Bassok and Holyoak, "Pragmatic Knowledge and Conceptual Structure."

44・Anderson, Reder, and Simon, "Situated Learning and Education."

45・葛雷格・艾許曼（Greg Ashman）提出心智的比喻：「不要把心智看成是一排排的圖書館書架，並把知識看成是整齊排列其上的書籍，我們也許應該把心智看成是一套由知識構成的工具。知識就是你思考時所用的東西，知識就是心智。」Ashman, *Explicit Teaching*, 12.

46・Thorndike, *The Principles of Teaching*, 247–48.

第七章：多樣性優於重複

1・Berliner, *Thinking in Jazz*, 20.

2・Davis and Troupe, *Miles*.

3・Berliner, *Thinking in Jazz*, 390.

4・Berliner, 57.

5． Owens, *Bebop*, 12.

6． Berliner, *Thinking in Jazz*, 305.

7． Berliner, 20.

8． Berliner, 99.

9． Berliner, 155.

10． Berliner, 165.

11． Berliner, 242.

12． Berliner, 239.

13． Berliner, 248.

14． Battig, "Facilitation and Interference."

15． Shea and Morgan, "Contextual Interference Effects."

16． Magill and Hall, "A Review of the Contextual Interference Effect."

17． Merriënboer, de Croock, and Jelsma, "The Transfer Paradox."

18． Pan et al., "Interleaved Practice."

19． Nakata and Suzuki, "Mixed Grammar Exercises Facilitates Long-Term Retention."

20． Berliner, *Thinking in Jazz*, 240.

21． Berliner, 141.

22． Berliner, 115.

23． Berliner, 120.

24． Berliner, 207.

25． Berliner, 155.

26． Hatala, Brooks, and Norman, "Practice Makes Perfect."

27． Eglington and Kang, "Interleaved Presentation."

28 · Kang and Pashler, "Learning Painting Styles."

29 · Birnbaum et al., "Why Interleaving Enhances Inductive Learning."

30 · Goldstone, "Isolated and Interrelated Concepts."

31 · Engelmann and Carnine, *Theory of Instruction*, 123.

32 · Berliner, *Thinking in Jazz,* 214.

33 · Berliner, 232.

34 · Berliner, 232.

35 · Berliner, 166.

36 · Berliner, 236.

37 · Berliner, 238.

38 · Richard Feynman, "Knowing vs Understanding," YouTube, 5:36, https://www.youtube.com/watch?v=NM-zWTU7X-k.

39 · Newell and Simon, *Human Problem Solving*, 59.

40 · Marrow, *The Practical Theorist,* viii.

41 · Wulf and Shea, "Principles."

42 · Gao et al., "Effects of Speaker Variability."

43 · Likourezos, Kalyuga, and Sweller, "The Variability Effect."

44 · Berliner, *Thinking in Jazz,* 159.

45 · Walk That Bass, "Bebop Explained," YouTube, May 24, 2019, 17:54, https://www.youtube.com/watch?v=gEwWjJ7c0u4.

46 · Beth, Klein, and Hoffman, *Working Minds,* 134.

47 · Davis and Troupe, Miles, 61.

48 · Kornell and Bjork, "Learning Concepts and Categories."

第八章：品質來自於數量

1. Pauling, "Crusading Scientist."
2. History.com, "Thomas Edison."
3. Josephson, "Edison," 401.
4. Heydenreich, "Leonardo da Vinci."
5. Brown, "Famous Picasso Paintings."
6. Quetelet, *Treatise on Man*.
7. Dean Simonton, personal communication.
8. Simonton, *Greatness*, 184.
9. 原本賽蒙頓提出的是等機率「法則」，但後來他根據對歷史數據的更新分析，將其修正為「等機率基準」。在具有標準「最小出版單位」（例如科學論文）的領域中，這種創作成功機會均等的潛力最明顯，有別於創作成果在規模上差異巨大的領域（例如詩作與歌劇）。
10. Price, *Little Science, Big Science*.
11. Zuckerman, *Scientific Elite*, 145.
12. Davis, "Creativity in Neurosurgical Publications."
13. Simon, "How Managers Express Their Creativity."
14. Einstein, "Physics and Reality."
15. Hayes, "Cognitive Processes in Creativity."
16. Josephson, *Edison*, 35.
17. Bacon, *Novum Organon*.
18. Ogburn and Thomas, "Are Inventions Inevitable?"
19. Merton, "Singletons and Multiples."
20. Sternberg, *Handbook of Creativity,* chapter on "Implications of a Systems Perspective for the Study of Creativity," 313–35.

21．Simonton, *Greatness*, 110.

22．Edison Innovation Foundation, "Famous Quotes."

23．Edison Innovation Foundation.

24．Diamond, *Guns, Germs, and Steel.*

25．Csikszentmihalyi, "Creativity and Genius."

26．Campbell, "Blind Variation."

27．Greenwald, "30 Life-Changing Inventions."

28．Souriau, *Théorie de l'Invention,* 45.

29．Josephson, *Edison*, 235.

30．Josephson, 345.

31．Josephson, 199.

32．Henderson, "Semaglutide."

33．Ghofrani, Osterloh, and Grimminger, "Sildenafil."

34．Wertheimer, *Productive Thinking.*

35．Sternberg, *Handbook of Creativity,* 10.

36．Josephson, *Edison*, 79.

37．Howes, "Age of Invention."

38．實際的故事沒那麼戲劇化，看起來愛迪生的確是從自己的婚禮離席，去實驗室研究某個問題，但他本人記得大約晚餐時間就回去了。Josephson, *Edison,* 87.

39．Simonton, *Greatness, 139.*

40．Isaacson, *Einstein,* 217.

41．Simonton, *Greatness,* 139.

42．Simonton, 139.

43．Matthews, Helmreich, and Beane, "Pattern A."

44．Josephson, *Edison,* 364.

45．Armstrong, *Seinfeldia,* 191.

46．Kanigel, *Apprentice to Genius,* 190.

47．Zuckerman, *Scientific Elite,* 229.

48．Feynman, *"Surely You're Joking."*

49．Newport, *Deep Work.*

第九章：經驗不代表專業

1．Kahneman, "Don't Blink!"

2．World Series of Poker, "2007 World Series of Poker Europe."

3．PokerListings, "Best Poker Moments."

4．Imir, "Annette Obrestad."

5．Annette Obrestad, "My Story," YouTube, October 18, 2018, 18:37, https://www.youtube.com/watch?v=mk-0CmsIVFg.

6．Hendon Mob, "Norway All Time Money List."

7．Magyar, *Greatest Stories in Poker History,* 18.

8．Magyar, 22.

9．Twain, *Life as I Find It.*

10．Magyar, *Greatest Stories in Poker History,* 44.

11．Kiger, "Nixon's WWII Poker Game."

12．Brunson, *Super System.*

13．PokerListings, "About Chris Moneymaker."

14．Negreanu, "Daniel Negreanu Teaches Poker."

15．Grove and Meehl, "Comparative Efficiency."

16・Meehl, *Clinical versus Statistical Prediction,* 24.

17・Grove and Meehl, "Comparative Efficiency."

18・Chi, Glaser, and Farr, *Nature of Expertise,* chapter on "Expertise and Decision Under Uncertainty."

19・Kahneman, Tversky, and Slovic, "Judgements."

20・Kahneman and Klein, "Conditions for Intuitive Expertise."

21・Tetlock, *Expert Political Judgment.*

22・Tetlock, xx.

23・Tetlock, xi.

24・Quote Investigator, "One-Handed Economist."

25・Tetlock and Gardener, *Superforecasting,* 18.

26・Tetlock and Gardener, 278.

27・Tetlock and Gardener, 200.

28・Tetlock and Gardener, 14.

29・Tetlock and Gardener, 243.

30・Benson and Önkal, "The Effects of Feedback."

31・Yong, "Real Wisdom of the Crowds."

32・Mercier and Sperber, *Enigma of Reason.*

33・Moshman and Geil, "Collaborative Reasoning."

第十章：練習必須貼近現實

1・Holmes, *The Essential Holmes,* 45.

2・Aviation Safety Network, "ASN Accident Description."

3・NSC Injury Facts, "Deaths by Transportation Mode."

4・White, *Medieval Technology and Social Change.*

5・Crowley, "The Guns of Constantinople."

6・Morley, "Earning Their Wings."

7・Morley, 53.

8・Morley, 81.

9・Morley, 44.

10・Morley, 73.

11・Morley, 72.

12・Morley, 94.

13・McKenna, "Robert Smith-Barry."

14・Morley, "Earning Their Wings," 95.

15・Morley, 95.

16・Morley, 97.

17・Morley, 111.

18・Morley, 111.

19・Morley, 117.

20・Morley, 118.

21・McKenna, "Robert Smith-Barry."

22・Mavin and Murray, "Simulated Practice."

23・Reijnoudt and Sterk, *Tragedie Op Tenerife.*

24・Boyle, "Medical School Enrollments Grow."

25・Wise, Hopkin, and Garland, *Handbook of Aviation Human Factors,* 440.

26・Wise, Hopkin, and Garland, 440.

27・US Air Force, "Link Trainer."

28． Wise, Hopkin, and Garland, *Handbook of Aviation Human Factors*, 443.
29． Roscoe, "Incremental Transfer Effectiveness."
30． Jacobs et al., "Flight Simulator Training Research."
31． Carretta and Dunlap, "Transfer of Training Effectivness."
32． Rantanen and Talleur, "Incremental Transfer."
33． Wise, Hopkin, and Garland, *Handbook of Aviation Human Factors*, 442.
34． Lintern, Roscoe, and Sivier, "Display Principles."
35． Wise, Hopkin, and Garland, *Handbook of Aviation Human Factors,* 441.
36． Wenger, Communities of Practice.
37． Spaeth, "What a Lawyer Needs to Learn."
38． Lave and Wenger, *Situated Learning.*
39． Lave and Wenger, 30.
40． Lave and Wenger, 78.
41． Kleiner and Vorotnikov, "At What Cost?"
42． Spoken by Sir Patrick in Shaw's *play The Doctor's Dilemma.*
43． Brennan, *Good Work*, 56.
44． Brennan, 67.
45． Brennan, 68.
46． Heckman, Humphries, and Kautz, *The Myth of Achievement Tests.*
47． Kanigel, *Apprentice to Genius,* 99.
48． Hirsch, *Cultural Literacy.*

第十一章：改進不是直線前進

1．Quote Investigator, "It Is Better to Know."

2．Eden, "Stroke of Madness."

3．Dethier, "Tiger Woods' First-Ever TV Appearance."

4．Harmon and Eubanks, *The Pro,* 161.

5．Harmon and Eubanks, 163.

6．Eden, "Stroke of Madness."

7．Eden.

8．Harmon and Eubanks, *The Pro,* 166.

9．Fitts and Posner, *Human Performance.*

10．Wulf, Lauterbach, and Toole, "The Learning Advantages."

11．Bernshteĭn, *Co-ordination and Regulation of Movements.*

12．Luchins, "Einstellung."

13．Duncker, "On Problem Solving."

14．Gardener, *Unschooled Mind.*

15．DiSessa, "Unlearning Aristotelian Physics."

16．Voss et al., "Informal Reasoning."

17．Willingham, Hughes, and Dobolyi, "The Scientific Status of Learning Styles Theories."

18．Kubricht, Holyoak, and Lu, "Intuitive Physics."

19．Thaden-Koch, Dufresne, and Mestre, "Coordination of Knowledge."

20．Brown and VanLehn, "Repair Theory."

21．Rosenshine and Stevens, *Handbook of Research on Teaching.*

22．Marcus et al., "Overregularization in Language Acquisition."

23 · Pinker and Morey, *The Language Instinct.*

24 · Patel and Groen, "Developmental Accounts."

25 · Siegler, *Emerging Minds.*

26 · Planck, *Scientific Autobiography.*

27 · Britannica, "Albert Einstein's Perspective."

28 · Ericsson and Pool, *Peak.*

29 · Ericsson, *Development of Professional Expertise,* 417.

30 · Wieman and Perkins, "Transforming Physics Education."

31 · Jimoyiannis and Komis, "Computer Simulations in Physics."

32 · Kahneman, *Thinking, Fast and Slow.*

33 · Masters and Maxwell, "The Theory of Reinvestment."

第十二章：接觸能減少恐懼

1 · Rachman, *Fear and Courage,* 38.

2 · Titmuss, *Problems of Social Policy,* 4.

3 · Titmuss, 6.

4 · Stanley Balwin, "A Fear for the Future," speech before the House of Commons of the United Kingdom, November 10, 1932.

5 · Titmuss, *Problems of Social Policy*, 9.

6 · Titmuss, 19.

7 · Titmuss, 20.

8 · Rachman, *Fear and Courage*, 20.

9 · Vernon, "Psychological Effects of Air-Raids."

10 · Stokes, "War Strains and Mental Health."

11. Janis, *Air War and Emotional Stress*, 112.
12. Vernon, "Psychological Effects of Air-Raids."
13. Panter-Downes, London War Notes.
14. Janis, Air War and Emotional Stress, 65.
15. Janis, 112.
16. Saigh, "Preand Postinvasion Anxiety in Lebanon."
17. Clark, "Panic."
18. James, *Principles of Psychology*, vol. 2, 704.
19. Janis, *Air War and Emotional Stress*, 123.
20. Seligman, "Phobias and Preparedness."
21. Mineka and Zinbarg, "A Contemporary Learning Theory."
22. Mowrer, *Learning Theory and Behavior*.
23. Bouton, "Context, Ambiguity and Unlearning."
24. Vervliet, Craske, and Hermans, "Fear Extinction and Relapse."
25. Vernon, "Psychological Effects of Air-Raids."
26. Craske et al., "Maximizing Exposure Therapy."
27. Locke, *Thoughts Concerning Education*, 109.
28. Marks, Fears, Phobias, and Rituals, 457.
29. Wolpe, *Psychotherapy by Reciprocal Inhibition*.
30. Marks, *Fears, Phobias, and Rituals*, 459.
31. Abramowitz, Deacon, and Whiteside, Exposure Therapy, 15.
32. Marks, *Fears, Phobias, and Rituals* 459.
33. Foa et al., "A Comparison of Exposure Therapy"；Ramnerö, "Is There Room for Cognitive Interventions?"；Feske and Chambless, "Cognitive Behavioral versus Exposure Only Treatment"；Marks, *Fears, Phobias, and Rituals*.

34．Hofmann and Asmundson, "Mindfulness-Based Therapy."

35．LeDoux, *Anxious*, 259.

36．Hofmann, "Cognitive Processes During Fear."

37．Siegel and Warren, "Less Is Still More."

38．Wolitzky-Taylor et al., "Treatment of Specific Phobias."

39．Gould et al., "Treatment for Social Phobia."

40．Gould et al., "Generalized Anxiety Disorder."

41．Gould, Otto, and Pollack, "Panic."

42．Balkom et al., "Obsessive Compulsive Disorder."

43．Van Etten and Taylor, "Comparative Efficacy of Treatments."

44．Abramowitz, Deacon, and Whiteside, *Exposure Therapy*, 353. 中斷治療患者的資料亦可參閱之前引用的統合分析結果。

45．Abramowitz, Deacon, and Whiteside, 351.

46．Abramowitz, Deacon, and Whiteside, 87.

47．Abramowitz, Deacon, and Whiteside, 82.

48．Abramowitz, Deacon, and Whiteside, 115.

49．Abramowitz, Deacon, and Whiteside, 119.

50．Rachman, Fear and Courage, 59.

51．Vernon, "Psychological Effects of Air-Raids."

52．Rachman, *Fear and Courage,* 7.

53．Rachman, 225.

結語：練習締造完美

1．Cowen, "Learn Like an Athlete."

2・Chi, Feltovich, and Glaser, "Representation of Physics Problems."
3・Barnett and Kowslowski, "Adaptive Expertise."
4・Ayres, "Impact of Reducing Cognitive Load."
5・Carlson, Khoo, and Elliot, "Component Practice."
6・Kluger and DeNisi, "The Effects of Feedback Interventions."

參考書目

- Abramowitz, Jonathan S., Brett J. Deacon, and Stephen P. H. Whiteside. *Exposure Therapy for Anxiety: Principles and Practice.* New York: Guilford Press, 2011.
- Adams, Marilyn Jager. *Beginning to Read: Thinking and Learning About Print.* Cambridge, MA: Bradford Books, 1994.
- Anderson, John. *Learning and Memory: An Integrated Approach.* New York: Wiley, 2000.
- ———. *Rules of the Mind.* New York: Psychology Press, 2014.
- Anderson, John, and Christian J. Lebiere. *The Atomic Components of Thought.* New York: Psychology Press, 2014.
- Anderson, John, Lynne Reder, and Herbert Simon. "Applications and Misapplications of Cognitive Psychology to Mathematics Education." 1999. Accessed June 26, 2023. https://files.eric.ed.gov/fulltext/ED439007.pdf.
- ———. "Situated Learning and Education." *Educational Researcher* 25, no. 4 (1996): 5–11.
- Aristides, Juliette. *Classical Drawing Atelier: A Contemporary Guide to Traditional Studio Practice.* New York City: Watson-Guptill, 2011.
- Armstrong, Jennifer Keishin. *Seinfeldia: How a Show About Nothing Changed Everything.* New York: Simon & Schuster, 2017.
- Ashman, Greg. *The Power of Explicit Teaching and Direct Instruction.* Thousand Oaks, CA: Corwin, 2020.
- Ashman, Greg, Slava Kalyuga, and John Sweller. "Problem-Solving or Explicit Instruction: Which Should Go First When Element Interactivity Is High?" *Educational Psychology Review* 22 (2020): 229–47.
- Atkinson, John William, and David Birch. *Introduction to Motivation.* 2nd ed. New York: Van Nostrand, 1978.
- Autor, David, Caroline Chin, Anna M. Salomons, and Bryan Seegmiller. "New Frontiers: The Origins and Content of Work 1940–2018." *NBER Working Paper Series*, 2022.
- Aviation Safety Network. "ASN Accident Description." Accessed June 27, 2023. http://aviation-safety.net/database/record.php?id=19770327-0.

- Ayres, Paul. "Impact of Reducing Cognitive Load on Learning in a Mathematical Domain." *Applied Cognitive Psychology* 20, no. 3 (2006): 287–98.

- Bacon, Francis. *Novum Organon*. 1620.

- Baddeley, Alan. *Human Memory: Theory and Practice*. Hove, UK: Psychology Press, 1997.

- Balkom, Anton J. L. M. van, Patricia van Oppen, Alexander W. A. Vermeulen, Richard van Dyck, Mary C. E. Nauta, and Harne C. M. Vorst. "A Meta-Analysis on the Treatment of Obsessive Compulsive Disorder: A Comparison of Antidepressants, Behavior, and Cognitive Therapy." *Clinical Psychology Review* 14, no. 5 (1994): 359–81.

- Bandura, Albert. *Social Learning Theory*. Englewood Cliffs, NJ: Prentice-Hall, 1977.

- Barnett, Susan M., and Barbara Kowslowski. "Adaptive Expertise: Effects of Type of Experience and the Level of Theoretical Understanding It Generates." *Thinking & Reasoning* 8, no. 4 (2002): 237–67.

- Bassok, Miriam, and Keith Holyoak. "Pragmatic Knowledge and Conceptual Structure: Determinants of Transfer Between Quantitative Domains." In *Transfer on Trial: Intelligence, Cognition, and Instruction*, edited by Douglas Detterman and Robert Sternberg, 68–98. Norwood, NJ: Ablex, 1993.

- Battig, William. "Facilitation and Interference." In *Acquisition of Skill*, edited by Edward Bilodeau, 215–45. New York: Academic Press, 1966.

- Benson, P. George, and Dilek Önkal. "The Effects of Feedback and Training on the Performance of Probability Forecasters." *International Journal of Forecasting* 8, no. 4 (1992): 559–73.

- Bereiter, Carl, and Marlene Scardamalia. *The Psychology of Written Composition*. Mahwah, NJ: Erlbaum, 1987.

- Berliner, Paul. *Thinking in Jazz: The Infinite Art of Improvisation*. Chicago: University of Chicago Press, 2009.

- Bernshteĭn, Nikolaĭ Aleksandrovich. *The Co-ordination and Regulation of Movements*.

- New York: Pergamon Press, 1967.

- Bernstein, Mark F. "The Mind of a Mathematician." Princeton Alumni Weekly, November 13, 2019. Accessed June 26, 2023. https://paw.princeton.edu/article/mind-mathematician.

- Beth, Crandall, Gary Klein, and Robert R. Hoffman. *Working Minds: A Practitioner's Guide to Cognitive-Task Analysis.* Cambridge, MA: MIT Press, 2006.

- Birnbaum, Monica, Nate Kornell, Elizabeth Bjork, and Robert Bjork. "Why Interleaving Enhances Inductive Learning: The Roles of Discrimination and Retrieval." *Memory & Cognition* 41 (2013): 392–402.

- Bjork, Robert, and Elizabeth Bjork. "Desirable Difficulty in Theory and Practice."

- *Journal of Applied Research in Memory and Cognition* 9 (2020): 475–479.

- Bloom, Benjamin. "Learning for Mastery." *Evaluation Comment* 1, no. 2 (1968).

- ———. "The 2 Sigma Problem: The Search for Methods of Group Instruction as Effective as One-to-One Tutoring." *Educational Researcher* 13, no. 6 (1984): 4–16.

- Bouton, Mark. "Context, Ambiguity and Unlearning: Sources of Relapse After Behavioral Extinction." *Biological Psychiatry* 52, no. 10 (2002): 976–86.

- Boyle, Patrick. "Medical School Enrollments Grow, but Residency Slots Haven't Kept Pace." Association of American Medical Colleges, September 3, 2020. Accessed June 27, 2023. https://www.aamc.org/news/medical-school-enrollments-grow-residency

- -slots-haven-t-kept-pace.

- Boyle, Robert. 1662. New *Experiments Physico-Mechanicall, Touching the Spring of Air, and Its Effects*. Oxford: H. Hall, Printer to the University, for T. Robinson.

- Brennan, Jason. *Good Work If You Can Get It: How to Succeed in Academia.* Baltimore: Johns Hopkins University Press, 2020.

- Brewer, William F. "Bartlett's Concept of the Schema and Its Impact on Theories of Knowledge Representation in Contemporary Cognitive Psychology." In *Bartlett, Culture and Cognition*, edited by Akiko Saito, 69–89. London: Psychology Press, 2000.

- Britannica. "Understand Albert Einstein's Perspective of Disagreement About the Element of Uncertainty of Quantum Theory." Accessed June 27, 2023. https://www

- .britannica.com/video/186825/indeterminacy-element-interpretation-quantum-mechanics-objections-Niels.

- Brown, Forrest. "Famous Picasso Paintings: 7 Works That Captured Our Imagination." CNN, February 3, 2020. Accessed June 27, 2023. https://www.cnn.com/style/article/famous-picasso-paintings/index.html.

- Brown, John Seely, and Kurt VanLehn. "Repair Theory: A Generative Theory of Bugs in Procedural Skills." *Cognitive Science* 4, no. 4 (1980): 379–426.

- Brunson, Doyle. *Doyle Brunson's Super System: A Course in Power Poker*. Las Vegas, NV: B&G, 1978.

- Butler, Octavia. "Positive Obsession." In *Bloodchild and Other Stories*, 125–35. New York: Seven Stories Press, 2005.

- Campbell, Donald. "Blind Variation and Selective Retention in Creative Thought as in Other Knowledge Processes." *Psychological Review* 67, no. 6 (1960): 380–400.

- Canavan, Gerry. Octavia E. Butler. Urbana: University of Illinois Press, 2016.

- Caplan, Bryan. *The Case Against Education: Why the Education System Is a Waste of Time and Money*. Princeton, NJ: Princeton University Press, 2018.

- Carlson, Richard A., Boo Hock Khoo, and Robert G. II Elliot. "Component Practice and Exposure to a Problem-Solving Context." *Human Factors: The Journal of the Human Factors and Ergonomics Society* 32, no. 3 (1990): 267–86.

- Carretta, Thomas, and Ronald Dunlap. "Transfer of Training Effectivness in Flight Simulation 1988 to 1997." United States Air Force Research Laboratory, 1998.

- Carroll, William. "Using Worked Examples as an Instructional Support in the Algebra Classroom." *Journal of Educational Psychology* 86, no. 3 (1994): 360–67.

- Catrambone, Richard. "The Subgoal Learning Model: Creating Better Examples So That Students Can Solve Novel Problems." *Journal of Experimental Psychology: General* 127, no. 4 (1998): 355.

- Cennini, Cennino. *Il libro dell'arte*. Translated by Daniel V. Thompson. New York: Dover, 1954.

- Chase, William, and Herbert Simon. "Perception in Chess." *Cognitive Psychology* 4, no. 1 (1973): 55–81.

- Cheng, Patricia W., Keith Holyoak, Richard Nisbett, and Lindsay Oliver. "Pragmatic versus Syntactic Approaches to Training Deductive Reasoning." *Cognitive Psychology* 18, no. 3 (1986): 293–328.

- Chi, Michelene, Miriam Bassok, Matthew W. Lewis, Peter Reinmann, and Robert Glaser. "Self-Explanations: How Students Study and Use Examples in Learning to Solve Problems." *Cognitive Science* 13, no. 2 (1989): 145–82.

- Chi, Michelene, Paul Feltovich, and Robert Glaser. "Categorization and Representation of Physics Problems by Experts and Novices." *Cognitive Science* 5, no. 2 (1981): 121–52.

- Chi, Michelene, Robert Glaser, and Marshall Farr. *The Nature of Expertise*. Hillsdale, NJ: Erlbaum, 1988.

- Choudhry, Niteesh K., Robert H. Fletcher, and Stephen B. Soumerai. "Systematic Review: The Relationship Between Clinical Experience and Quality of Health Care." *Annals of Internal Medicine* 142, no. 4 (2005): 260–73.

- Clark, Lee. "Panic: Myth or Reality?" *Contexts* (Fall 2022): 21–26.

- Clark, Richard E. "Antagonism Between Achievement and Enjoyment in ATI Studies."

- *Educational Psychologist* 17, no. 2 (1982): 92–101.

- tConsuela, Francis. *Conversations with Octavia Butler.* Jackson: University Press of Mississippi, 2009.

- Cooper, Graham, and John Sweller. "Effects of Schema Acquisition and Rule Automation on Mathematical Problem-Solving Transfer." *Journal of Educational Psychology* 79, no. 4 (1987): 347–62.

- Cornelius, Adam, dir. *Ecstasy of Order: The Tetris Masters*. 2021.

- Cowan, Nelson. "The Magical Number 4 in Short-Term Memory: A Reconsideration of Mental Storage Capacity." *Behavioral and Brain Sciences* 24, no. 1 (2001): 87–114.

- Cowen, Tyler. "Learn Like an Athlete, Knowledge Workers Should Train." *Marginal Revolution*, July 12, 2019. Accessed June 28, 2023. https://marginalrevolution.com/marginalrevolution/2019/07/learn-like-an-athlete-knowledge-workers-should-train.html.

- Craske, Michelle G., Michael Treanor, Christopher C. Conway, Tomislav Zbozinek, and Bram Vervliet. "Maximizing Exposure Therapy: An Inhibitory Learning Approach." *Behavioral Research and Therapy* 58 (2014): 10–23.

- Crowley, Roger. *The Guns of Constantinople*. July 30, 2007. Accessed June 27, 2023. https://www.historynet.com/the-guns-of-constantinople/.

- Csikszentmihalyi, Mihalyi. "Creativity and Genius: A Systems Perspective." In *Genius and the Mind*, by Andrew Steptoe, 39–66. New York: Oxford University Press, 1988.
- Da Vinci, Leonardo. *Leonardo's Notebooks: Writing and Art of the Great Master.* Edited by H. Anna Suh. New York: Black Dog & Leventhal, 2013.
- Davis, Martin, Yuri Matijasevič, and Julia Robinson. "Hilbert's Tenth Problem. Diophantine Equations: Positive Aspects of a Negative Solution." American Mathematical Society, 1976.
- Davis, Miles, and Quincy Troupe. *Miles: The Autobiography.* New York: Simon & Schuster, 1989.
- Davis, Richard. "Creativity in Neurosurgical Publications." *Neurosurgery* 20, no. 4 (1987): 652–63.
- De Groot, Adrianus Dingeman. *Het denken van den schaker* (Thought and choice in chess). Amsterdam: N.V. Noord-Hollandsche Uitgevers Maatschappij, 1946.
- DeKeyser, Robert. "Beyond Explicit Rule Learning: Automatizing Second Language Morphosyntax." *Studies in Second Language Acquisition* 19, no. 2 (1997): 195–221.
- Dempster, Frank N. "The Spacing Effect: A Case Study in the Failure to Apply the Results of Psychological Research." *American Psychologist* 43, no. 8 (1988): 627.
- Dethier, Dylan. "What Tiger Woods' First-Ever TV Appearance (at Age 2!) Really Taught Us." *Golf,* March 24, 2020. Accessed June 27, 2023. https://golf.com/news/tiger-woods-youtube-project-first-tv-appearance/.
- Dewey, John. *Democracy and Education.* New York: Macmillan, 1916.
- Diamond, Jared. *Guns, Germs, and Steel: The Fates of Human Societies.* New York: Norton, 1997.
- DiSessa, Andrea A. "Unlearning Aristotelian Physics: A Study of Knowledge-Based Learning." *Cognitive Science* 6, no. 1 (1982): 37–75.
- Duncker, Karl. "On Problem Solving." *Psychological Monographs* 58, no. 5 (1945): i–113.
- Eden, Scott. "Stroke of Madness." ESPN, January 13, 2013. Accessed June 27, 2023. https://www.espn.com/golf/story/_/id/8865487/tiger-woods-reinvents-golf-swing-third-career-espn-magazine.

- Edison Innovation Foundation. "Famous Quotes by Thomas Edison." 2020. Accessed June 27, 2023. https://www.thomasedison.org/edison-quotes.
- Efland, Arthur D. *A History of Art Education*. New York: Teachers College Press, 1990. Egan, Dennis, and Barry Schwartz. "Chunking in Recall of Symbolic Drawings."
- *Memory & Cognition* 7 (1979): 149–58.
- Eglington, Luke, and Sean Kang. "Interleaved Presentation Benefits Science Category Learning." *Journal of Applied Research in Memory and Cognition* 6, no. 4 (2017): 475–85.
- Einstein, Albert. "Physics and Reality." Translated by Jean Piccard. *Journal of the Franklin Institute* 221, no. 3 (1936): 349–82.
- Engelmann, Siegfried, and Douglas Carnine. *Theory of Instruction: Principles and Applications*. New York: Irvington, 1982.
- Ericsson, K. Anders. *Development of Professional Expertise: Toward Measurement of Expert Performance and Design of Optimal Learning Environments*. Cambridge: Cambridge University Press, 2009.
- Ericsson, K. Anders, and Walter Kintsch. "Long-Term Working Memory." *Psychological Review* 102, no. 2 (1995): 211–45.
- Ericsson, K. Anders, and Robert Pool. *Peak: Secrets from the New Science of Expertise*.
- Houghton Mifflin Harcourt, 2016.
- Ericsson, K. Anders, and Jacqui Smith. *Toward a General Theory of Expertise: Prospects and Limits*. Cambridge: Cambridge University Press, 1991.
- Ericsson, K. Anders, Ralf T. Krampe, and Clemens Tesch-Römer. "The Role of Deliberate Practice in the Acquisition of Expert Performance." *Psychological Review* 100, no. 3 (1993): 363.
- Fabiani, Monica, Jean Buckley, Gabriele Gratton, Michael G. H. Coles, Emanuel Donchin, and Robert Logie. "The Training of Complex Task Performance." *Acta Psychologica* 71, no. 1–3 (1989): 259–99.
- Farndale, Nigel. "Magnus Carlsen: Grandmaster Flash." Guardian, October 19, 2013. Accessed June 26, 2023. https://www.theguardian.com/sport/2013/oct/19/magnus-carlsen-chess-grandmaster.

- Federal Trade Commission. "Lumosity to Pay $2 Million to Settle FTC Deceptive Advertising Charges for Its 'Brain Training' Program." Press release, January 5, 2016. Accessed June 26, 2023. https://www.ftc.gov/news-events/news/press-releases

- /2016/01/lumosity-pay-2-million-settle-ftc-deceptive-advertising-charges-its-brain-training-program.

- ———. "[Proposed] Stipulated Final Judgment and Order for Permanent Injunction and Other Equitable Relief." January 8, 2016. Accessed June 26, 2023. https://www.ftc.gov/system/files/documents/cases/160105lumoslabsstip.pdf.

- Fenton, Charles Andrew. *The Apprenticeship of Ernest Hemingway*. New York: Farrar, Straus & Young, 1954.

- Feske, Ulrike, and Dianne L. Chambless. "Cognitive Behavioral versus Exposure Only Treatment for Social Phobia: A Meta-Analysis." *Behavior Therapy* 26, no. 4 (1995): 695–720.

- Feynman, Richard. *"Surely You're Joking, Mr. Feynman!"* Adventures of a Curious Character.

- New York: Norton, 1985.

- "Feynman: Knowing versus Understanding." Video, YouTube, May 17, 2012. Accessed June 27, 2023. https://www.youtube.com/watch?v=NM-zWTU7X-k.

- Fitts, Paul Morris, and Michael Posner. *Human Performance*. Belmont, CA: Brooks/ Cole, 1967.

- Foa, Edna, Constance Dancu, Elizabeth Hembree, Lisa Jaycox, Elizabeth Meadows, and Gordon P. Street. "A Comparison of Exposure Therapy, Stress Inoculation Training, and Their Combination for Reducing Posttraumatic Stress Disorder in Female Assault Victims." *Journal of Consulting and Clinical Psychology* 67, no. 2 (1999): 194–200.

- Fong, Geoffrey, David Krantz, and Richard Nisbett. "The Effects of Statistical Training on Thinking About Everyday Problems." *Cognitive Psychology* 18 (1986): 253–92.

- *Free to Choose*. Performed by Milton Friedman, 1980.

- Gaming Historian. T*he Story of Tetris*. February 2, 2018. Accessed June 26, 2023. https://www.youtube.com/watch?v=_fQtxKmgJC8.

- Gao, Yuan, Renae Low, Putai Jin, and John Sweller. "Effects of Speaker Variability on Learning Foreign-Accented English for EFL Learners." *Journal of

Educational Psychology 105, no. 3 (2013): 649.

- Gardener, Howard. *The Unschooled Mind: How Children Think and How Schools Should Teach.* New York: Basic Books, 1991.
- Ghofrani, Hossein, Ian Osterloh, and Friedrich Grimminger. "Sildenafil: From Angina to Erectile Dysfunction to Pulmonary Hypertension and Beyond." *Nature Reviews Drug Discovery* 5, no. 8 (2006): 689–702.
- Gick, Mary, and Keith Holyoak. "Analogical Problem Solving." *Cognitive Psychology* 12 (1980): 306–55.
- Girma, Haben. *Haben: The Deafblind Woman Who Conquered Harvard Law.* New York: Twelve, 2019.
- Glogger-Frey, Inga, Corrina Fleischer, Lisa Grüny, Julian Kappich, and Alexander Renkl. "Inventing a Solution and Studying a Worked Solution Prepare Differently for Learning from Direct Instruction." *Learning and Instruction* 39 (2015): 72–87.
- Goldsmith, Jeffrey. "This Is Your Brain on Tetris." *Wired*, May 1, 1994. Accessed June 26, 2023. https://www.wired.com/1994/05/tetris-2/.
- Goldstone, Robert. "Isolated and Interrelated Concepts." *Memory & Cognition* 24 (1996): 608–28.
- Gould, Robert A., Susan Buckminster, Mark H. Pollack, Michael W. Otto, and Liang Yap. "Cognitive-Behavioral and Pharmacological Treatment for Social Phobia: A Meta-Analysis." *Clinical Psychology: Science and Practice* 4, no. 4 (1997): 291–306.
- Gould, Robert A., Michael W. Otto, and Mark H. Pollack. "A Meta-Analysis of Treatment Outcome for Panic Disorder." *Clinical Psychology Review* 15, no. 8 (1995): 819–44.
- Gould, Robert A., Michael W. Otto, Mark H. Pollack, and Liang Yap. "Cognitive Behavioral and Pharmacological Treatment of Generalized Anxiety Disorder: A Preliminary Meta-Analysis." *Behavior Therapy* 28, no. 2 (1997): 285–305.
- Green, John. "Why Are Humans Suddenly Getting Better at Tetris?" Video, YouTube, October 18, 2018. Accessed June 26, 2023. https://www.youtube.com/watch?v=twS0SrDg-fc.
- Greenwald, Morgan. "30 Life-Changing Inventions That Were Totally Accidental."
- BestLife, September 25, 2018. Accessed June 27, 2023. https://bestlifeonline.

com/acidental-inventions/.

- Grice, H. P. "Logic and Conversation." In *Speech Acts*, by Peter Cole and Jerry L. Morgan, 41–58. Leiden: Brill, 1975.

- Grove, William, and Paul Meehl. "Comparative Efficiency of Informal (Subjective, Impressionistic) and Formal (Mechanical, Algorithmic) Prediction Procedures: The Clinical-Statistical Controversy." *Psychology, Public Policy, and Law* 2 (1996): 293–323.

- Guskey, Thomas R. I*mplementing Mastery Learning, 3rd ed*. Thousand Oaks, CA: Corwin, 2023.

- Haier, Richard, Sherif Karama, Leonard Leyba, and Rex E Jung. "MRI Assessment of Cortical Thickness and Functional Activity Changes in Adolescent Girls Following Three Months of Practice on a Visual-Spatial Task." *BMC Research Notes* 2, no. 174 (2009): 174.

- Harmon, Claude "Butch," Jr., and Steve Eubanks. *The Pro: Lessons from My Father About Golf and Life.* New York: Crown, 2006.

- Hatala, Rose, Lee Brooks, and Geoffrey Norman. "Practice Makes Perfect: The Critical Role of Mixed Practice in the Acquistion of ECG Interpretation Skills." *Advances in Health Sciences Education* 8 (2003): 17–26.

- Hatano, Giyoo, and Kayoko Inagaki. "Two Courses of Expertise." *Child Development and Education in Japan* (1986): 262–72.

- Hattie, John. *Visible Learning: A Synthesis of Over 800 Meta-Analyses Relating to Achievement*. New York: Routledge, 2008.

- Hayes, John. "Cognitive Processes in Creativity." In *Handbook of Creativity,* edited by

- J. A. Glover, R. R. Ronning, and C. R. Reynolds, 135–45. New York: Plenum, 1989.

- Heckman, James J., John Eric Humphries, and Tim Kautz. *The Myth of Achievement Tests: The GED and the Role of Character in American Life*. Chicago: University of Chicago Press, 2013.

- Henderson, Laura. "Semaglutide: A Medical Expert's Guide." myBMI, January 23, 2023. https://my-bmi.co.uk/medical-therapy/history-of-semaglutide.

- Hendon Mob. "Norway All Time Money List." June 26, 2023. Accessed June 27, 2023. https://pokerdb.thehendonmob.com/ranking/209/.

- Henrich, Joseph. *The Secret of Our Success*. Princeton, NJ: Princeton University Press, 2015.

- Hermann, Dorothy. *Helen Keller: A Life.* New York: Knopf, 1998.

- Herrmann, Esther, Josep Call, María Victoria Hernàndez-Lloreda, Brian Hare, and Michael Tomasello. "Humans Have Evolved Specialized Skills of Social Cognition: The Cultural Intelligence Hypothesis." *Science* 317, no. 5843 (2007): 1360–66.

- Heydenreich, Ludwig Heinrich. "Leonardo da Vinci: Italian Artist, Engineer, Scientist." *Britannica*, June 14, 2023. Accessed June 27, 2023. https://www.britannica.com/biography/Leonardo-da-Vinci.

- Hirsch, E. D. *Cultural Literacy: What Every American Needs to Know*. New York: Vintage, 1988.

- History.com. "Thomas Edison." November 9, 2009. Accessed June 27, 2023. https:// www.history.com/topics/inventions/thomas-edison.

- Hodge, Frederick Arthur. *John Locke and Formal Discipline*. Lynchburg, VA: Bell, 1911.

- Hofmann, Stefan G. "Cognitive Processes During Fear Acquisition and Extinction in Animals and Humans: Implications for Exposure Therapy and Anxiety Disorders." *Clinical Psychology Review* 28, no. 2 (2008): 199–210.

- Hofmann, Stefan G., and Gordon J. G. Asmundson. "Acceptance and MindfulnessBased Therapy: New Wave or Old Hat?" *Clinical Psychology Review* 28, no. 1 (2008): 1–16.

- Holmes, Oliver Wendell, Jr. *The Essential Holmes*. Edited by Richard A. Posner. Chicago: University of Chicago Press, 1992.

- Howes, Anton. "Age of Invention: Upstream, Downstream." Age of Invention, January 21, 2021. Accessed June 27, 2023. https://www.ageofinvention.xyz/p/age-of-invention-upstream-downstream.

- Imir, Zvon. "Annette Obrestad Poker Journey: The 18-Year-Old Poker Queen of Europe." My Poker Coaching. Accessed June 27, 2023. https://www.mypokercoaching.com/annette-obrestad/.

- Isaacson, Walter. *Einstein: His Life and Universe*. New York: Simon & Schuster, 2007.

- Jacobs, John, Carolyn Prince, Robert Hays, and Eduardo Salas. "A Meta-Analysis of the Flight Simulator Training Research." Naval Training Systems Center, Human Factors Division, August 1990.

- James, William. *The Principles of Psychology*. Vol. 2. New York: Henry Holt, 1890.

- Janis, Irving. *Air War and Emotional Stress: Psychological Studies of Bombing and Civilian Defense*. New York: McGraw-Hill, 1951.

- Jarodzka, Halszka, Thomas Balslev, Marcus Nyström Kenneth Holmqvist, Katharina Scheiter, Peter Gerjets, and Berit Eika. "Conveying Clinical Reasoning Based on Visual Observation via Eye-Movement Modelling Examples." *Instructional Science* 40 (2012): 813–827.

- Jimoyiannis, Athanassios, and Vassilis Komis. "Computer Simulations in Physics Teaching and Learning: A Case Study on Students' Understanding of Trajectory Motion." *Computers & Education* 36, no. 2 (2001): 183–204.

- Jones, Jeffrey M. "Americans Reading Fewer Books Than in Past." Gallup, January 10, 2022. Accessed June 26, 2023. https://news.gallup.com/poll/388541/americans-reading-fewer-books-past.aspx.

- Josephson, Matthew. *Edison: A Biography*. New York: McGraw-Hill, 1959.

- Judd, Charles Hubbard. "The Relation of Special Training and General Intelligence." *Educational Review* 36 (1908): 28–42.

- Juel, Connie, and Diane Roper-Schneider. "The Influence of Basal Readers on First Grade Reading." *Reading Research Quarterly* 20 (1985): 134–52.

- Kahneman, Daniel. "Don't Blink! The Hazards of Overconfidence." *New York Times*, October 19, 2011. Accessed June 27, 2023. https://www.nytimes.com/2011/10/23/magazine/dont-blink-the-hazards-of-confidence.html.

- ———. *Thinking, Fast and Slow*. New York: Farrar, Straus & Giroux, 2011.

- Kahneman, Daniel, and Gary Klein. "Conditions for Intuitive Expertise: A Failure to Disagree." *American Psychologist* 64, no. 6 (2009): 515.

- Kahneman, Daniel, Amos Tversky, and P. Slovic. "Judgements of and by Representativeness." In *Judgement Under Uncertainty: Heuristics and Biases*. Cambridge: Cambridge University Press, 1982.

- Kalyuga, Slava. "Cognitive Load Theory: How Many Types of Load Does It Really Need?" *Educational Psychology Review* 23, no. 1 (2011): 19.

- ———. "Expertise Reversal Effect and Its Implications for Learner-Tailored Instruction." *Educational Psychology Review* 19 (2007): 509–39.

- Kang, Sean, and Harold Pashler. "Learning Painting Styles: Spacing Is Advantageous When It Promotes Discriminative Contrast." *Applied Cognitive Psychology* 26, no. 1 (2012): 97–103.

- Kanigel, Robert. *Apprentice to Genius: The Making of a Scientific Dynasty.* Baltimore: Johns Hopkins University Press, 1993.
- Kapur, Manu. "Productive Failure." *Cognition and Instruction* 26 (2008): 379–424.
- Karpicke, Jeffrey. "Metacognitive Control and Strategy Selection: Deciding to Practice Retrieval During Learning." *Journal of Experimental Psychology: General* 138, no. 4 (2009): 469.
- Karpicke, Jeffrey, and Janelle Blunt. "Retrieval Practice Produces More Learning Than Elaborative Studying with Concept Mapping." *Science* 331, no. 6018 (2011): 772–75.
- Keller, Helen. *The Story of My Life.* New York: Doubleday, Page, 1903.
- Kelly, Kevin. "103 Bits of Advice I Wish I Had Known." Technium, April 28, 2022. Accessed June 26, 2023. https://kk.org/thetechnium/103-bits-of-advice-i-wish-i-had-known/.
- Kiersz, Andy. "Any Rubik's Cube Can Be Solved in 20 Moves, but It Took Over 30 Years for Anyone to Figure That Out." *Business Insider*, January 18, 2019. Accessed June 26, 2023. https://www.businessinsider.com/rubiks-cube-gods-number-steps-to-solve-any-cube-2019-1.
- Kiger, Patrick J. "How Nixon's WWII Poker Game Helped Bankroll His First Run for Congress." History.com, February 19, 2019. Accessed June 27, 2023. https://www.history.com/news/richard-nixon-campaign-funds-wwii-poker.
- Kintsch, Walter. *Comprehension: A Paradigm for Cognition.* Cambridge: Cambridge University Press, 1998.
- Kirschner, Paul A. "Epistemology or Pedagogy, That Is The Question." In *Constructivist Instruction: Success or Failure?*, by Sigmund Tobias and Thomas Duffy, 144–58. New York: Routledge, 2009.
- Kirschner, Paul, John Sweller, and Richard E. Clark. "Why Minimal Guidance During Instruction Does Not Work: An Analysis of the Failure of Constructivist, Discovery, Problem-Based, Experiential, and Inquiry-Based Teaching." *Educational Psychologist* 41, no. 2 (2006): 75–86.
- Klahr, David. *Exploring Science: The Cognition and Development of Discovery Processes.*

- Cambridge, MA: MIT Press, 2000.
- Klahr, David, and Milena Nigam. "The Equivalence of Learning Paths in Early Science Instruction: Effects of Direct Instruction and Discovery Learning." *Psychological Science* 15, no. 10 (2004): 661–67.
- Klein, Gary A., Roberta Calderwood, and Anne Clinton-Cirocco. "Rapid Decision Making on the Fire Ground." *Proceedings of the Human Factors Society Annual Meeting* 30, no. 6 (1986): 576–80.
- Klein, Gary, Steve Wolf, Laura Militello, and Caroline Zsambok. "Characteristics of Skilled Option Generation in Chess." *Organizational Behavior and Human Decision Processes* 62, no. 1 (1995): 63–69.
- Kleiner, Morris M., and Evgeny S. Vorotnikov. "At What Cost? State and National Estimates of the Economic Costs of Occupational Licensing." Institute for Justice, 2018.
- Kluger, Avraham, and Angelo DeNisi. "The Effects of Feedback Interventions on Performance: A Historical Review, a Meta-Analysis, and a Preliminary Feedback Intervention Theory." *Psychological Bulletin* 119, no. 2 (1996): 254–84.
- Kornell, Nate, and Robert Bjork. "Learning Concepts and Categories: Is Spacing the 'Enemy of Induction'?" *Psychological Science* 19, no. 6 (2008): 585–92.
- Kubricht, James R., Keith Holyoak, and Hongjing Lu. "Intuitive Physics: Current Research and Controversies." *Trends in Cognitive Science* 21, no. 10 (2017): 749–59.
- Langley, Pat, Herbert A. Simon, Gary L. Bradshaw, and Jan M. Zytkow. *Scientific Discovery: Computational Explorations of the Creative Processes.* Cambridge, MA: MIT Press, 1987.
- Lave, Jean, and Etienne Wenger. *Situated Learning: Legitimate, Peripheral Participation.* Cambridge: Cambridge University Press, 1991.
- LeDoux, Joseph. *Anxious: Using the Brain to Understand and Treat Fear and Anxiety.* New York: Penguin Books, 2015.
- LeFevre, Jo-Anne, and Peter Dixon. "Do Written Instructions Need Examples?" *Cognition and Instruction* 3, no. 1 (1986): 1–30.
- Likourezos, Vicki, Slava Kalyuga, and John Sweller. "The Variability Effect: When Instructional Variability Is Advantageous." *Educational Psychology Review* 31 (2019): 479–97.
- Lintern, Gavan, Stanley Roscoe, and Jonathan Sivier. "Display Principles, Con-

trol Dynamics, and Environmental Factors in Pilot Training and Transfer." *Journal of Human Factors and Ergonomics Society* 32, no. 3 (1990): 299–317.

- Locke, John. *Some Thoughts Concerning Education.* London, 1693.
- Logan, Gordon. "Toward an Instance Theory of Automatization." *Psychological Review* 95, no. 4 (1988): 492–527.
- Luchins, Abraham. "Mechanization in Problem Solving: The Effect of Einstellung." *Psychological Monographs* 45, no. 6 (1942): i–95.
- Maddox, Brenda. *Rosalind Franklin: The Dark Lady of DNA.* New York: Harper Perennial, 2003.
- Magill, Richard, and Kellie Hall. "A Review of the Contextual Interference Effect in Motor Acquisition." *Human Movement Science* 9, no. 3–5 (1990): 241–89.
- Magyar, Màrton. *The 50 Greatest Stories in Poker History.* Las Vegas, NV: Huntington Press, 2021.
- Marcus, Gary, Steven Pinker, Michael Ullman, Michelle Hollander, T. John Rosen, Fei Xu, and Harald Clahsen. "Overregularization in Language Acquisition." *Monographs of the Society for Research in Child Development* (1992): i–178.
- Marks, Isaac. *Fears, Phobias, and Rituals: Panic, Anxiety and Their Disorders.* Oxford: Oxford University Press, 1987.
- Marrow, Alfred. *The Practical Theorist: The Life and Work of Kurt Lewin.* New York: Basic Books, 1969.
- Masters, Rich, and Jon Maxwell. "The Theory of Reinvestment." *International Review of Sport and Exercise Psychology* 1, no. 2 (2008): 160–83.
- Matlen, Bryan, and David Klahr. "Sequential Effects of High and Low Instructional Guidance on Children's Acquisition of Experimentation Skills: Is It All in the Timing?" *Instructional Science* 41 (2013): 621–34.
- Matthews, Karen, Robert Helmreich, and William Beane. "Pattern A, Achievement Striving, and Scientific Merit: Does Pattern A Help or Hinder?" *Journal of Personality and Social Psychology* 39, no. 5 (1980): 962.
- Mavin, Timothy J., and Patrick S. Murray. "The Development of Airline Pilot Skills Through Simulated Practice." In *Learning Through Practice: Models, Traditions, Orientations and Approaches,* edited by Stephen Billet. Dordrecht, Netherlands: Springer, 2010.
- Mayer, Richard. "Should There Be a Three-Strikes Rule Against Pure Discovery Learning?" *American Psychologist* 59, no. 1 (2004): 14–19.

- McClelland, James, David E. Rumelhart, and PDP Research Group. *Parallel Distributed Processing.* Cambridge, MA: MIT Press, 1986.
- McKenna, David. "Robert Smith-Barry: The Man Who Taught the World to Fly." BBC, February 23, 2013. Accessed June 27, 2023. https://www.bbc.co.uk/news/uk-england-21321362.
- McNamara, Danielle, and Walter Kintsch. "Learning from Texts: Effects of Prior Knowledge and Text Coherence." *Discourse Processes* 22, no. 3 (1996): 247–88.
- Meehl, Paul. *Clinical versus Statistical Prediction: A Theoretical Analysis and Review of the Evidence.* Minneapolis: University of Minnesota Press, 1954.
- Meikeljohn, Alexander. "Is Mental Training a Myth?" *Educational Review* 37 (1908): 126–41.
- Melby-Lervag, Monica, Thomas S. Redick, and Charles Hulme. "Working Memory Training Does Not Improve Performance on Measures of Intelligence or Other Measures of 'Far Transfer': Evidence from a Meta-Analytic Review." *Perspectives on Psychological Science* 11, no. 4 (2016): 512–34.
- Mercier, Hugo, and Dan Sperber. *The Enigma of Reason.* Cambridge, MA: Harvard University Press, 2017.
- Merriënboer, Jeroen Van, and Fred Paas. "Automation and Schema Acquisition in Learning Elementary Computer Programming: Implications for the Design of Practice." *Computers in Human Behavior* 6 (1990): 273–89.
- Merriënboer, Jeroen van, Marcel de Croock, and Otto Jelsma. "The Transfer Paradox: Effects of Contextual Interference on Retention and Transfer Performance of a Complex Cognitive Skill." *Perceptual and Motor Skills* 84 (1997): 784–86.
- Merton, Robert. "Singletons and Multiples in Scientific Discovery: A Chapter in the Sociology of Science." *Proceedings of the American Philosophical Society* 105, no. 5 (1961): 470–86.
- Miller, George A. "The Magical Number Seven, Plus or Minus Two: Some Limits on Our Capacity for Processing Information." *Psychological Review* 63, no. 2 (1956): 81–97.
- Mineka, Susan, and Richard Zinbarg. "A Contemporary Learning Theory Perspective on the Etiology of Anxiety Disorders: It's Not What You Thought It Was." *American Psychologist* 61, no. 1 (2006): 10–26.
- Morley, Robert Michael. "Earning Their Wings: British Pilot Training 1912–1918." MA thesis, University of Saskatchewan, 2006.
- Moshman, David, and Molly Geil. "Collaborative Reasoning: Evidence for Col-

lective Rationality." *Thinking & Reasoning* 4, no. 3 (1998): 231–48.
- Mowrer, O. Hobart. *Learning Theory and Behavior*. New York: John Wiley, 1960.
- Nakata, Tatsuya, and Yuichi Suzuki. "Mixed Grammar Exercises Facilitates LongTerm Retention: Effects of Blocking, Interleaving, and Increasing Practice." *Modern Language Journal* 103, no. 3 (2019): 629–47.
- Naylor, James C., and George E. Briggs. "Effects of Task Complexity and Task Organization on the Relative Efficiency of Part and Whole Training Methods." *Journal of Experimental Psychology* 65, no. 3 (1963): 217–24.
- Negreanu, Daniel. "Daniel Negreanu Teaches Poker." MasterClass, October 2020. Accessed June 27, 2023. https://www.masterclass.com/classes/daniel-negreanu-teaches-poker.
- Neisser, Ulric. *Cognition and Reality: Principles and Implications of Cognitive Psychology*.
- San Francisco: W. H. Freeman, 1976.
- Newell, Allen, and Herbert Simon. Human Problem Solving. Englewood Cliffs, NJ: Prentice-Hall, 1972.
- Newman, William R., and Lawrence Principe. *Alchemy Tried in Fire: Starkey, Boyle, and the Fate of Helmontian Chymistry*. Chicago: University of Chicago Press, 2002.
- Newport, Cal. *Deep Work: Rules for Focused Success in a Distracted World*. New York: Grand Central, 2016.
- Noack, Hannes, Martin Lövdén, Florian Schmiedek, and Ulman Lindenberger. "Cognitive Plasticity in Adulthood and Old Age: Gauging the Generality of Cognitive Intervention Effects." *Restorative Neurology and Neuroscience* 27 (2009): 435–53.
- NSC Injury Facts. "Deaths by Transportation Mode." 2023. Accessed June 27, 2023. https:// injuryfacts.nsc.org/home-and-community/safety-topics/deaths-by-transportation-mode/.
- Obrestad, Annette. "My Story." Video, YouTube, October 13, 2018. Accessed June 27, 2023. https://www.youtube.com/watch?v=mk-0CmsIVFg.
- Ogburn, William, and Dorothy Thomas. "Are Inventions Inevitable? A Note on Social Evolution." *Political Science Quarterly* 37, no. 1 (1922): 83–98.
- Owen, Adrain M., Adam Hampshire, Jessica A. Grahn, Robert Stenton, Said Da-

jani, Alistair S. Burns, Robert J. Howard, and Clive G. Ballard. "Putting Brain Training to the Test." *Nature* 465, no. 7299 (2010): 775–78.

- Owen, Elizabeth, and John Sweller. "What Do Students Learn While Solving Mathematics Problems?" *Journal of Educational Psychology* 77, no. 3 (1985): 272–84.

- Owens, Thomas. *Bebop: The Music and Its Players.* Oxford: Oxford University Press, 1996.

- Oxford Reference. "Zone of Proximal Development." Accessed June 26, 2023. https://www.oxfordreference.com/display/10.1093/oi/authority.20110803133528287;jsessionid=77DCED74A08B38309BD994609A081496.

- Pan, Steven, Jahan Tajran, Jarrett Lovelett, Jessica Osuna, and Timothy Rickard. "Does Interleaved Practice Enhance Foreign Language Learning? The Effects of Training Schedule on Spanish Verb Conjugation Skills." *Journal of Educational Psychology* 111, no. 7 (2019): 1172.

- Panter-Downes, Mollie. *London War Notes.* New York: Farrar, Straus & Giroux, 1971.

- Patel, Vimla, and Guy Groen. "Developmental Accounts of the Transition from Medical Student to Doctor: Some Problems and Suggestions." *Medical Education* 25, no. 6 (1991): 527–35.

- Pauling, Linus. Interview by Robert Richter of WGBH-Boston in *Linus Pauling, Crusading Scientist*, video, 1977.

- Piaget, Jean. "Piaget's Theory." In *Carmichael's Manual of Child Psychology*, vol. 1, edited by Paul H. Mussen. New York: Wiley, 1970.

- Pinker, Steven, and Arthur Morey. *The Language Instinct: How the Mind Creates Language.* New York: William Morrow, 1994.

- Planck, Max. *Scientific Autobiography and Other Papers.* New York: Philosophical Library, 1949.

- Plato. *Phaedrus, in Complete Works,* edited by J. M. Cooper. Indianapolis: Hackett, 1997.

- Plato. *Plato's Republic.* Translated by Benjamin Jowett. Altenmünster, Germany: Jazzybee Verlag Jürgen Beck, n.d.

- Pogrebin, Robin, and Scott Reyburn. "Leonardo da Vinci Painting Sells for $450.3 Million, Shattering Auction Highs." *New York Times*, November 15, 2017.

Accessed June 26, 2023. https://www.nytimes.com/2017/11/15/arts/design/leonardo-da-vinci-salvator-mundi-christies-auction.html.

- Poincaré, Henri. *The Foundations of Science: Science and Hypothesis, the Value of Science, Science and Method.* New York: Science Press, 1913.
- PokerListings. "About Chris Moneymaker." 2011.Accessed June 27, 2023. https:// web.archive.org/web/20110822203101/http://www.pokerlistings.com/poker-player_chris-moneymaker.
- ———. "Best Poker Moments—Annette Obrestad Shares Secrets of Blind Online Poker Win." Video, YouTube, November 11, 2021. Accessed June 27, 2023. https://www.youtube.com/watch?v=ROE0uB51E0w.
- Polanyi, Michael. *The Tacit Dimension.* Garden City, NY: Doubleday, 1966.
- Price, Derek J. de Solla. *Little Science, Big Science.* New York: Columbia University Press, 1963.
- Principe, Lawrence. *The Secrets of Alchemy. Chicago*: University of Chicago Press, 2012.
- Quetelet, Adolphe. *A Treatise on Man and the Development of His Faculties*. Edinburgh, 1842.
- Quote Investigator. "Can't Somebody Bring Me a One-Handed Economist?" April 10, 2019. Accessed June 27, 2023. https://quoteinvestigator.com/2019/04/10/one-handed/.
- ———. "It Is Better to Know Nothing Than to Know What Ain't So?" May 30, 2015. Accessed June 27, 2023. https://quoteinvestigator.com/2015/05/30/better-know/.
- Rachman, Stanley J. Fear and Courage. San Francisco: W. H. Freeman, 1990.
- Ramnerö, Jonas. "Exposure Therapy for Anxiety Disorders: Is There Room for Cognitive Interventions?" In *Exposure Therapy: Rethinking the Model, Refining the Method,* edited by Peter Neudeck and Hans-Ulrich Wittchen, 275–97. New York: Springer, 2012.
- Rantanen, Esa M., and Donald A. Talleur. "Incremental Transfer and Cost Effectivness of Ground-Based Flight Trainers in University Aviation Programs." *Proceedings of the Human Factors and Ergonomics Society Annual Meeting* (2005): 764–68.
- Rawlings, Bruce S. "After a Decade of Tool Innovation, What Comes Next?" *Child Development Perspectives* 16, no. 2 (2022): 118–24.

- Reed, Stephen K., Alexandra Dempster, and Michael Ettinger. "Usefulness of Analogous Solutions for Solving Algebra Word Problems." *Journal of Experimental Psychology: Learning, Memory, and Cognition* 11, no. 1 (1985): 106–25.
- Reijnoudt, Jan, and Niek Sterk. *Tragedie Op Tenerife.* Kampen, Netherlands: Kok, 2002.
- Ritchie, Stuart. *Intelligence: All That Matters.* London: Quercus, 2016.
- Ritchie, Stuart J., Timothy C. Bates, and Robert Plomin. "Does Learning to Read Improve Intelligence? A Longitudinal Multivariate Analysis of Identical Twins from Age 7 to 16." *Child Development* 86, no. 1 (2015): 23–36.
- Roediger, Henry L., III, and Andrew C. Butler. "The Critical Role of Retrieval Practice in Long-Term Retention." *Trends in Cognitive Science* 15, no. 1 (2011): 20–27.
- Roscoe, Stanley. "Incremental Transfer Effectiveness." *Human Factors* 13, no. 6 (1971): 561–67.
- Rosenshine, Barak, and Robert Stevens. "Teaching Functions." In *Handbook of Research on Teaching*, 3rd ed., edited by M. C. Wittrock, 376–91. New York: Macmillan, 1986.
- Rowland, Christopher. "The Effect of Testing versus Restudy on Retention: A Meta-Analytic Review of the Testing Effect." *Psychological Bulletin* 140, no. 6 (2014): 1432–63.
- Saelee, Joseph. "First Ever Level 34 in NES Tetris." Video, YouTube, February 15, 2020. Accessed June 26, 2023. https://www.youtube.com/watch?v=rWMUY-Binriw.
- ———. "284 Lines (Full Video)." Video, YouTube, February 15, 2020. Accessed June 26, 2023. https://www.youtube.com/watch?v=L7SRuMG6AJc.
- Saigh, Philip A. "Preand Postinvasion Anxiety in Lebanon." *Behavior Therapy* 15, no. 2 (1984): 185–90.
- Sala, Giovanni, and Fernand Gobet. "Does Far Transfer Exist? Negative Evidence from Chess, Music, and Working Memory Training." *Current Directions in Psychological Science* 26, no. 6 (2017): 515–20.
- Schonbrun, Zach. "A New Generation Stacks Up Championships in an Old Game: Tetris." *New York Times*, December 28, 2021. Accessed June 26, 2023. https://www.nytimes.com/2021/12/28/sports/tetris-game.html.
- Schwartz, Daniel, and Taylor Martin. "Inventing to Prepare for Future Learning: The Hidden Efficiency of Encouraging Original Student Production in Statistics

Instruction." *Cognition and Instruction* 22, no. 2 (2004): 129–84.

- Seligman, Martin. "Phobias and Preparedness." *Behavior Therapy* 2, no. 3 (1971): 307–20.
- Shaw, George Bernard. *The Doctor's Dilemma.* First presented 1906.
- Shea, John, and Robyn Morgan. "Contextual Interference Effects on the Acquisition, Retention, and Transfer of a Motor Skill." *Journal of Experimental Psychology: Human Learning and Memory* 5, no. 2 (1979): 179.
- Siegel, Paul, and Richard Warren. "Less Is Still More: Maintenance of the Very Brief Exposure Effect 1 Year Later." *Emotion* 13, no. 2 (2013): 338–44.
- Siegler, Robert S. *Emerging Minds: The Process of Change in Children's Thinking.* Oxford: Oxford University Press, 1998.
- Simon, Herbert. *Administrative Behavior.* New York: Macmillan, 1947.
- ———. "How Managers Express Their Creativity." *Engineering Management International* 4 (1986): 71–76.
- ———. "What Is an 'Explanation' of Behavior?" *Psychological Science* 3, no. 3 (1992): 150–61.
- Simonton, Dean. *Greatness: Who Makes History and Why.* New York: Guilford Press, 1994. Singh, Simon. Fermat's Last Theorem. London: Fourth Estate, 1997.
- Singley, Mark, and John Anderson. *The Transfer of Cognitive Skill.* Cambridge, MA: Harvard University Press, 1989.
- Sinha, Tanmay, and Manu Kapur. "When Problem Solving Followed by Instruction Works: Evidence for Productive Failure." *Review of Educational Research* 91, no. 5 (2021): 761–98.
- Skinner, Burrhus Frederic. "A Case History in Scientific Method." *American Psychologist* 11, no. 5 (1956): 221.
- Souriau, Paul. *Théorie de l'Invention.* Paris: Hachette, 1881.
- Spaeth, Edmund B., Jr. "What a Lawyer Needs to Learn." In *Tacit Knowledge in Professional Practice: Researcher and Practitioner Perspectives,* edited by Robert J. Sternberg and Joseph A. Horvath, 38–57. Mahwah, NJ: Lawrence Erlbaum, 1999.
- Stanovich, Keith. "Matthew Effects in Reading: Some Consequences of Individual Differences in the Acquisition of Literacy." *International Literacy Association*

21, no. 4 (1986): 360–407.
- Sternberg, Robert J., and James C. Kaufman, eds. *The Cambridge Handbook of Creativity*. Cambridge: Cambridge University Press, 1999.
- Stokes, A. B. "War Strains and Mental Health." *Journal of Nervous and Mental Disease* 101, no. 3 (1945): 215–19.
- Swain, Merrill. "Communicative Competence: Some Roles for Comprehensible Input and Comprehensible Output in Its Development." In *Input in Second Language Acquisition,* edited by Susan M. Gass and Carolyn G. Madden. New York: Newbury House, 1985.
- Sweller, John. "Story of a Research Program." *Education Review* 23 (2016).
- Sweller, John, and Matt Levine. "Effects of Goal Specificity on Means-Ends Analysis and Learning." *Journal of Experimental Psychology: Learning, Memory and Cognition* 8, no. 5 (1982): 463–74.
- Sweller, John, Robert Mawer, and Walter Howe. "Consequences of History-Cued and Means-End Strategies in Problem Solving." *American Journal of Psychology* 95, no. 3 (1982): 455–83.
- Sweller, John, Robert F. Mawer, and Mark R. Ward. "Development of Expertise in Mathematical Problem Solving." *Journal of Experimental Psychology: General* 112, no. 4 (1983): 639–61.
- Tetlock, Philip. *Expert Political Judgment: How Good Is It? How Can We Know?* Princeton, NJ: Princeton University Press, 2006.
- Tetlock, Philip, and Dan Gardener. S*uperforecasting: The Art and Science of Prediction.* Toronto: Signal, 2015.
- Thaden-Koch, Thomas C., Robert Dufresne, and Jose Mestre. "Coordination of Knowledge in Judging Animated Motion." *Physical Review Special Topics: Physics Education Research* 2, no. 2 (2006).
- Thorndike, Edward. *Educational Psychology*. New York: Lemke & Buechner, 1903.
- ———. "The Effect of Changed Data upon Reasoning." *Journal of Experimental Psychology* 5, no. 1 (1922): 33.
- ———. *Human Learning*. New York: Century, 1931.
- ———. "Mental Discipline in High School Studies." J*ournal of Educational Psychology* 15, no. 1 (1924): 1.

- ———. *The Principles of Teaching: Based on Psychology*. New York: A.G. Seiler, 1906.
- Titmuss, Richard. *Problems of Social Policy.* London: His Majesty's Stationery Office, 1950.
- Tricot, André, and John Sweller. "Domain-Specific Knowledge and Why Teaching Generic Skills Does Not Work." *Educational Psychology Review* 26, no. 2 (2014): 265–83.
- Twain, Mark. *Life as I Find It.* Edited by Charles Neider. New York: Harper & Row, 1977.
- US Air Force. "Link Trainer." May 13, 2022. Accessed June 27, 2023. https://web.archive.org/web/20120124230852/http://www.nationalmuseum.af.mil/factsheets/factsheet_print.asp?fsID=3371.
- US Department of Education. National Center for Education Statistics. "Adult Literacy in the United States." September 17, 2019. Accessed June 26, 2023. https://web.archive.org/web/20200730223012/https:/nces.ed.gov/
- datapoints/2019179.asp.
- ———. "What PIAAC Measures." 2019. Accessed June 26, 2023. https://nces.ed.gov/surveys/piaac/measure.asp.
- Van Etten, Michelle, and Steven Taylor. "Comparative Efficacy of Treatments for PostTraumatic Stress Disorder: A Meta-Analysis." *Clinical Psychology and Psychotherapy* 5, no. 3 (1998): 126–44.
- VanLengen, Craig A. "Does Instruction in Computer Programming Improve Problem-Solving Ability?" *CIS Educator Forum* 2, no. 2 (1990): 11–15.
- Vernon, Philip. "Psychological Effects of Air-Raids." *Journal of Abnormal and Social Psychology* 36, no. 4 (1941): 457.
- Vervliet, Bram, Michelle G. Craske, and Dirk Hermans. "Fear Extinction and Relapse: State of the Art." *Annual Review of Clinical Psychology* 9 (2013): 215–48.
- Voss, James F., Jeffrey Blais, Mary L. Means, Terry R. Greene, and Ellen Ahwesh. "Informal Reasoning and Subject Matter Knowledge in the Solving of Economics Problems by Naive and Novice Individuals." *Cognition and Instruction* 3, no. 4 (1986): 269–302.
- Walk That Bass. "Bebop Explained." May 24, 2019. Accessed June 27, 2023. https://www.youtube.com/watch?v=gEwWjJ7c0u4.
- Watrin, Luc, Gizem Hülür, and Oliver Wilhelm. "Training Working Memory for

Two Years—No Evidence of Latent Transfer to Intelligence." *Journal of Experimental Psychology: Learning, Memory and Cognition* 48, no. 5 (2022): 717–33.

- Watson, James. *The Double Helix*. New York: Atheneum, 1968.
- Wenger, Etienne. *Communities of Practice: Learning, Meaning, and Identity*. Cambridge: Cambridge University Press, 1999.
- Wertheimer, Max. *Productive Thinking*. New York: Harper, 1959.
- White, Lynn, Jr. *Medieval Technology and Social Change*. Oxford: Clarendon Press, 1962.
- Whitehead, Alfred North. *The Aims of Education*. New York: Macmillan, 1929.
- Wickens, Christopher D., Shaun Hutchins, Thomas Carolan, and John Cumming. "Effectiveness of Part-Task Training and Increasing-Difficulty Training Strategies: A Meta-Analysis Approach." *Human Factors: The Journal of the Human Factors and Ergonomics Society* 55, no. 2 (2012): 461–70.
- Wieman, Carl, and Katherine Perkins. "Transforming Physics Education." *Physics Today* 58, no. 11 (2005): 36.
- Wightman, D. C., and G. Lintern. "Part-Task Training of Tracking in Manual Control." Naval Training Equipment Center, 1984.
- Willingham, Daniel T., Elizabeth M. Hughes, and David G. Dobolyi. "The Scientific Status of Learning Styles Theories." *Teaching of Psychology* 42, no. 3 (2015): 266–71.
- Wise, John A., V. David Hopkin, and Daniel J. Garland. *Handbook of Aviation Human Factors*. 2nd ed. Boca Raton, FL: CRC Press, 2010.
- Wolitzky-Taylor, Kate B., Jonathan D. Horowitz, Mark B. Powers, and Michael J. Telch. "Psychological Approaches in the Treatment of Specific Phobias: A Meta-Analysis." *Clinical Psychology Review* 28, no. 6 (2008): 1021–37.
- Wolpe, Joseph. *Psychotherapy by Reciprocal Inhibition*. Stanford, CA: Stanford University Press, 1958.
- Woodworth, Robert, and Edward Thorndike. "The Influence of Improvement in One Mental Function upon the Efficiency of Other Functions." *Psychological Review* 8, no. 3 (1901): 247.
- World Series of Poker. "2007 World Series of Poker Europe." September 2007. Accessed June 27, 2023. https://web.archive.org/web/20080417044214/http://www.worldseriesofpoker.com/tourney/updates_pn.asp?tourney-

ID=3572&groupid=316.

- Wulf, Gabriele, and Charles Shea. "Principles Derived from the Study of Simple Skills Do Not Generalize to Complex Skill Learning." *Psychonomic Bulletin & Review* 9, no. 2 (2002): 185–211.

- Wulf, Gabriele, Barbara Lauterbach, and Tonya Toole. "The Learning Advantages of an External Focus of Attention in Golf." *Research Quarterly for Exercise and Sport* 70, no. 2 (1999): 120–26.

- Yong, Ed. "The Real Wisdom of the Crowds." National Geographic, January 31, 2013. Accessed June 27, 2023. https://www.nationalgeographic.com/science/article/the-real-wisdom-of-the-crowds.

- Zsambok, Caroline, and Gary Klein. *Naturalistic Decision Making*. Mahwah, NJ: Erlbaum, 1997.

- Zuckerman, Harriet. *Scientific Elite: Nobel Laureates in the United States.* New Brunswick, NJ: Transaction, 1977.

工作生活 BWL102

超速進步：
從新手到專家，12 條精通各領域的學習法則

作者 ── 史考特・楊（Scott H. Young）
譯者 ── 姚怡平

副社長兼總編輯 ── 吳佩穎
財經館總監 ── 蘇鵬元
責任編輯 ── 黃雅蘭
封面設計 ── 職日設計

出版者 ── 遠見天下文化出版股份有限公司
創辦人 ── 高希均、王力行
遠見・天下文化 事業群榮譽董事長 ── 高希均
遠見・天下文化 事業群董事長 ── 王力行
天下文化社長 ── 王力行
國際事務開發部兼版權中心總監 ── 潘欣
法律顧問 ── 理律法律事務所陳長文律師
著作權顧問 ── 魏啟翔律師
社址 ── 台北市 104 松江路 93 巷 1 號
讀者服務專線 ── 02-2662-0012 ｜ 傳真 02-2662-0007；02-2662-0009
電子郵件信箱 ── cwpc@cwgv.com.tw
直接郵撥帳號 ── 1326703-6 號 遠見天下文化出版股份有限公司

電腦排版 ── 陳玉齡（特約）
製 版 廠 ── 中原造像股份有限公司
印 刷 廠 ── 中原造像股份有限公司
裝 訂 廠 ── 中原造像股份有限公司
登 記 證 ── 局版台業字第 2517 號
總 經 銷 ── 大和書報圖書股份有限公司 電話／02-8990-2588
出版日期 ── 2025 年 04 月 30 日第一版第一次印行
2025 年 09 月 05 日第一版第三次印行

GET BETTER AT ANYTHING:12 Maxims for Mastery by Scott Young
Copyright © 2024 by ScottHYoung.com Services Ltd.
Complex Chinese Translation copyright © 2025 by Commonwealth Publishing Co., Ltd., a division of Global Views – Commonwealth Publishing Group
Published by arrangement with Harper Business, an imprint of HarperCollins Publishers, USA through Bardon-Chinese Media Agency
博達著作權代理有限公司 ALL RIGHTS RESERVED

定　　價 ── 450 元
ＩＳＢＮ ── 9786264173377
EISBN ── 9786264173339（EPUB）；9786264173346（PDF）
書　　號 ── BWL102
天下文化官網 ── bookzone.cwgv.com.tw

本書如有缺頁、破損、裝訂錯誤，請寄回本公司調換。
本書僅代表作者言論，不代表本社立場。

國家圖書館出版品預行編目(CIP)資料

超速進步：從新手到專家,12條精通各領域的習法則/史考特.楊(Scott H. Young)作；姚怡譯. -- 第一版. -- 臺北市：遠見天下文化出版股份有限公司, 2025.04

336面；14.8X21公分. -- (工作生活；BWL102)

譯自：Get better at anything : 12 maxims f mastery

ISBN 978-626-417-337-7(平裝)

1.CST: 學習方法 2.CST: 學習策略

521.1　　　　　　　　　　114004195

天下文化
BELIEVE IN READING